别输在
不懂礼仪上

千万别让糟糕的社交礼仪毁了你！

傅林轩◎编著

南海出版公司

2016·海口

图书在版编目（CIP）数据

别输在不懂礼仪上 / 傅林轩编著．—海口：南海
出版公司，2016.7

ISBN 978-7-5442-8246-8

Ⅰ．①别… Ⅱ．①傅… Ⅲ．①礼仪—通俗读物 Ⅳ．
① K891.26-49

中国版本图书馆 CIP 数据核字（2016）第 129895 号

BIE SHU ZAI BU DONG LIYI SHANG
别输在不懂礼仪上

编　　者　傅林轩
策划编辑　王可飞
责任编辑　张　媛　白聪响
封面设计　原原设计
出版发行　南海出版公司　电话：（0898）66568511（出版）　（0898）65350227（发行）
社　　址　海南省海口市海秀中路 51 号星华大厦五楼　邮编：570206
电子邮箱　nhpublishing@163.com
经　　销　新华书店
印　　刷　三河市双峰印刷装订有限公司
开　　本　710 毫米×1000 毫米　1 / 16
印　　张　18.5
字　　数　245 千
版　　次　2016 年 7 月第 1 版　2016 年 7 月第 1 次印刷
书　　号　ISBN 978-7-5442-8246-8
定　　价　32.80 元

□ 前言

　　子曰：人无礼，无以立。中国自古以来就是一个重视礼仪礼节的国家，一个讲礼仪懂礼貌的人会给人留下好印象，容易受到人们的尊重，也更容易受到重用。在现实生活中，懂礼仪往往比有能力更重要，你的一言一行、举手投足都关乎前程，可谓有礼走遍天下，无礼寸步难行。关于这一点，我们先举一个例子。

　　有这么一家外资公司，其公关部要招聘一名职员，因为薪酬高、福利待遇好，来参加角逐的人非常多。公司通过十分烦琐的面试和笔试过程，一轮轮淘汰下去，最后只剩下了 5 个人。这 5 个人每一个都很优秀，要想从中挑选出最合适的那一个，一时难以抉择。于是，公司对这 5 个人说，最终的录用人员要经过公司管理层开会讨论才能决定，让他们先回去，等待后续的通知。

　　两天后，5 人中的一位收到了一封电子邮件，是那家公司的人事部发来的。邮件中说："经过公司认真研究讨论，很抱歉，你落聘了。不过你的能力和才华我们都很欣赏，只是由于名额有限，我们才不得不忍痛割爱。如果以后还有招聘名额，公司一定会优先通知你。另外，为了感谢你对我们公司的支持和信任，随信附赠本公司产品的电子优惠券一份。最后，祝你生活开心。"

　　这个人看到这封邮件就知道自己落聘了，虽然十分难过，但他还是感动于公司的诚意。于是，他花了 3 分钟的时间用电子邮件给这家公司写了一封感谢信，表达自己的谢意。

没想到一周后，那家公司居然给他打来了一个电话，通知他已经被正式录用，让他尽快入职。原来，这只是公司在难以抉择的情况下出的最后一道考题，公司给 5 个人分别发出了同样的电子邮件，也都赠送了优惠券，但是作出回复并表示感谢的却只有他一个人。他能胜出，就在于他多花了 3 分钟的时间去表示感谢。

由此可见，礼仪能让人感受到你对别人的礼貌、尊重，让人对你产生深刻的印象，进而对你的未来产生重要的影响。哪怕是多花 3 分钟的时间去写一封感谢信，这样的细节也能成功地将你和其他人区分开来。

但是很多人即便知道礼仪的重要性，也仍然不懂在各个场合要遵循什么样的礼仪。举例说来，工作上取得了很大的成就，上司夸赞你时，你要谦恭地说一句："多亏您的提携和帮助，才有了我今天的成绩"；在办公室时，要衣着整洁、仪表清洁；和亲朋好友打照面时，要礼貌地打个招呼，问候一声……这些都是礼仪。

总而言之，礼仪在生活中无处不在。不懂得礼仪的人，很容易遭人嫌弃，就算有才华也会被认为是刚愎自用，自然容易失败。要想在任何场合都做到大方优雅、有礼有节，本书可以助你一臂之力。本书囊括了各种场合乃至各个国家的礼仪，并且结合生动的事例和诙谐的语言，融权威性和趣味性于一体，力求让读者有所收获。

要记住，你的礼仪价值百万，学好礼仪，提高个人素养，增加内在修为，是我们每个人的必修课。同样有能力，你不懂礼仪，可能就不如别人吃得开；同样够勤奋，你不懂礼仪，可能就不如别人有前途。所以，既然已经付出了，就别让你的努力输在不懂礼仪上！

01 你递出去的第一张名片
——仪表礼仪

通常情况下，我们形容一个姑娘内外兼修都会用"秀外慧中"这个成语，极其雅致，令人舒心。由此可见，"秀外"和"慧中"是一对孪生姐妹，都很重要。通过长时间接触，我们能了解一个人的思想品质、道德情操、内在修养，但是谁都不能否认我们是视觉动物，一眼望过去赏心悦目的人更会给人留下好印象。因此，修饰好外在会成为你递出去的第一张精美的名片。

02 细小处彰显品质
——社交礼仪

在日常生活中，社交礼仪是不能小觑的一部分。因为社交是谁都不能避免的，也是人生的必修课之一，因此，一个懂得用社交礼仪来约束自己行为的人，往往被认为更成熟稳重，自然更会受到人们的欢迎和喜爱。

03 运用语言的艺术
——交谈礼仪

除了文字和肢体动作之外，说话也是向别人传达意思的一种方式。讲话时应该注意措辞得当、表达得体，避免在言语上伤害别人，造成不必要的误会。因此，熟练掌握交谈礼仪尤为重要。

04 掌握职场航向标
——应酬礼仪

现在大多数人都有很多应酬，应酬是为了达到某种目的，不想去做但又不得不做的事情。应酬大多数都是工作上的事情，如果拿捏不好就会在事业上栽跟头，所以在应酬中有很多地方需要注意，比如说要谦虚低调，给上司留面子，不抢上司风头，等等。掌握好这方面的礼仪，便可以在实际应酬中应对自如了。

05 日常细节须注意
——生活礼仪

都说日久见人心。人与人的交往,往往是要长时间接触才能看出来的。有些人越是接触越是不喜欢,但是有些人越是接触却越让人尊重,出现这种差异,很大一部分是生活礼仪的原因。一个人如果真诚懂礼貌、顾全大局、考虑别人的感受,自然会越来越受欢迎,反之则不被人待见。

06 仕途顺畅的秘诀
——办公礼仪

办公场合的礼仪就是人们办公时要遵循的一系列规矩，主要是为了规范人们的行为。如工作时间不办私事，不做第一个下班的人，不在公司里拉帮结派，等等。掌握办公场合的一系列基本礼仪，会让你在办公室这个复杂的环境里如鱼得水，也能让你的事业蒸蒸日上。

07 遵从会议的礼节
——会议礼仪

工作中会经常遇到开会的情况，因为会议是沟通交流、解决问题的一种重要方式。比起电话交流、网络交流，面对面的会议更加直截了当，效率也更高。群策群力，很多复杂的问题都能在会议中得到解决。正因为如此，会议礼仪就显得尤为重要。

08 赢得更多商机
——商务礼仪

在各种商务活动中，人们都希望能有所收获，给对方留下好印象，进而赢得合作的机会；也希望得到对方的认可和尊重，将其变成一种潜在的利益，在将来能够助自己一臂之力。要想将这些希望变成现实，首先就要学会商务礼仪。

09 国际礼仪篇
——外事礼仪

现在有一句调侃人的话——"丢人都丢到国外去了",这句话说明两个问题,一是现在出国的人越来越多,二是人们对国外的礼仪知道得太少,经常闹笑话。因此,本章着重介绍在某些国家应注意的礼仪,例如付小费、住宿等。

你递出去的第一张名片——仪表礼仪

01

通常情况下，我们形容一个姑娘内外兼修都会用"秀外慧中"这个成语，极其雅致，令人舒心。由此可见，"秀外"和"慧中"是一对孪生姐妹，都很重要。通过长时间接触，我们能了解一个人的思想品质、道德情操、内在修养，但是谁都不能否认我们是视觉动物，一眼望过去赏心悦目的人更会给人留下好印象。因此，修饰好外在会成为你递出去的第一张精美的名片。

干净整洁是仪容美的基础

有谁愿意和一个不注重仪容仪表、肮脏邋遢的人并肩同行？很明确地告诉你，没有人愿意。就算一个人有才华、有阅历、有经验，但是过于不修边幅也会让人双眉轻蹙。所以，干净整洁在仪容美中十分关键，也是掌握礼仪最基本的要求。不论是在社交场合还是在职场之中，金银首饰都是锦上添花的存在，而干净整洁则相当于一块好的布匹，一块基石。

做到仪容美需要注意以下几点：

头发。发型打理得好，是一项不亚于整容的小技巧。因此我们应按时清洗，每周洗 2 ～ 3 次。如果是容易出油的发质可以两天洗一次，干性发质可以稍长时间洗一次，因人而异。洗头前要先将头发梳理通顺，用温水打湿，再将洗发水在手上打出泡沫，自上往下抹于头发上。洗头时手法应该轻柔，不要将头发窝成一团使劲搓，最好自发根向发梢清洗，顺着毛鳞，可以增加头发的光泽度。洗发水也不宜在头上停留过长时间，适当即可。梳头时一定要留心，记得捻掉衣领、肩背上的头皮屑和发丝，尤其是冬天要格外注意。

脸部。脸上脏兮兮的人给人的第一感觉就是不舒服，会让人不由自主地皱眉。都说人要脸树要皮，连脸都懒得洗，说明这个人极其懒散，缺少积极性。由此观之，"灰头土脸"是极其糟糕的。那么，我们应该怎么护理面部呢？首先，每天早晚洗脸是必不可少的；其次，平时要多喝水，这样有助于新陈代谢；再次，要多吃蔬菜和水果，补充水分，调节内分泌，防止皮肤粗糙干燥；最后，保证足够的睡眠尤其重要，这会使面部看起来自然红润，效果是使用护肤品难以达到的。夏天我们要及时擦去汗渍，不要做一个"落汤鸡"；如果是容易出油的皮肤，可以用湿巾擦拭，不然看起来油光满面，显得邋遢；出门前要注意防晒，一年四季防晒霜都不可少。冬天要注意补水，最好是使用比较滋润的护肤品，以便让自己看上去水灵灵的。

口腔。口臭已经上了十大"最让人难以忍受的事情"排行榜，由此可见口臭是多么令人反感。当我们觉得口气不清新时可以嚼嚼口香糖，但是在正式场合嚼口香糖很不礼貌，这种情况下，我们就可以选用口气清新剂，喷一喷即可。为了避免口腔异味，我们要掌握正确的刷牙方式，要在饭后三分钟内刷牙，且每次刷牙时间要不少于三分钟。此外，每天早上起来空腹喝一杯淡盐水也有助于清除口气，顺便还能疏通肠道。

鼻子。鼻子长在面部的最中央，其重要性可想而知。鼻翼的黑头应该及时清理，不然粗大的毛孔里露出小小的黑点，谁见了都会觉得倒胃口，即便你长着再好的五官，也都糟蹋了。另外，如果鼻毛露在外面，一个人的形象就会毁于一旦，会使人显得粗鲁低俗，难免让人心生厌恶。如果是一个女性的鼻毛露在外面，再好的形象也会轰然坍塌了。所以一定要定期修剪鼻毛，保持鼻腔清洁，在人前万万不要抠鼻子，那样既不文雅又不讲卫生。

胡须。搞艺术的人留了胡子会给人一种别样的韵味，那是因为他们自身就散发出人格上的魅力。如果做不到这点，留胡子反倒会弄巧成拙，会让自己看起来脏兮兮的。所以最好还是把脸刮干净，不要轻易用镊子拔胡须，以免引发毛囊感染。还有一点尤为重要，那就是不要当众刮胡须，会破坏形象哦。

手。我们通常会说，手是人的第二张脸，手也确实在交际活动中占有重要的位置。古时候都能通过看手相知命运，由此就可以看出手的重要性。在实际生活中，握手、递送名片等，客人总是先接触我们的手，从而形成对我们的第一印象。此外，通过观察手也可以判断出一个人的内在修养与卫生习惯，甚至判断出他对生活的态度。因此，应经常洗手、修剪指甲。当然，不能在任何公众的场合修剪指甲，这是不文明、不雅观的举止。

身体。要保持干净整洁，定期洗澡是必要的，当然在冬天也不必天天洗，这样对皮肤不好。如果一个人的身上有味道，清风吹来，难闻的体味充斥鼻腔，是不是太煞风景了？所以要定期洗澡，以免异味损害了自己的形象。如果有狐臭的话，最好还是去医院治疗。

淡妆上班更舒适宜人

很多姑娘天生丽质难自弃，淡妆浓抹总相宜，但是如今很多行业，像教师、医生、销售等，还是化淡妆、裸妆更为适合。老师如果化淡妆上课，不仅赏心悦目，给人舒适的感觉，还会让同学们更加认真地听课。所以，仪表美是一种恰到好处的礼貌。

除了女士，男士需要化妆吗？相信很多人如果听到哪个男人也化妆，一定会联想到娘娘腔或者变态。当然，大多数男人都是素面朝天、从不和胭脂水粉打交道的。其实，这些都是比较传统迂腐的观念，因为男人也是需要装饰打理自己的。

一般来说，工作妆容有这么几个特征——干净整洁，简约素雅，具有很鲜明的立体感。这样的妆容不仅会给人留下深刻的印象，还可以显示出一个人的品位。总体来说，要清淡又传神。男人的工作妆没有女人那么复杂，一般来说，理一个简单清爽的寸头，清洁脸部和手部，适当地使用些护肤品即可。此外，男士使用香水也是极有魅力的，不妨试试。女士的工作妆相对来说就要复杂一些，可以使用浅色亚光的唇彩增添气色；可以选用护甲油或者浅色的指甲油，清新淡雅；浅色系的眼影和内眼线是必不可少的，可以增加人的精气神；桃红色的腮红也可以使人看上去更有活力。还有一点必须强调，工作妆容的精髓在一个"淡"字上，要看上去若有若无、非常自然。

事实上，工作妆在化妆品的选择上也和其他妆容不同。就像唇膏，生活中鲜丽明亮的唇膏更加出彩，更吸引人的目光，但是在工作场合未免会显得浮夸、太过张扬，所以应该选择棕色、橙色等浅色系。

工作妆的要领是不过分突出、不特立独行。因为在工作岗位上大家是一个团体，要强调团结的力量，而不是个人主义，因此也不需要过分地引人注意，要适当低调。

关于工作妆还有个需要注意的地方，尤其是女性，一定要留心耳朵和脖子。生活中时常会看到一些人化过妆后脸和脖子脱节了，脸白得吓人，脖子却黄黄的肤色暗沉，色调不一，顿时就将"天生丽质"的谎言暴露无遗。所以在化妆时一定要注意肤色不均这个问题，不要抱有侥幸心理。

除此之外，很多女性不论身在何处，有随时随地补妆的坏习惯。一面掏出化妆盒，对着镜子搔首弄姿；一面细细描摹，旁若无人，好似在画一幅精致的作品。

当然，爱美之心人皆有之，注意形象是好事，但是也要分清楚场合。一般可以选择在洗手间补妆，这种闺中之事还是不要轻易地暴露在众人眼前的好。因为这样既显得不庄重，也会降低别人对你的好印象，让人觉得你工作态度不端正。

好形象从"头"开始

"头可断，血可流，发型不可乱"，这句话有一段时间在网络上相当流行，为什么呢？当然是因为发型对一个人的外貌起着至关重要的作用。著名造型师吉米说过："人们穿衣服随意一点可以，但是发型是整个精神面貌的焦点，一定不能马虎。"有时候我们自己照镜子也会发现，咦，今天自己好像漂亮一点。没错，一定是昨晚睡得好，而且头发没有乱。一个合适的发型不仅能增加美感，甚至能改变一个人的气质，提升整体的精神面貌。

某个大公司的董事长要接受电视台的采访，为了郑重起见，他还特意找来公司的形象顾问帮忙打造了一套适合他的形象方案。形象顾问认为董事长更适合儒雅干练的发型，一定要剔除鬓角，这样会显得人更有精神，也十分适合上镜。果不其然，按照形象顾问说的打造一番后，董事长的形象焕然一新，再加上董事长自身风度翩翩、性格沉稳、言谈举止间不失贵气，两者相辅相成、内外兼修，使得电视前的观众都对他留下了很好的印象。

在选择发型的时候，除了考虑个人偏好和流行趋势之外，更应该考虑的是自己的性别、年龄、脸型、五官、身材和职业等因素。

1. 性别

在日常生活中，发型是区分男女性别的重要标志之一。就算在古代，男女都是长发，但是在发型上也是有区别的，女子会绾发，有发髻之类，男子一般只是简单的束发，差异还是一目了然的。虽然现在很多男性也有长发及腰的，女性也有剃板寸头的，但他们往往会收到人们异样的眼光，有时甚至会让人对其生出厌恶的情绪。

笔者曾经就遇到过这样一件事，至今想起来都啼笑皆非。有一次笔者去商场购物，在去上厕所时见到前面一个披着长发、穿着水洗牛仔裤的女士进了男厕所，当时笔者吓得愣在了原地，只当这位女士走错了厕所，只好在外面等候，等其出来之后再进去。但是令人诧异的是，等他出来一看，他的五官一眼就能看出是男性。笔者当时一阵恶寒，好奇他为什么要把自己搞成"男不男女不女"的样子。相信大部分人遇到这样的事情都会冒出这样的想法。

由此可见，选择发型还是要注意性别，不然很可能会引起误会。

2. 年龄

虽然说时间的流逝会在人们脸上留下痕迹，大部分人都想选择显年轻的发型，但是也要适可而止，最好选择适合自己、与年龄相符的发型。举个例子，年轻大学生扎个马尾辫或者梳两个麻花辫，然后在服装上搭配一下会显得青春有活力。但若是一位中年女士也这样梳头发，就算衣服上再怎么搭配，也会显得不伦不类，怎么看怎么怪，还很有可能被扣上"老黄瓜刷绿漆——装嫩"的帽子。

3. 脸型

相信在去理发店的时候，造型师通常会对你说"这个发型适合你，可以修饰脸型"之类的话。每个人的脸型各不相同，所以在选择发型上也会不同，而选择恰当的发型可以扬长避短。比如说国字脸，国字脸显得人刚毅正气，男人国字脸倒是显得有男人味，女人国字脸就显得粗犷，缺少精致柔美。这时候就可以选择内扣的发型，适当地用头发遮挡下颚骨，使得脸部变得小巧精致。

此外，还有马脸、菱形脸、圆脸等，在选择发型时可以在网络上找一下适合自己的发型图片，或者在理发店咨询一下造型师，让他根据你的脸型为你量身打造。

4. 身材

不同身材的人在选择发型时，要考虑不同的因素。一般来说，比较高的人有更多的选择余地，款款发型都可以轻松驾驭，并且不同的发型可以给人不一样的感觉——短发显得随心干练；长发及腰让人大呼女神；若是留一款大波浪，又不失轻柔妩媚。

相对来说，个子矮小的人就要受到一些局限。许多人会选择短发，使整体看起来更协调，也更有韵味。也有人会选择齐肩的发型，烫成梨花卷或者内扣的卷发，显得清纯可爱。个子矮小的女孩子要切记，千万不要选择过腰的披肩长发，会显得人更加笨重矮小。

如果是偏瘦的人，可以利用直发、长发或者大波浪，使自己显得丰盈。如果是偏胖、偏矮的人，不适合留过长的头发，更不要选择蓬松的发型，因为这样的发型会显得人更加臃肿。对于这种情况，短发是比较明智的选择，如果能将头发勾到耳后，会别有一番韵味。另外，偏胖、脸大的人可以选择中分的发型，但前提是鼻梁要挺，这样中分就会显得五官深邃，能让大脸瞬间变成巴掌脸。

5. 职业

不一样的职业对发型的要求也是不一样的。就像韩国花样美男，他们将头发染得五颜六色，烫成大卷，可以将小女生迷得七荤八素，但是同样的发型若是放在高中学生身上，恐怕进了校门就要被班主任揪着去理发店剪头发了。再比如说身材苗条、面容姣好的空姐，按理说任何发型她们都能驾驭，但若是在飞机上为乘客服务时，她们披着一头大波浪，难免会令客人皱眉，觉得空姐缺乏职业素养，还有损航空公司的形象。

职业人士在工作岗位上是绝对不允许乱加发饰的。一般情况下，最好不要烫发染发，也不要选择过于浮夸的发饰。若有必要，应该选择朴实无华的发卡、发带、发箍，颜色最好是蓝、灰、棕、黑等。就像在医院里，护士小姐要佩戴护士帽，固定帽子时都会选择黑色的小发卡，简单干练。因此，在工作岗位上绝对不要佩戴色彩艳丽、造型夸张的发饰，否则，不仅不会显得漂亮可爱，反倒会显得俗气幼稚，降低个人品位。

总而言之，在选择发型时如果能综合以上问题，多方面考虑，相信你一定会挑选出一种适合自己的发型，使自己变得更加漂亮美丽。

合理使用香水

若是你面前走过一位美丽佳人，清风徐来，暗香浮动，一定十分挑逗你的嗅觉，刺激你的感官，令你不由得驻足欣赏。在生活中，如果能将香水用好，确实会很有魅力，但是事实上，很少有人能够驾驭好香水这个古灵精怪的东西。

香水在使用上极其讲究，若是像喷花露水一样"扑哧扑哧"地一通乱喷，香奈儿香水也不会显得那么高贵了，所以说，过量地使用香水不仅浪费，还会让人觉得你表现欲望过强，从而对你的印象大打折扣。因为，过于浓郁的香味会变成一种臭味，熏得人头晕眼花，让人不自觉地和你疏远。如果是在餐桌上使用过多的香水，香水味就会和菜肴的味道混合在一起，冲淡饮食的味道；如果是在像办公室、会议室、会客厅、电梯间等空气不流通的场所，一个香水喷得过多的人和一个长期抽烟的烟民没有什么区别，都会令人深恶痛绝。

另一方面，过量地使用香水还会引起人们的误会。就像古代皇帝的妃子，天天泡花瓣浴，用花香来增加体香。如果你过量地使用香水，反倒会让人过多联想，以为你是在用浓郁的香味来掩饰体臭；有的时候还会让人觉得你不够谦虚，认为你喜欢炫耀，过于浮夸。

那么，适当的香水用量是多少呢？衡量标准是什么呢？

通常情况下，在和人交流时，自己身上的香水味在一米以内能够闻到，这样的用量是合适的。相反，如果三米之外还能闻到，那自然是过量了，那和你近距离交流的人还不得被熏死。有人说过，香水是女人的第二层皮肤，懂得珍惜自己、热爱生活的女人一般都会有几瓶心仪的香水。当然，正确地使用香水才能提升你的人格魅力，展现优雅气质。

香水喷洒的部位也格外讲究。许多人误以为将香水喷在胳肢窝下，可以掩盖体味，殊不知这样反而弄巧成拙，汗液和香味混合在一起会产生一种怪味，让人闻而生畏，敬而远之。

那么，香水一般要喷洒在什么位置呢？首先，有几个雷区一定要避免，像发际、腋窝、脊背、膝弯等容易出汗的部位，千万不要喷洒香水。

有两个正确使用香水的部位：一是脉搏离皮肤比较近的地方，像手腕、耳根、颈侧、膝部、踝部等处；二是既不会污染面料又容易扩散出香味的衣服部位，像衣领、口袋、内衣、裙摆的内侧，以及西装上插袋巾的下端。除此之外，如果不希望香气太浓烈，可先将香水往空气中喷洒，然后将身体靠近香雾下方，让香水自然地洒落下来，沾取香水。

一般来说，香水调配分前调、中调、后调。前调持续10分钟左右；中调持续约2小时，这段时间被称为香水的灵魂时段；后调持续大约2小时或者更长，这段时间香水和肌肤融合，形成了一种独特的香味，夹杂着体香，称之为后味，也就是人们常说的余香。鉴于香水的特性，最好在出门前20分钟就喷洒好，这样出门时香味就会淡雅清透，让人神清气爽。

古话说："入芝兰之室，久而不闻其香。"所以香水也会因为我们对相同的味道闻太久而不易被敏锐察觉。因此，我们在涂抹香水时，很容易因为闻不到香味而喷洒过量。所以我们在补香水时一定要擦淡一点，或是擦少量香水在脚踝、膝盖内侧。这样既不用担心喷洒过量，也会散发出微微的清香。

值得一提的是，有些人会因为钟爱一款香水，便不管季节更替、时间推移，自始至终都使用这一款。然而，香气却会随着季节或天气的变化而改变，气温高时香水的味道一般较浓，气温低时味道就会偏淡。除此之外，湿度也会影响香水的保持度，当湿度较高时，香味比较容易残留；湿度低的时候，香味挥发就比较快。所以使用香水的重要观念是"不能一瓶用到底"。

让你的行为举止更有魅力

我们常常听到这样一句话，"站有站相，坐有坐相"，就是告诉我们要规范自己的行为举止。比如说你会觉得许多明星很美，那是因为他长了一张美丽的面庞；但是有些人你明明觉得她姿色平庸，但是整体看来她依旧是一个美人，那么，很大程度上可能是因为她举手投足间充满了魅力。由此可以看出行为举止对人的重要性。

行为举止其实是一种无声的语言，别人甚至可以通过你的行为看出你的内心。它虽然无声无息，但有时比有声的言语更富有表现力。就像"笑"这个表情，在你开心的时候是开怀大笑，在你难过的时候是强颜欢笑。同样一个表情，在不同的场合，所表达出来的意思是截然不同的。当然，这些细微的差别也向人们传递着不同的信息。

人在紧张的时候会下意识地有些小动作，比如不停地揉捏衣角或者搓手，以此来减缓自己的紧张情绪；再者，有些人在尴尬的时候会用咳嗽来掩饰自己，这样装模作样其实更容易暴露自己的内心。当然，这些小动作有时候是大脑潜意识反射而成，根本就是情不自禁的，但是我们可以通过这些肢体动作看清对方的真实所想。

再比如握手，握手其实是生活中常用的见面礼节，虽然形式简单，但每个人的表达方法都不尽相同。根据每个人不同的握手方法，很容易看出他的性格。握手十分用力的人，他应该极其自信，中气十足；相反，如果一个人握手无力，那就说明他的性格温和，这样的人脾气比较好。在一些公众场合，如果一个人不断地和陌生人打招呼握手，表明这个人热情好客，善于交际，当然，也变相反映了这个人自我表现欲很强。

还有坐姿，坐姿可能是生活中最常用的动作，但越是简单的动作也越是复杂。在坐姿中有美与丑、优雅与粗俗之分，你看到一个坐姿优雅的人，第一印象就会很好，因为可以看到他身上独有的气质。有一些人坐姿粗俗，比如像跷二郎腿，就会让人觉得他吊儿郎当，给人留下态度不端正、做事不认真的坏印象。

在生活中，我们对一个人的评价并不是由哪一方面决定的，往往是综合因素决定的，从他的言行举止总结概括而得出。打个比方，如果一个人在大庭广众之下嗑瓜子儿，瓜子壳随便乱丢，那就可以看出这个人不讲文明，素质低下；如果一个人遇到事情咋咋呼呼、手忙脚乱，就会给人留下浮躁、不够沉稳老练的印象。这些行为举止不仅影响自己的形象，还会让人产生厌恶排斥的心理，从而容易被疏远。由此可以看出，一个人的行为举止、姿态语言是何其重要。

坐得自信和优雅

坐姿是最基本的举止，可以在很大程度上展示一个人的精神风貌。一个优雅的坐姿会传递出有家教、有教养、自信热情等信息；相反，一个粗俗的坐姿就会让人不由得双眉紧蹙，产生糟糕的第一印象。举个例子，有一个做销售的姑娘，她工作积极认真，业绩也很好，但是她有一个坏毛病，整天表现出一副慵懒的样子。这从她的坐姿就能看出一些端倪——她平时喜欢趴在桌子上，或者歪着身体半靠在座椅后背上，双腿叉开，一副四仰八叉的样子。就算是男士做出这样的姿态都会让人觉得粗俗，更不要提是女士做出来了，会让人觉得极其不礼貌。就算她业绩方面表现不错，平时整日以这样的面貌示人，也会让人对她的印象大打折扣。

那么，如何"坐"得优雅呢？

1. 入座

通常情况下，入座是从椅子左边开始，女士优先。如果女士穿的是裙子，应该用双手顺裙摆抚下，同时缓缓落座，以免裙子翘起或者发生其他尴尬的情况。男士则比较简单，缓慢坐下即可。值得注意的是，坐下后不能将椅子坐满，一般只坐座椅的2/3。有的人在落座时，往往一屁股就坐下，将椅子震个好几震，并且椅子全被占满了，那样就会显得很粗俗，也会让人觉得缺少教养、不够优雅。

2. 上身的姿势

坐下时，上身的姿势尤其重要，如果上身左右摇晃、东倒西歪，不要说显示自己的修养、姿态优雅了，只怕还会让人觉得你吊儿郎当、粗俗无礼，令人厌烦。

头部：落座时，头部看上去要像一根旗杆笔挺笔挺的，与地面相垂直。千万不要出现低头、仰头、歪头、扭头等多余的动作，不然就会显得很随意，让人觉得不被尊重。

身体：一、坐定后不能靠着任何东西，哪怕是椅背。在公众场合，身体倚靠东西就会显得懒懒散散，影响精神风貌。二、注意身体的朝向。在和别人交流时，要面朝对方，最好将整个上身朝向对方，身体也可以微微向前倾，这样更能表示对对方的尊重，表示自己在认真聆听。否则，就会让人觉得不被尊重，心里不舒服。

手臂：手臂一般有以下几种摆放方式。一、将手放在一条大腿上。在和人侧身交谈时，一般要将双手交叠或相握，放在自己所侧一方的那条大腿上，这样会显得优雅自然。二、将手放在身前桌子上。把双手平扶在桌子边沿，或是双手交叠轻放在桌上。有时候也可以双手相握放在桌上。三、放在椅子扶手上。在正身而坐时，要把双手分开轻扶在两侧扶手上。在侧身而坐时，要把双手叠放或相握后，放在侧身一面的扶手上。四、放在皮包文件上。当女士穿短裙同男士相对而坐时，身前又没有可以遮挡的屏障，双腿并拢后可以把随身的皮包或文件放在膝盖上，防止走光。双手在放置时，可以轻扶、交叠或轻握着放在上面。五、放在双腿上。双手分别轻放在大腿靠近膝盖的位置，也可以双手交叠后，自然地放在双腿上，还可以双手相握后放在双腿上。

3. 双腿的摆放

双腿的摆放方式有以下几种：

垂腿开膝式：这种姿势主要为男性所用，看起来比较正规、刚硬。这种姿势，上身和大腿、大腿和小腿都要笔挺，垂直成直角，小腿也要垂直于地面。双膝可以微微分开，幅度不要超过肩宽。

双脚内收式：这个姿势在一般场合都适用，并且男女通用。首先大腿并拢，双膝可以稍微打开一点，但不宜过大，不然会显得粗俗无礼。两条小腿可以在分开后向内侧收回一点，双脚脚掌着地，显得自然随和。

双脚交叉式：这种姿势适用于各种场合，男女通用。首先双膝并拢，双脚自然地交叉，踝部靠在一起。值得注意的是，交叉后的双脚应该微微内收，也可以稍稍斜放，这样显得更加自然。但千万不要向前方远远地直伸出去，那样显得粗俗无礼。

双腿叠放式：这种姿势适用于穿短裙的女士。先将双腿上下交叠，交叠后两腿间不应该有任何缝隙，要并拢得犹如一条直线。之后，双脚随意斜放在左右的任何一侧，舒服自然就行。斜放后在下面的腿可以微微伸展，使腿部与地面呈45度，叠放在上的脚的脚尖自然垂向地面。

前伸后屈式：这种姿势适用于女性。先将大腿并拢成一条直线，一条腿伸向前方，另一条腿屈向后方，双脚脚掌着地，并且前后要保持在一条直线上。

双腿斜放式：这种姿势适合于穿裙子的女士。首先将双腿并拢，然后双脚向左右两侧任意一侧斜放，舒服自然就好，斜放后的腿部和地面呈45度。

4. 坐姿因场合而异

通常情况下，在比较轻松随意的场合，你可以坐得舒服自然一些，如果正襟危坐，反倒显得拘束紧张。如果是在聆听别人教导或指示的时候，就应该坐得端正一些，注意不能将椅面全部坐满，坐在前半部分或者边缘即可，身体微微向前倾，以表示对他人的尊重，也可以显示自己的谦虚。

女士在社交场合，如果想要有优雅的坐姿以展示自己独特的魅力，可以将头和身子朝向对方，双膝并拢，两脚相并、相交，一前一后都可以；在入座时要将双手顺着裙子抚下，免得出现尴尬的情况。

5. 忌讳的坐姿

抖腿：有些人抖腿会带着桌子或者坐在前面的人的椅子一起抖动，往往会让人觉得烦躁，让人极其厌恶。

双腿直伸出去：这个姿势四仰八叉的，显得粗俗无礼。如果身体前方有桌子，也尽量不要伸到那里去，因为一不小心就会踢到别人，或者别人不小心也会踩到你，这样都会显得很尴尬。

脚尖指向他人：不管是哪一种坐姿，都忌讳用脚尖指别人，这就跟不要用食指指人一样，否则会显得十分失礼。在有些地方，还会被误以为是在骂人。

双腿叉开过大：不管大腿还是小腿，叉开过大都会显得不雅观，让人看着不舒服，应该避免。

将腿放在桌椅上：有些人会觉得把腿架在高处，比如架在前面的桌子或椅子上，就会显得霸气十足，其实这样做只会显得没素质、粗俗。此外，把腿盘在坐椅上也是不恰当的。

欠妥的架腿方式：有的人喜欢坐下后将双腿架在一起，也就是常说的跷二郎腿，这个坐姿也不能绝对地说不好，只是要采用正确的方法。需要注意两条大腿相架后一定要并拢，像把一条小腿架在另一条大腿上，两腿之间还留有一大块空隙，这样的坐姿就太过放肆，显得无礼。

好姿态，站出来

站姿在很大程度上能够表现一个人的内心状态，站得不好就很容易让人觉得你轻狂无礼。如果是在聆听上级、长辈或者老师的教诲时，我们就应该双脚并拢，双腿立直，双肩自然下垂，头部微微向下低，这样既可以表示对长者的尊重，也能够表示自己谦卑的姿态。需要注意的是，此时双腿之间的距离不宜过大，否则容易显得轻狂；可以将身体微微向前倾斜，以示放低姿态，显得谦卑。

俗话说，"站如松，坐如钟"，就是说站立的时候要像松柏一样巍峨挺立。就像军人一样，笔挺的站姿能够让人肃然起敬，精神风貌也能立刻显现出来。这种站立的静态美，是培养优雅仪态的起点和基础。

那么，应该如何展现出这种静态美呢？

首先，我们要先学会标准的站姿——头正颈直，双目平视，嘴角微闭，下颌微收，面容平和自然；双肩放松，稍向下沉，给人以向上的感觉；躯干挺直，挺胸，收腹，立腰；双臂自然下垂于身体两侧，中指贴拢裤缝，两手自然放松；双腿立直、并拢，脚跟相靠，两脚尖张开约呈60度，身体重心落于两脚正中。

在日常生活中，环境都是多种多样的，所以，一种站姿远远不能满足现实生活的需求。除了上文所说的聆听长者的教诲时，我们应该表现出谦恭的姿态，在其他场合我们应该展现出相应的姿态来。就像去应聘时要表现得自信沉稳；在和小辈分的人交流时，又要适当地表现出自己威严的一面，当然也不能过于威严，不然会让人生出距离感，显得自己古板顽固。为了体现不同情况下我们所要表达的意思，我们就要有不一样的站姿。其实，只需在标准站姿的基础上做一些小的调整，就能展现出不一样的肢体语言来。

下面有几种站姿相当实用：

优雅的站姿：女士在站立时可以把重心放在一条腿上，另一条腿超过前腿斜立而微微弯曲。这种站姿非常优雅，可以尽显女性的妩媚姿态，韵味无穷。

自信的站姿：双手交叉在小腹前，右手放在左手外侧并用右手虚握左手，如果是女士，也可用左手虚握右手。如果想展示自信，男士也可以将双腿略微分开，但不可宽过肩。这种站姿要注意上身的姿态，如果上身向前倾，表现的是谦恭的姿态；向后仰的话就给人一种眼睛长在头顶上的感觉,让人觉得过分自傲。

强悍的站姿:将双臂抱在胸前就会给人强悍的感觉,好像谁也不服,富有挑衅味道。

威严的站姿:男士双手叉腰,两腿适当分开,会给人一种威严的感觉。

在比较随意的场合,双脚的姿势灵活多变,不用太拘谨。为了避免呆板,可以将双脚随意并拢,不用太僵硬,也可以双脚一前一后,形成自然的分叉,但是分叉不宜过大,那样会显得傻模傻样的。身体的肌肉可以适当放松,但要保持身体挺直。手的姿势也可以随着场合的不同而适当调整,就像在站着和人交谈时,双手空荡荡的,难免不知道放在何处,这时就可以自然下垂或者单手抓住另一只手的手臂,呈现一种优雅的姿态。若是拿着手包或者背着挎包,便可以将手随意自然地搭在包上。注意,一定要避免揉搓衣角,玩弄手指甲、头发、打火机等,这样待人是极其不礼貌的,有时候也会显示出你内心的怯弱和缺乏自信。

总而言之,站姿应该自然放松又不失优雅与美感。不论站立时是什么样的姿态,双脚的姿势和角度、手的位置都可以不断变化,唯独身体是不变的,都要保持挺直,站出一个好姿态。

如何走出活力和风度

很多人夸赞别人时都会用到"风度翩翩"这个词语,但这到底指的是什么样的姿态,三言两语却很难描绘清楚。其实"风度"这个比较笼统的词语,恰恰可以从走路的姿态中展现出来。

在生活中，走路的姿态最容易引起人们的注意，也最能体现一个人的精神面貌。不同的人有千姿百态的走态，给人留下的印象也千差万别。有的人走路步伐矫健，健步如飞，能使人精神振奋；有的人走路缓慢沉稳，就给人沉着稳健的感觉；有些人则是一步一顿，姿态优雅，像猫儿一样，慵懒中带着优雅，也别有一番风味。当然，也有些人走路佝偻着背，精神萎靡，这样的姿态，如果是年轻人，就会让人觉得吊儿郎当；如果是老年人，就会给人年迈体衰、老态龙钟之感。还有人走路是外八字，像鸭子走路似的，十分难看。

我们在走路时，上身要保持站立的标准姿势，挺胸收腹，腰背笔直；两臂以身体为中心，前后自然摆动，前摆约35度，后摆约15度，手掌朝向体内；起步时身子稍向前倾，重心落在前脚掌，脚尖向正前方伸出，膝盖伸直。如果是女士的话，步伐最好匀称、轻盈，以显出端庄文雅之美。

关于走路的礼仪，我们每个人都应该了解并且掌握，因为走路的姿势不仅展现出一个人的精气神，还关系到教养问题，有时甚至会影响生意。举个例子，有位私企老板邀请一位外商投资机构的经理到自己公司进行考察，想争取拿到投资机会。他在陪同经理实地考察时，不知不觉地走在了经理的前面，挡住了经理的视线，这个经理去哪，他都挡在前面，使得经理觉得十分尴尬，气氛也不融洽，最后合作也不了了之。

其实，在和他人一同走路时，居前还是居后，居左还是居右，这些都是有讲究的。稍有不慎，就会让人误会，以为你对他不尊重、不礼貌，同时也暴露出你经验不足，性格不够沉稳内敛。

可能有人就要问了，在上例中的商务性考察时，我们应该注意哪些细节呢？下面我们就来讲一讲。

在陪同客人走路时，如果两人是并排走，那么就该让客人走在内侧，陪同的人走在外侧。比如说在马路上行走，走在外侧相对来说更加危险，那么这样就恰到好处地显示出了你的绅士风度，以及你对客人的尊重和爱护。

　　如果走的道路并无明显的内外之分，就可以采取国际惯例——以右为尊。当三个人同时并排行走时，以前进的方向为参照，尊卑次序为——居中最贵，居右次之，居左最弱。

　　如果是在办公楼单独行走时，要请客人走在前面参观，让他决定想看什么。当然，如果对方不认识路，就要主动上前去带路，但是也要表现出谦恭的姿态，不能过于强势，像遇到拐角时要提醒对方"小心，拐弯了"，或者遇到楼梯时说"小心，有台阶"。这样不仅显示出你的服务意识强、懂礼貌，还会让客人感觉到你对他的重视，心中自然舒坦。如果你用生硬、命令的口吻指挥客人，像"左拐""右转""推门进去"之类的，就显得对客人极其不尊重，会引起客人的抵触心理。

　　在上下楼梯时，如果你走在前面，一定要坚持遵守"右上右下"的原则。如果大家都这么做，有急事的人可以率先从左边通过，就不会造成拥堵现象，也不会发生踩踏事故。值得注意的是，如果你是男士，而对方是穿裙子的女士，那么需要请对方走在后面，你可能会问为什么，因为通常我们都会说女士优先。其实这样更能表达你对女士的尊重，因为穿裙子上楼时容易走光，尤其是有些女士爱穿超短裙，在这种情况下，如果你走在前面，她就不必紧张尴尬，也免除了你走在后面时偷窥的嫌疑。

　　除了商务活动之外，生活中我们也要注意相关的礼仪。一般来说，在男女同行时，男士应当走在女士的左侧，因为以右为尊。如果在必要的情况下需要调换位置，男士也应该从女士身后绕过去，因为不论何时从人前方穿过都是不礼貌的。另外，在路上行走时不要很多人胳膊相挽地行走，以免妨碍别人通过；也不要男女表现得过分亲昵、相拥而行，这样既有碍大众视线，也不利于自己的形象。

气质是可以打造的

气质是一个比较虚无缥缈的词语，词典里对它的解释是：人的相对稳定的个性特点和风格气度。不过，这种解释并不能让我们形成直观的印象，因为气质这种东西，你可能能感受到，却不能用言语轻易表达出来。但是，就是这种不易描述的气质，却在当今社会中发挥着相当重要的影响力。

众所周知，单论五官，舒淇长得并不是最漂亮的，但她却常驻女神的宝座，在美女如云的娱乐圈，人气也是只升不降。这是为什么呢？原因就在于她是一个极其气质的女人。在走红地毯时，舒淇往往淡妆出场，从容自信，浑身散发出优雅和俏皮的气质。她也极其会穿衣打扮，无论什么风格的衣服，她都能穿出自己的味道，时而俏皮可爱，时而慵懒妩媚。就是凭着自己独特的气质，即便她在众女星中称不上倾国倾城，也照样占据着娱乐圈的一席之地。

不光是明星，在日常生活中，人们也把"气质"看得很重。比如，我们常常说"她长得还好，但是没气质"。一个没有气质的人，一眼看过去就缺少内涵；而一个有气质的人，就算身处鱼龙混杂的市井之中，也会有他自己独特的风姿，超然脱俗，犹如鹤立鸡群。

阿娇是办公室里公认的美女，她肤若凝脂，红润通透，小巧的瓜子脸上生着精致的五官，双眸水灵灵的。她的五官几乎无可挑剔，却总让人觉得少了什么，仔细一想，又说不出个所以然来。有人说她眼睛大而无神；有人说她总是面无表情，显得有点儿面瘫；有的则说她漂亮得太直接了，像花瓶，稍微一看就审美疲劳。相比之下，办公室里的小张单论五官虽然算不上美女，眼睛有点小，鼻子不够挺，但是她双眸有神，透着一股子机灵劲儿。尤其是你站在高处，她抬起双眸望向你时，灵动中带着狡黠，眉目间有种说不出的娇媚，举手投足间也十分有韵味。所以大家得出的结论就是，阿娇漂亮却没有气质，小张不算很漂亮却很有气质。

由此可见，一个人浑身上下的气质并不是由五官决定的，也不是天生的，而是由多方面的因素决定的。那么，从哪些方面可以打造出一个人的气质呢？

1. 提升内涵

古语有云："腹有诗书气自华。"这句话一点也不假。你看看民国时期著名的才女张爱玲，单看五官其实再普通不过了，但是她喜欢穿色彩艳丽的服饰，这使她在人群中十分出俏，再加上她浑身散发的独特魅力，又为她增加了几分冷艳。所以，要想有气质，首先要丰富自己的内心世界，让自己做一个肚子里有墨水、有内涵的人。

除此之外，还要有理想和目标，这样才能有动力，才能使自己看起来生机勃勃、聪明灵动。另外，高尚的品德也是气质美的一方面，具体表现在心地善良、待人诚恳等。

2. 举止要得体

气质美也表现在言行举止上。有人说，"举手投足之间都承载了三千风华，一颦一笑都充满了娇艳妩媚"，这就是言谈举止的魅力。在和人初次接触时，你的一言一行、待人接物都会给人留下印象，就是所谓的第一印象。所以举止要热情但不浮夸，大方但不造作，以彬彬有礼、不卑不亢最为合适。

3. 完善自己的性格

性格也是一种气质美。很多时候都听人说，性格决定成败，这句话不无道理。我们可以发现，在日常生活中善于交际的人，他们的性格往往都很好。要想有好的性格就要提升自己的涵养，要忌怒、忌狂，要能忍让、体贴人，千万不能随意发火，也不要在人背后讲坏话。当然，这并不是说要让你当个透明人，也不是让你逆来顺受，毫无主见，有时候，开朗的性格更可爱讨喜。

4. 做个兴趣高雅的人

高雅的兴趣也能体现出一个人的气质美，就像我们一说到某个人会弹古筝，就会联想到古典美女一样，因此，拥有一样高雅的兴趣也能培养气质。有人爱好古风，喜欢汉服，也有人喜欢古典玉器，还有人钟情绘画，久而久之，这些高雅的兴趣都会在你身上留下印记，形成你所独有的气质。

职场女性该怎么穿衣

通常情况下，职场女性着装首先要端庄稳重，切记不能穿得过于花哨怪异、标新立异。这样别人会怀疑你的工作能力、工作作风、敬业精神、生活态度等各个方面。

阿玉的身材算是很好的，前凸后翘，玲珑有致，但由于是行政人员，她依旧选择穿保守的衣服。尽管公司没有明确规定，但大家都自觉地穿得相对成熟稳重。可实际上，和阿玉她们相反，现实生活中很多职业女性并不自律，在穿着上比较随便，像穿什么低胸装、透视装、热裤之类的，毫不避讳，完全不考虑是否与所从事的职业相匹配。

事实上，这样的穿着很可能会影响你的前程，需要适可而止，不能太前卫。如果你的上司思想保守，那么他很可能接受不了你的穿衣风格。当然，你也不能穿得太过迂腐，让上司觉得拿不出手，从而缺少提升机会。

那么有人会问，到底该怎么穿衣服呢？其实，我们要学习孔子所说的中庸之道，做到既不会让人特意将目光放到你的衣着上，又能体现你身上自信干练、值得信赖的一面，这样穿必定是前程似锦，很容易受到上司的提拔。

具体来分析，正确的职场穿衣方法表现在以下几个方面：

1. 因地制宜，相辅相成

在不同的公司，所穿服装的整体风格也很可能会不一样，这要视不同公司的文化底蕴而异。打个比方，如果你在一家比较时髦的服装公司上班，穿保守的套裙自然就显得很不上档次了；如果你在行政单位穿得太前卫，也会显得太过标新立异、浮夸张扬。所以要完全掌握和了解企业文化的内涵，让自己的穿着和公司文化和谐相处。如果你是新加入公司的员工，对公司的文化内涵还拿捏不准，那么那些资深的职员就是你的标杆，你完全可以向她们看齐，或者请教她们如何穿搭。通常情况下，还是建议穿得保守一些，这样比较稳重，也不容易出错。

2. 职业套装不可少

我们常说，女人的衣柜里总少一件衣服。如果你是职业女性，那么你最缺少的恐怕就是职业套装了。每天面对不同的人、不同的客户，我们也不能天天一成不变，总穿那一套衣服，所以多准备几套是必不可少的。见不同的人、去不同的场所，就可以穿不同的套装。当然，套装也可以搭配组合，但是切记不要过于繁杂，否则会显得没品位。

3. 不可漂亮得"震主"引忌妒

古时候，"功高震主"的王公大臣通常都没有好下场，同理，在职场上你打扮得盖过你的上司，也是极其不明智的做法。女人天生比较敏感，你盖过了她的风采，多少会引起她的不悦。所以在衣服上的穿搭要稍微比她逊色，在布料质感的选择上也要稍微比她差一些。万事不能急于求成，你如果太过于表现自己，很可能就会引来上司的不快，女人的忌妒心是可怕的，到时候你的前途就堪忧了。

4. 展现自己的品位和上进心

无论在什么场合都应该穿得精致得体一些。现在总是说，"在这个看脸的世界""在这个看颜值的世界"，可见外在是多么重要。因此，在穿着上更要注意凸显自己的品位，尽量避免穿那些俗气落后的、一看就粗糙劣质的衣服。

有些人不懂时尚，不爱逛街，来来回回穿的都是那些已经过时的衣服，这样的人要注意了，你很可能因为这一问题，被归类到保守落伍、不善于创新的那一方。建议要时常阅读时尚杂志，多逛逛商场，看看最新上市的新款潮服，以展示自己独特的气质以及追求进步、创新的品质。当然，也要把握好分寸，不然就变成了光追潮流却没有自己个性的人。

另外，职场女性不要轻易穿极富可爱元素的衣服，比如带有蕾丝花边、木耳卷花边的衣服，因为你传递出的第一信息就是——我还是个小女孩，我不想长大。因此，在职场上，上司可能会对你心生怜惜，却不会让你独当一面，这样你就会失去锻炼展示的机会，从而也可能会与升职失之交臂。

西装也要因场合而异

一说到西装，很多人脑海里都会浮现出商务人士穿西装时帅气干练、英姿飒爽的模样。这是因为，西装的主要特点是外观挺括、线条流畅、穿着舒适。若配上领带或领结，就更显得高雅典朴。一套适合自己的西装可以很好地衬托出一个人的气质，使其显得高大挺拔、风度翩翩。

西装是一种国际性的服装，它拥有深厚的文化内涵，所以长盛不衰。

人们脑海中主流的西装文化就是正式、有教养、有绅士风度、有权威感。西装穿得好，对一个人确实有很大的提升作用，但同时，西装的穿法也要因场合而异。

曾经有一位大学毕业生去应聘计算机工程师。面试时，这位大学生还特意穿了西装，打了领带，再加上他有过硬的专业知识，让主管十分赏识。但在是否录用他的问题上，主管却产生了犹豫，因为他注意到大学生虽然穿了一身西装，脚上却搭配了一双球鞋。球鞋破坏了西装整体的美感，使他整个人显得十分不得体；另一方面也展现出大学生比较随意的性格特点，很可能会不好管理。因为这些细节问题，这名大学生最终和心仪的职位失之交臂。

这个案例告诉我们，穿西装的场合非常重要，细节尤其重要。人们常常说："西装七分在做，三分在穿。"西装配皮鞋才是合乎礼仪的穿法，不然只会破坏整体的和谐性。另外，在不同的场合，所穿西装的款式也是不同的，出席比较正式的场合时要特别注意。

首先，西装的颜色。很多人觉得颜色是个人喜好问题，并不需要格外留心。其实不然，西装的颜色时常需要根据场合的不同、季节的不同而改变。

深蓝色、灰色，这两种颜色最能显示出专业人士的权威和气度，很适合大企业的老总、文化公司的高层出席会议或者和重要客户见面时穿。一方面，深蓝色、灰色会塑造出你精明干练的形象；另一方面，这样比较深沉的颜色也更能显示出沉稳的力量。

棕褐色系列的衣服会给人温暖、随和的感觉，很适合重要但却不是很严肃的场合，像同学聚会、家庭聚会、律师和客户会面之类。既能凸显出你的气场，又能缓和氛围，拉近人与人之间的距离。

黑色是最经典也最百搭的颜色，因此黑西装是衣柜里必不可少的的行头，它适用于多种场合，正式的、非正式，严肃的、随性的……而白色的西装就比较挑场合，适合娱乐、走 T 台等比较富有创意的行业。

如果是洽谈、谈判、发布会等专业场合，西装最好选择保守沉稳的颜色，像深蓝、深灰、卡其、黑色几种，百搭且不易出错。

说完西装的颜色，我们再来看看西装的穿法。

西装规格：西装外套和西装裤是西装的两件套，这样的西装在正式场合不能脱下外衣；西装外套、裤子及衬衣是西装的三件套，正式场合应穿质地相同、颜色接近的深色毛料套装。按习俗，西装里面是不能加毛背心或毛衣的，但在中国，通常会加一件"V"字领羊毛衣，但不宜过厚，否则会显得十分臃肿，从而破坏西装线条的美感。

穿好衬衫：衬衫最好是单色，领子要立挺、干净整洁。衬衫下摆要塞到裤腰里，扣好领扣和袖扣。衬衫衣袖要稍长于西装衣袖 0.5 ~ 1 厘米，领子要高出西装领子 1 ~ 1.5 厘米，这样能显示出层次感。

系好领带，戴好领带夹：西装脖领间的"V"字区应该系领带，需要注意的是，领结要饱满，和衬衫的领头要贴合。领结系好后，最标准的是下端的领带正好触到皮带扣上端，然后戴领带夹。领带夹一般夹在衬衫第三粒与第四粒扣子之间，在系好西装纽扣后，领带夹不能外露。

用好衣袋：西装上衣两侧的口袋不可装物品，因为它只作装饰用，不然的话会使西装上衣变形。有些物品，如票夹、名片盒等，可放在西装上衣内侧的衣袋里。同样，裤袋也不能装东西，以免影响裤形美观。

系好纽扣：双排扣的西装要把纽扣全部扣上，以显得认真庄重。如果是单排扣的话，只有两粒纽扣就只扣上面第一粒，有三粒纽扣就扣中间一粒，坐下的时候可以解开纽扣。当然，为显得潇洒，单排扣的西装也可以不扣扣子。

穿好皮鞋和袜子：西装和皮鞋是不可分割的黄金搭档，所以穿西装时一定要穿皮鞋，裤子要盖住皮鞋鞋面。注意，穿西装时，旅游鞋、轻便鞋、布鞋或露脚趾的凉鞋千万不能穿。另外，也要尽量避免穿白色袜子和色彩鲜艳的花袜子，可以穿深色线织中筒袜，但一定不能穿半透明丝袜，以免显得不伦不类。

女人品位如何，看包包就知道

其实很多人都想不通，很多奢侈品包包既难以保养又不是很实用，为什么还受那么多人追捧。这是因为包包体现了一个女人的品位，尤其是在社交场合，一个包包就能够让拥有它的女人光彩夺目，从人群中脱颖而出，正应了那句话，"男人看表，女人看包"。

当一个女人拎着一个沉甸甸的大包时，想来里面的东西也不是很昂贵的，包包也就显得没有档次。像许多大牌的奢侈品包包，都要细心保养，肯定也不会舍得随意拿来装东西。由此，从包包就能看出这个女人没有品位，拎不合适的包会让人联想到在菜市场买菜的大妈、时常在油烟机下转的家庭主妇。想来，你也不愿意成为这样的女人。

那么在挑选包包上要注意哪些情况呢？首先要挑选原料上等、做工精细的包包，这样无论搭配什么衣服都能起到画龙点睛的功效。此外，包包的颜色也相当重要，如果是一个自信活泼的女人，那么大红色的包包更加适合她；如果是一个富有神秘气息的女人，那么暗红色是她的首选；如果是比较随性、懂得享受生活的人，那么白色较匹配……所以包包的颜色能够凸显人的个性，也能衬托人的气质。

从心理角度来讲，女性的包包能透露出她一个人的内心。你常常会发现，很多人用旧了或者用坏了包，在换新包时会不由自主地被与旧包款式相同、颜色相同的包包吸引。这样的女人往往很恋旧，也更看重感情。

一花一世界，一叶一追寻。一个包包也有它的小世界，它最能够了解主人的心思。通常情况下，包包里化妆镜、唇膏、面巾纸、手机、钱包是不会少的，所以保持包里干净整洁是衡量一个女人是否优雅的指数之一，包里杂乱无章会引人侧目，认为主人慵懒随便，也会影响女人的品位。

在不同的场合应该使用不同的包包。一般来说，较大的包方便存放东西，因此上班的时候要选择一些款式大方、素雅经典的包。平时和闺蜜逛街时，包包就应该和服装搭配起来，或高贵优雅，或活泼可爱，或青春靓丽。像参加宴会这种正式场合，包就比较考究了，可以选择手腕式的皮包，要注意与礼服相搭配，自然会别有一番风味。

穿好鞋子很重要

其实鞋子也能表现出一个人的品位及修养。从鞋的样式可以看出一个人是否时尚，是否有涵养。而鞋子穿得是否得体整洁，则能体现出一个人的生活卫生习惯。对于大多数人来讲，鞋子相对衣服裤子来说更容易被忽视，其实，在很多场合，即使你的衣服再光鲜亮丽，发型再飘逸潇洒，谈吐再幽默大方，如果脚下没有一双得体的鞋，或者鞋面上满是灰尘，无疑会很大程度地影响你的整体形象。

举例来说，众所周知，女明星陈慧琳拥有高挑的身材，曼妙的曲线。有一次她走红毯时身穿一条深蓝色连衣裙，外搭米色外套，非常优雅美丽，但是她脚上穿的却是一双印花高筒靴，高度也十分奇怪地卡在膝盖上，让人大跌眼镜。当时稍有不慎，恐怕她就会成为第二天的娱乐头条，成为大家的笑谈对象。

　　穿好鞋子不仅对女士很重要，对男士来说也非常重要。具体而言，男士穿黑色的皮鞋最百搭，也最实用。但是需要注意的是，黑色的皮鞋容易落灰，出门前一定要保持鞋子整洁。另外，若是鞋子磨破了，即便你擦得再干净，也会使搭配的心血付诸东流。可以想象一下，一个人身穿考究的西装，脚上却穿着一双又破又旧的黑皮鞋，那会给人什么感觉？

　　当然，深棕色、浅土黄色的皮鞋也是男士的明智选择，也比较好搭配衣服。虽然有些人喜欢穿浅灰色和白色的皮鞋，但是在搭配衣服时比较麻烦，所以容易受到限制。对于对色彩搭配不是很了解的人，最好不要轻易尝试这些颜色。

　　另外，运动鞋也是生活中常穿的鞋子。和皮鞋不同，穿运动鞋的时候就没必要太新、太干净了，纤尘不染反倒显得矫情。一般说来，穿运动鞋都是要做运动，走起路来自然豪放，如果一直小心翼翼，生怕弄脏脚上的鞋子，就必然畏首畏尾，施展不开了。当然，也不要太脏太旧，那样也叫人心生厌恶。

　　对女性来说，运动鞋的颜色最好不要过于鲜艳，那样在搭配衣服时容易受到局限。有些颜色是很好搭配的，像黑色、咖啡色、土黄色、灰色、米色等。值得注意的是，在比较严肃的场合，像会议、和客户洽谈场合之类的，露出脚趾是不礼貌的，所以尽量不要穿凉鞋上班。

巧戴饰品，为你锦上添花

　　没有哪个女人不爱珠宝首饰，就算她平时不戴饰品，也绝对不会不爱。珠宝首饰戴得好，能够大大提升一个人的魅力，起到锦上添花的作用。

论起饰品，戒指、项链、耳环是珠宝首饰界的"三大件"，即便每一件都要掏空荷包才能支付得起，也仍然不能遏制女人内心的渴望。因为这不仅仅是一件饰品，更代表了一个人的财富、品位和幸福度。对于女人而言，有一个爱你的男人给你买珠宝首饰，你又怎会不笑靥如花？不过饰品也不是女性的专属，对于男人而言，也需要饰品的装点，比如名贵的手表更能体现一个男人的品位和档次，这就是我们常说的"男人看表，女人看包"。

饰品都是画龙点睛的所在，佩戴得恰到好处就能体现出效果，会将人装点得美艳动人；若是佩戴得不好，那就是画蛇添足，哪怕再名贵的珠宝首饰也会显得庸俗不堪。所以在这里，我们很有必要讲讲珠宝首饰的佩戴方法。

对于戒指，钻石、玛瑙、金银等材质是人们常戴的，造型一般有圆形、方形、椭圆形等，但不一样的戴法表达的含义也不相同。需要注意的是，因为左手与心相关联，所以戒指一般戴在左手上。其实这里还有一个比较实际的原因，那就是大多数人都是右利手，戒指戴在左手上不易被磨损，劳作起来也方便。

一般情况下，戒指不戴在拇指上。除此之外，戒指戴在食指上，表示未婚；戴在中指上，表示正在恋爱；戴在无名指上，表示已订婚或完婚；戴在小指上，表示独身。如果对戴戒指的规则和意义不了解，随意乱戴，做者无心，观者有意，就可能会闹出笑话。

接下来说项链，我们一般将项链戴在脖颈下方，很容易成为人们关注的焦点，所以很多人认为项链是"三大件"中的核心。想来也是，如果一位衣着高贵的女士从远方徐徐走来，身姿妖娆，露出纤细的锁骨，上面佩戴着一条十分相衬的项链，顿时就给人锦上添花之感，也显得她越发美艳动人。

项链的色彩、质地、造型都很讲究，若是不加注意，很可能就会适得其反。一般来说，"足赤"的金项链代表娇贵富丽；透亮的珍珠项链就给人一种清雅脱俗之感；象牙项链柔美质朴，也会产生一种高贵典雅的美感。

在挑选项链时，首先要斟酌的就是质地，就质地而言，首选当然是钻石，然后依次是素雅的珍珠、高贵的金银、神秘的珐琅、古朴的景泰蓝、妩媚的玛瑙、柔美的象牙、可爱的贝壳、清透的菩提珠等。

挑选好质地后，接下来要考虑项链的造型。矮胖圆脸的人适合下垂到胸部的长款项链，这样会在视觉上起到拉长脸型的作用，有助于改变矮胖圆脸的人所带出的体形视觉效果；皮肤白皙的人可以选择为无领的连衣裙搭配上细小的金项链，以显得清俊秀丽；而脖子细长的人则适合佩戴贴在脖颈上的短项链，比如大珠子的项链就是不错的选择。

除此之外，项链的佩戴还要根据衣装的料子、颜色、样式及场合的不同而改变。像穿单色或浅色服装时，宜佩戴色泽亮丽的项链，素色的衣服上点缀着艳丽的项链，就显得活跃灵动，充满了层次感。像玛瑙、景泰蓝、珐琅等项链大多颜色古朴、典雅，所以建议搭配明亮颜色的衣服，会显得更加好看。

下面来谈谈耳环。耳环虽比项链小，但它对于人的面部形象、气质风采的影响有时比项链还要大。耳环的色彩选择与项链相似，首先要与衣装色彩相协调，这样看起来才自然。一般来说，纯白色的耳环和金银耳环都是百搭的，与任何衣服搭配都会很协调，但如果是色彩鲜艳的耳环，就要考虑和衣服颜色一致或接近。打个比方，如果你穿淡蓝的衣裙，配上蓝绿色的耳环就会显得清新俏皮、充满活力，但如果佩戴红玛瑙耳环，就会显得不伦不类，惹人笑话。

钻石、金银、珍珠是耳环常见的质地。一般来说，珠圆玉润的大珍珠耳环和深色的大毛领旗袍最相衬，时尚感较强的服装可以考虑搭配钻石或金银耳环。另外，耳环的造型也变化丰富，不一样的脸型佩戴的耳环造型也是不同的。比如方脸就不适合佩戴较大的扣式耳环，那样会显得下颌骨更加宽大；如果是脸型比较尖巧的女士佩戴，反倒会显得脸型更娇小精致。一般来说，脸比较宽的女士更加适合细长、体积较小的耳环，可以起到拉长脸型的效果。

"男人看表，女人看包"，对于男人来说，手表不只是用来看时间的，更多的是可以彰显品位和素养。在社交场合佩戴手表，会显示出你有较强的时间观念，严谨守时。另外，手表也常常被当作饰品，可以凸显出一个人的身份地位。

手表在正式场合的佩戴很有讲究，首先造型上不能过于浮夸新潮，以至于和整个场合的风格不符，显得不伦不类，要选择比较庄重保守的款式。一般来说圆形、正方形、长方形、椭圆形和菱形的手表适用于大多数场合。除数字、商标、品牌外，手表最好不要再出现其他无意义的图案，要简单大方。另外，现在手表的表带往往也有很多种颜色和款式，可以选择单色的，也可以选择双色的，亦或是色彩清亮高雅的，都可以彰显品位。如果举棋不定，那么最为百搭的颜色还是黑色，任何时候都不会出错。

细小处彰显品质——社交礼仪

02

在日常生活中，社交礼仪是不能小觑的一部分。因为社交是谁都不能避免的，也是人生的必修课之一，因此，一个懂得用社交礼仪来约束自己行为的人，往往被认为更成熟稳重，自然更会受到人们的欢迎和喜爱。

第一印象从问候开始

　　问候的作用是拉近人与人之间的距离，使彼此变得亲近起来，也向他人表达了他在你心目中的地位、你对他的重视和敬意等，为彼此铺上一条友好交往之路。你可以想象一下，初次相见，如果一个人和你热情地打招呼，那么之后你俩的关系也许会更进一步，甚至可能成为很好的朋友。如果一个人见了你却面无表情地走过去，那你们基本上不可能再有深入的交流了。由此可见，见面打招呼是何等重要。不仅如此，懂得问候还能体现出一个人的礼仪、礼貌，如果熟人相见或者朋友相见，你毫无表示，或者漫不经心，就会被认为是傲慢无礼。

　　这里有一些约定俗成的问候礼仪：男性应先问候女性；晚辈应先问候长辈；年轻人应先问候老年人；下级应先问候上级；年轻女性应先问候比自己年龄大得多的男性。

　　可能有人要问，如果一下子遇到很多人，该怎么打招呼呢？这个时候，你就可以笼统地问候一下，说"大家好"之类的，也不会显得厚此薄彼，让气氛尴尬。当然，你也可以一个一个地问候，可以按照由"尊"到"卑"的顺序，也可以按照由长到幼的顺序，或者按照亲疏关系。总而言之，主动问候是对他人的一种尊重，也是体现自己文明懂礼貌的一种方式。

　　既然问候是表达敬意的一种方式，那么我们在问候别人时就要注意自己的态度，如果态度不好，即便问候了，也可能让对方心生不快。在态度上要注意四个要点：一要主动。要积极主动地问候别人，如果是别人首先问候自己，那就要立即回应，不能漫不经心，更不要不理不睬。二要热情。

问候别人的时候要表现得热情、友好，如果是面无表情、哼哼唧唧的，那么这种问候还不如不要。三要自然。问候别人时要表现得自然而大方，矫揉造作、神态夸张会让人觉得你虚情假意，进而对你避而远之。四要专注。要双目注视对方，面带微笑，神情自然，不要在问候对方的时候双眼那样看向别处，会让对方怀疑你是在跟别人说话。

此外，在问候的时候还要注意一些禁忌，不要问候不成，反而让别人觉得尴尬。

比如，在问候不是很熟的人时，千万不要问让人左右为难的问题，比如，"你还记得我吗？我们上个月见过的"。如果对方记得还好，若是不记得，那两人难免会陷入尴尬。所以正确的问候应该是，"你好啊，我是××，我们在××见过"。这样既不会让对方觉得尴尬，也能很自然地和对方搭上话。

另外，如果遇到了好久不见的老朋友，在不了解对方的情况下，最好不要轻易说出"代问夫人好""代问先生好"这样的话。因为万一对方已经离异了，那么你的问候就只会造成对方的尴尬。同理，上来就问别人在哪里高就之类的也不妥当，如果别人辞职了或者工作并不是很顺利，那么你这么问就会让人很难开口。所以针对这两个方面，正确的问候方式应该是"代问家人好""工作还顺利吧"之类的。

由此可见，问候别人时千万不要牵涉别人的私生活、个人禁忌等问题，也不要问得太过仔细，那样会让人反感，像一见面就问人家"换女朋友了吗"或是"现在结婚了吗"之类的问题，对别人来说很可能就是哪壶不开提哪壶。

别让你的眼神出卖你

"像一阵细雨洒落我心底，那感觉如此神秘。我不禁抬起头看着你，而你并不露痕迹。虽然不言不语，叫人难忘记。那是你的眼神，明亮又美丽……"这是蔡琴演唱的《你的眼神》，清楚明白地道出了眼睛的重要性。

人们总是说，眼睛是心灵的窗户，透过你的眼睛就能够看到你的内心。事实也确实是这样，在实际生活中，哪怕你能说会道、口若悬河，但如果你总是拿一副轻蔑的眼神看人，也会给人留下不好的印象。所以在人际交往中，我们一定要注意自己的眼神，像以下几种眼神一定要注意避免：

1. 瞟人

瞟人就是斜着眼睛看人，在人际交往中，这是极其不礼貌的，会让对方觉得你讨厌他、看不起他。在和异性交往中，瞟人会让对方觉得你心怀不轨，不是好人。在和熟络的人讲话时，你瞟人会让人觉得你已经不耐烦了，希望能够快速结束谈话。故而，除非你生来就是斜视，不然千万不要瞟人。

2. 目光飘忽

一个人如果眼神飘忽不定，要么会让人觉得他胆小怯弱、缺乏自信；要么就让人觉得他是在东看西看，漫不经心，感觉对人很不尊重。因此，和人交流时要直视对方的眼睛，不要目光飘忽。如果觉得一直盯着对方的眼睛看有些尴尬，那么可以将目光落在对方的鼻子上，这样既可以缓解紧张，也可以给人以专心的印象。

3. 贼眉鼠眼

精明的人分两种，一种是表面不动声色、内心精打细算的人；一种是将所有的小九九挂在脸上的人。其实后者只能说是小聪明，因为如果有人一双贼溜溜的眼睛在你身上打转，一副贼眉鼠眼的样子，任谁都会厌烦。如果让这样的人去做销售，客户会觉得他想谋取不正当利益，自然很难达成合作。要想克服这个坏毛病，可以尝试对着镜子练习温和的眼神，时间久了，也就自然而然地克服了。

4. 目光冰冷无情

在小说中，时常会出现高大帅气的霸道总裁，他们目光冰冷得好似千年玄冰，轻而易举地就能将女孩子迷得神魂颠倒。不过小说毕竟是小说，大家不要被小说误导，即便现实中真有这样的事情，那也不是因为目光冰冷的原因，而是建立在人家是总裁的基础上。就我们普通人而言，目光温柔、暖若初阳更加受人喜爱。一般来说，过于理智的人、自尊心过于强大的人以及性格过于刚硬的人，会比较缺少情感变化，双眸也冷若冰霜，让人很难接近，久而久之，就很容易变成独行侠。如果想要将目光变得柔和，可以对着镜子多加练习，也可以试着改变心情，多和人接触，多说多笑。

5. 赤裸裸地注视

很多时候，一个人直勾勾地盯着对方看是极其不礼貌的，甚至会引起别人的讨厌和反感。人体语言学家莫里斯说："眼对眼的凝视只发生于强烈的爱或恨之时，因为大多数人在一般场合中都不习惯于被人直视。"长时间地凝视一个人会让人有压迫感，让人感觉不自在，因此，在通常情况下要避免赤裸裸地望着别人。

眼神是一种独特的语言，合理运用，能拥有意想不到的收获。有的人目光明朗，眼神好似冬日里洒在皮肤上的阳光，暖暖的很贴心。这样的目光一下子就能拉近与别人的距离，让别人有与之交流的欲望。所以，管理好自己的眼神是一项很不错的本领，极有可能成为你社交生活中的强劲润滑剂。

微笑是最美的表情

人们常说,伸手不打笑脸人。多以笑脸待人就能赢得友谊、理解和发展,化干戈为玉帛。虽然说微笑只是一个简单的动作,却能给人以前进的力量、生活的信心、奋发的勇气。现实生活中,如果一个人对你满面冰霜、横眉冷对,另一个人却对你面带笑容、温暖如春,当他们同时向你请教一个问题时,你更会欢迎哪一个呢?当然是后者,你会毫不犹豫地对他知无不言,言无不尽,问一答十;而对前者,恐怕就恰恰相反了。

在一次航班中,一位男乘客要求空姐给他倒杯白开水吃药。那位空姐礼貌地道:"先生,为了安全起见,等飞机起飞之后平稳运行时,我再把水给您送过来,好吗?"过了十五分钟,飞机已经进入平稳运行状态,正在这时,乘务员的服务铃急促地响了起来,空姐这才想起,由于太忙,她忘了给刚才那位男士倒水了。

她急匆匆地走到客舱,看见真的是那位客人按响的乘务铃。她赶忙将水倒好,陪着笑意小心翼翼地送过去:"先生,实在是对不起,由于我的失误和疏忽,耽误了您吃药,还请您见谅。"那位男士指了指手表,面色愠怒:"你是怎么回事?说好飞机平稳后送水过来,都什么时候了,这就是你们的服务态度?"空姐端着水杯,继续耐心地向这位男士解释,但是无论她怎么说,对方都以为她是在找借口。

在整个旅途当中,空姐也为自己耽误了客人吃药而过意不去。为了弥补自己的过失,空姐时常特意走到那位乘客面前,微笑着询问他是否需要开水,或者是否需要什么别的帮助。然而,这位男士脾气暴躁,余怒未消,对她的态度一直不甚友善。

在飞机快要降落时，那位男士让空姐将留言本给他。空姐看了看他的表情，很明显，他是要投诉这位空姐。空姐觉得虽然是自己失误在先，但是知错能改善莫大焉，他还这样揪着不放，不免有些不近人情，故而觉得十分委屈。即便如此，她还是微笑着将留言本递过去，态度谦恭地说："先生，我再次向您表达我诚挚的歉意，因为我的失误耽误了您吃药。"那位男士看了看她，欲言又止，然后接过留言本快速地写了起来。

等到飞机降落后，乘客们都陆续离开了机舱，空姐才怀着忐忑的心情打开了留言本。看完之后，她惊讶地瞪大了眼睛，原来刚才那位乘客写的根本不是投诉信，恰恰相反，那是一封感情真挚的表扬信。

在信中，空姐看到这样一段话："在这个行程中，你所表现出来的真挚歉意让我深感欣慰，尤其是你脸上始终挂着的笑容深深地打动了我，最终让我改变了主意，将投诉信写成了感谢信。谢谢你的微笑，它让我感觉到了人与人之间的温暖。你们航空公司的服务很周到，空姐的素质也很高，我还会继续乘坐。"

微笑是一种力量，它能消除人与人之间的隔阂，甚至能化解仇恨。千万不要吝啬你的一个微笑，因为一个微笑就足以温暖一颗心，这或许就是微笑的力量。

不过微笑的时候也要注意一些细节。一般来说，标准的微笑需要露出五颗牙齿，如果将一排牙齿都露出来，那就是血盆大口了，不仅不会给人美，反倒让人觉得傻里傻气的。

另外，"皮笑肉不笑"也是微笑的大忌。这样的笑容会给人一种讽刺的感觉，让人心里发毛；也不能只勾起一边的嘴角冷冷地笑，像是要做什么坏事似的，这样会让人对你有所防备。要想掌握微笑的要领，可以将口腔张开到不露或刚露齿缝的程度，嘴唇呈扁形，嘴角微微上翘，这样的动作比较到位。

在人与人的交往中，你要做到真诚地笑，要尊重对方的感情、人格和自尊心，平等地对待他人。由心而发，自然会打造出完美的笑容。

握手也有大学问

众所周知，握手是一个国际礼仪，在很多国家，大家见面时都会选择握手。

追根溯源，握手最早发生在人类"刀耕火种"的年代。那时，在狩猎和战争时，人们手上经常拿着石块或棍棒等武器，遇见陌生人时，如果大家都无恶意，就要放下手中的东西，并伸开手掌，让对方抚摸手掌心，表示手中并没有藏武器。后来，这种方式渐渐变得普遍起来，就演变成了今天的"握手"礼节。

虽然握手只是一个简单又普通的动作，但是它在社交场合中却十分常见。人们在相互见面和分别时，或者在相互介绍时，握手都是表示热情、礼貌、致意的常见礼节。握手时，时间的长短也很有讲究。关系亲密的人一边握手一边问候，时间可以长一些；如果是初次见面的人，则两手轻轻相握即可。另外，握手的力度、身体的姿势也能从侧面反映出两人之间的一些细节，比如关系的远近、情感的厚薄，还有个人的内在修养，甚至待人接物的态度等。

小芳在学生时期总被人说成名士派，不讲礼数。她也知道在找工作时礼仪很重要，于是毕业后在面试礼仪上狠下了一番工夫。在面试一家心仪的公司时，刚开始还算顺利，问题回答完毕，小芳起身向上司告辞，谁知上司坚持要送她到电梯间，于是问题来了。

小芳刚才进入考场时，因为上司就坐在办公桌旁，因此只需要向他颔首微笑就算打过招呼了。现在两人面对面站着，电梯马上就到，似乎应该客套几句，握手告别才对。小芳想起网上搜集来的"面试礼仪宝典"里面说："在需要握手时，下级或晚辈应该等上级或长辈先伸出手后再行握手礼；男士应该等女士首先伸出手后再行握手礼。"可小芳突然意识到一个矛盾——对方是上级，但是男士；她是下级，但是女士。"宝典"里完全没提这种情况，怎么办？

小芳一边挣扎一边观察上司的表情，但上司始终毫无表示，一直在介绍企业文化与历史业绩。小芳的手指头一会儿伸直一会儿又蜷起，始终没有勇气伸出右手。好不容易等到电梯来了，小芳在慌乱中转身一把抓住一名男士的手摇了一摇，说了声"再见，请留步"，就仓皇逃入电梯。

一周后，小芳收到上司的 E-mail，通知她已被录取，让她尽快到人事部门报到。邮件最后附了一句足以让小芳羞愧终生的话："可否告诉我，面试那天你为何在上电梯之前与一名陌生男子握手？"原来，那时小芳在慌忙之间握错了手。虽然这件事闹了乌龙，但是她想要握手这件事情打动了她的上司，这至少能说明她是一个有上进心的年轻姑娘，只是初入社会，还缺少一点经验。

海伦·凯勒曾说："我接触过的手，虽然无言，却极有表现性。有的人握手能拒人千里……我握着冷冰冰的手指，就像和凛冽的北风握手一样。而有些人的手却充满阳光，他们握住你的手，使你感到温暖……"因此，握手并不"简单"，下面我们就来讲讲握手的学问。

1. 握手的时机

何时握手，是一个微妙的问题，它涉及双方的关系、现场的气氛以及当事人的心理因素等条件。一个人要想在交往中显得彬彬有礼，在下列这些时刻是有必要与交往对象进行握手的，否则就会显得失礼。

（1）在社交场合初次会面与道别时要握手。

（2）同久别重逢的亲朋好友见面时要握手。

（3）向他人表示恭贺时要握手。

（4）自己在接受奖状、奖杯、奖品时，同发奖人要握手。

（5）参加各种红白之事，告辞时同主人要握手。

（6）向他人表示谢意时要握手。

2. 握手的次序

在社交场合，同他人握手的顺序要根据双方的社会地位、年龄、性别和身份来确定，具体表现如下：

（1）上下级握手，下级要等上级先伸手。

（2）长幼握手，年轻者要等年长者先伸手。

（3）男女握手，男士要等女士先伸手。

（4）已婚者与未婚者握手，应由已婚者首先伸出手来。

（5）宾主握手，不论客人是男是女，主人应向客人先伸出手。如果是客人先向主人伸出手来，主人就有失礼仪，也会让客人觉得自己不受欢迎。

在一些场合，如果同时遇到很多人需要握手，那么可以按照一定顺序来。其顺序是先尊后卑，即先长辈后晚辈，先上级后下级，先已婚者后未婚者，先女士后男士，依次进行。这样通用的顺序大家都理解，也不会产生误会，不会厚此薄彼。

总而言之，社会地位高者、年长者、女士、主人享有握手的主动权。同性朋友、平辈见面，先伸出手者则表现得更有礼貌。

3. 握手的时间和力度很讲究

如果一个人跟别人握手时只是轻轻一触就抽出手来，就会给人很不真诚的感觉。因此，握手礼仪是很有讲究的。一般来说，握手的时间不宜过长或过短，两手交握1~3秒为宜，上下晃动最多2次合适。两手刚一接触，就着急把手收回，有失大方；相反，一直握着他人的手不放，也会引起对方的尴尬。

另外，握手的力度也很有讲究，它能够反映出人的性格。职业外交官的握手力度一般在两公斤左右，这是最让人舒服的力度。不然的话，力度太大，会显得人鲁莽有余、稳重不足；力度太小，又显得人有气无力、缺乏生机。如果双方是熟络的人，那么握手的时间和力度都可以适当延长，以表示两人关系较好，情谊深厚，但也不宜超过三十秒，再握下去就显得矫情了。

4. 握手的注意事项

忌用左手。握手用右手是约定俗成的礼仪，所以握手时一定要用右手，尤其在和外国人握手时，更不要伸出左手和别人相握。因为在东南亚，像印度、印尼等国家，他们都认为左手是洗澡或者上厕所时用的，用左手握手极其失礼。但是如果是右手受伤或太脏，必须用左手代替右手时，应先声明原因并致歉。

忌戴手套、墨镜。与人握手时，一定要将手套或者墨镜摘下来。如果你是地位较高的人，戴着手套或墨镜会让人误以为你看不起他；如果对方的地位比你还高，那么你这样握手就是对别人的轻蔑和戒备。当然，如果你身体有残疾，或者有其他特殊情况，可以事先说明一下，然后点头示意即可。

忌讳坐着握手。除非是年老体弱或者身体有残疾的人，握手双方应当站着而不能坐着。

忌讳顾此失彼。在握手时如果有几个人，而你只同一个人握手，对其他人视而不见，这是极不礼貌的。同一场合与多人握手时，与每个人握手的时间也应大致相等，若握手的时间明显过长或过短，也有失礼仪。

5. 尴尬情况机智处理

如果你是地位较高者或年长者，而地位较低者或者年轻人已经向你伸出手时，比较合适的做法是立即伸出自己的手，配合别人的动作，而不是置之不理，将对方尴尬地晾在原地。有时候你也会遇到这种情况，在你主动伸手跟对方握手时，对方却没有注意到，此时你应该潇洒自如地将手收回来，也不必介怀，这样的事情谁都会遇到，这样做也能显现出你宽广的胸怀。

拜访前要提前预约

中国向来注重礼仪，讲究规矩。俗话说"客走旺家门""有朋自远方来，不亦乐乎"，有朋友登门拜访是好事，对于增进朋友间的友谊有很大帮助。但是如果没有提前预约，贸然拜访是很失礼的，很可能会造成双方的尴尬，过犹不及。最后导致明明是很美好的事情，由于自己没把握好分寸，却给别人带去了麻烦。

不提前预约就去拜访别人，如果你是有急事找别人帮忙，那么很可能办不成事情；如果你是去找别人吃喝玩乐，那么很可能败兴而归；如果你只是去联络感情，那很可能因为你的贸然到访叨扰了别人，人家自然也没了聊天的兴致。

曾经有这么几件事情，让笔者至今记忆犹新。

有一次双休日，我和妻子在家里收拾房间，然后准备出去逛逛街。中午的时候，我们刚把床单啊被套啊都扯下来洗过了，晾在院子里的竹竿上，结果我妻子的一个小姐妹就上门来玩了。当时的场景真是极其尴尬，拆了被套的被子乱糟糟地放在床上，地上也堆满了还没来得及清理的垃圾，屋里连个坐的地方都没有。如果她能事先打个电话，提前预约好时间，我们就会改日再大扫除，也就避免了这样的混乱场面。

还有一次，我的同事小周就吃了没有预约的亏。那天他刚刚从外地出差回来，带了一大箱橘子，是当地的特产。他寻思着自己也吃不完，就想分给好友也尝一尝。从前他去别人家就不爱预约，吃了几次亏可算长记性了，这一次他拿出手机准备打电话，但是转念一想，这个时候好友应该在家。于是，他抱着一箱橘子吭哧吭哧爬到六楼，结果敲门一看，没人！这下子又白费了老半天力气。

但是预约有时候也让人头疼，因为既然别人事先已经打过电话了，那就一定要把时间空出来。老张对这点就感慨颇深，有时候别人定了七点见面，但是要到八点才过来，老张等了半天没见人，寻思那就做点别的事情吧，结果刚一开始做，人就来了。有时候相反，彼此约好的时间还没到，老张还在忙活，客人就提前到了，搞得老张手忙脚乱。

由此可见，不管因为什么事情去拜访别人，都要提前预约，这样做既尊重主人也方便自己；并且约定好时间后，一定要守时，不能放人鸽子，也不要提前或推后。尤其是放人鸽子这一点，是非常不礼貌的，现在人对时间观念都很看重。如果有事情不能到，应该提前告知主人，并表示歉意。

拜访时要注意的细节

拜访别人时，除了上文提到的要预约之外，还应该注意以下几点：进门要换鞋，控制好拜访的时间，轻按门铃，不带孩子去朋友家等。下面来分点解释一下。

1. 不带小孩拜访别人

拜访他人时带小孩是比较不礼貌、也比较麻烦的事情。如果你的孩子还需要喂奶、换尿布之类的，在别人家里就显得不礼貌。如果是大一点的孩子，但还不是很懂事，在别人家里东翻翻西弄弄，吵吵闹闹的也惹人心烦，大人也没办法正常交流。因此，除非是关系极其亲密的朋友，不然拜访别人时最好不要带小孩。

2. 轻叩门，轻按门铃

拜访别人时应该轻轻叩门，或者轻按门铃。一般情况下敲门敲三下，或者按一下门铃。千万不要大声叫门，那样会扰民，惹来邻居的不满。不仅让你的朋友感觉尴尬，为你难为情，也显得你自己没有教养，不懂礼貌。

3. 进门换鞋

进门换鞋虽然是很小的细节，却能体现出你良好的教养。如果主人家里是不用换鞋的，那你可以不换，否则，作为客人，不换鞋就进去会显得很粗俗无礼。

4. 问候对方的家人

到别人家中时，首先要向主人的家人问好，如果还有其他客人在场，也要一一问好。如果拜访他人时不问候对方的家人和在场的其他客人，就会让主人觉得你看不起他的家人，或者看不起他的客人。会让朋友很尴尬，其他人也会觉得你很失礼。

5. 不跨过地上的物品

现在家家户户都铺上了地板，干净整洁，所以一些东西会放在地上，像乐器啊、小孩子的玩具之类的。你走动时千万不能从上面跨过去，而是应该绕道而行。跨下在古代有屈辱的意思，如果你从别人的东西上跨过去，就会显得极其不礼貌。这一点在少数民族尤为重要，比如说蒙古族崇拜火，认为火神或灶神是驱妖辟邪的圣洁之物，如果你从上面跨过去，那简直是犯了大忌，侮辱了别人的信仰。

6. 不可独自随便参观

到了别人家中不要到处乱走，不要随意在别人房间里乱逛。毕竟家里是很隐私的空间，你随便乱逛会显得不礼貌。如果你真的想要参观，也要和主人知会一声，在他的带领下参观，否则最好不要随意走动。

7. 随身物品不要乱放

在别人家中虽然不能过于拘谨，但是过于随性也会显得不礼貌，比如随身物品就不要乱丢乱放。有时候主人热情好客，会说"请当成自己家一样"，但这到底是客套话，如果你太过当真就输了。

8. 不能太随便地交谈

在别人家中闲聊时，你可以稍微问一下主人的家庭情况，但是千万不要盘根问底，好像公安机关在查户口似的，这样会令人反感。如果有事需要商议，那么寒暄之后就可以快速进入正题。此外，在交谈的时候也要注意倾听，千万不要自己一个人滔滔不绝，而让主人插不上话。

9. 控制拜访的时间

一般来说，拜访时间切勿过长，如果在别人家中逗留太久，会耽误别人的事情。一般性的拜访最好控制在 15 分钟左右，如果拜访时间过长，会让主人感到疲惫，所以要适可而止。当然，如果时间太短，刚到没几分钟就要走，对方也会觉得你是在敷衍，会觉得自己遭到了嫌弃。另外，如果是有事要谈或者老友相聚，拜访时间则可相应延长。

除此之外还要特别注意，在别人家中做客时，千万不要乱翻抽屉箱柜、索要物品、乱摸东西、乱开电器等，否则冒冒失失的，会显得很失礼。

介绍是交际之桥

金正昆教授是著名的礼仪专家，对礼仪方面极有研究，他曾经说过，介绍是交际之桥。他认为，介绍是社会活动和人际交往中与人进行沟通、增进了解、建立关系的第一步。因此，如果能够掌握好介绍这一基本功，就能显示出自己良好的礼仪修养。

1.介绍他人时应注意的事项

把一个人引荐给其他人认识的过程就是介绍他人，如果能够做到很好地介绍他人，便能有效地提升你在朋友中的威信和影响力。一般来说，东道主、长者、女主人、尊者、专职人员或者双方的共同好友等，都可以担任介绍人。

下面我们来说说社交中公认的介绍顺序：在介绍中，尊者有权优先了解另一方，所以我们通常先将后辈介绍给长辈；同理，要先将男士介绍给女士；将职位低者介绍给职位高者；将客人介绍给主人；将晚到者介绍给早到者；将未婚者介绍给已婚者；将家人介绍给同事、朋友。

需要注意的是，介绍人的态度会影响被介绍人在对方心中的地位，所以在介绍时要注意态度友好诚恳。可以想象一下，如果别人吊儿郎当地向你介绍一个人，你心中会重视这个人吗？自然不会。除了态度之外，介绍时的手势也要文雅，需要使用右手，掌心朝右上，四指并拢，拇指张开，胳膊略向外伸，指向被介绍的一方，并向另一方点头微笑，上体前倾15度角。介绍时语言要轻快，可以用"我来给您介绍一下"开头，然后介绍双方。

2. 被人介绍时应注意的事项

在被别人介绍时，应该积极配合，表现出愿意同人结识的兴趣。如果你冷着一张脸，势必让双方都感到尴尬，人际关系也一定处不好。所以在被别人介绍时，应该热情主动、面带微笑、点头示意。等别人介绍完你之后，你应该主动伸出手，并说"很高兴认识你""久仰"等表示友好的话。

如果你是男士，别人将一位女士介绍给你时，你应该主动欠身示意，表示尊重，也能显示出绅士风度。一般来说，握手时男士不应该先伸手，但如果女士伸出手来，你就要立马去轻轻相握。如果你是一位女士，别人将一位男士介绍给你时，你可以微笑着点头示意，也可以主动与之握手。

3. 自我介绍的注意事项

自我介绍是件很经常的事情，一般来说，只要到了陌生的地方，见到陌生的人，基本上都会被要求做一下自我介绍，因此掌握好这项技能尤其重要。打个比方，如果你想同某人结识，却没有人为你介绍，这时候你就可以主动去介绍自己。在做自我介绍时，一定要态度谦恭、面带微笑、自然友善。具体来说，你需要先走上前去表示歉意，得到对方的回应之后再报上自己的姓名、工作等，自我介绍的内容根据环境可以适当改变，但最好能介绍一些可以吸引对方的亮点。当然，如果对方明显表现出不愿和你结识的意向，那就要有自知之明了。

需要注意的是，如果在有介绍人的情况下，你抢着做自我介绍是不礼貌的行为，会让介绍人尴尬，认为你不信任他。

4. 集体介绍的注意事项

如果是一个集体需要介绍，而不是单个人，那就会比较麻烦一些，需要注意以下几点：先介绍人数比较少的那一方，再介绍人数多的那一方；被介绍那一方的年长者或者地位、身份尊贵者都可以放在最后介绍；如果大家是按照一定次序坐的，像聚会中，也可以按照座位顺序介绍。

接待客人，礼仪要周全

生活中总是会有人来家里做客，有的是正式的，像新年时候的走亲串友；有的是非正式的，像普通的串门。但不管是什么形式的做客，都要有一定的待客礼仪。在接待客人时，我们要秉持一个原则——主随客便。我们要为对方考虑周全，这样客人就会有一种宾至如归的感觉，也能感受到你对他的重视和尊敬。

待客过程一般有以下几个环节：迎客、敬茶、交谈、送客等。

1. 迎客

主人应在约定好的时间提前下楼或者在门口迎接，不要在家中等待，这样会让客人觉得被怠慢。去迎接时要夫妻一起去，女主人应该走在前面。如果是客人突然造访，主人更应该热情接待；如果遇到家里比较脏乱的情况，应该先寒暄几句，比如让客人不要介意之类的，再适当地收拾一下，但千万不要大规模打扫卫生，这样会让客人以为自己不受欢迎，有逐客的意思。

当看见客人来了，应该主动和客人握手，热情招呼；如果客人手里拿了东西，应该主动接过来帮忙提着；若是有尊者或者老年人，就要上前搀扶。到了室内，应该招呼客人坐定，再拿出水果等款待。如果和客人是第一次见面，应该向他介绍自己的家人，以示尊重。

2. 敬茶

客来敬茶是中国人最常见的礼仪，一杯清茶凝聚着中国文化的基本精神和浓郁的待客之道。客人来访，待客落座后，应该立马为客人斟茶，客人饮与不饮，无关紧要，但主人一定要为来客敬茶，这是一种重情好客的礼俗。中国人待客自古就是"坐，请坐，请上座；茶，上茶，上好茶"的说法。由此，敬茶是日常待客绝不可缺少的礼仪。

3. 交谈

在客人坐定后，要拿出水果等招待好，然后及时和客人聊天。聊天的内容要根据情况而定，最好是两人都感兴趣的，不然枯燥无味也会让人觉得兴味索然。如果主人有事情要忙，应该找人来陪客人聊天，或者打开电视、电脑之类的供客人消遣，千万不能丢下客人不管，那样他们会觉得既无聊又尴尬，也会觉得自己受到了冷落。

4. 送客

客人准备离开时，主人应该留客，让他们再待一会儿。如果客人执意要走，要等客人起身后，主人再站起来，不然太过积极，客人会觉得你巴不得他走。相送时应该面带微笑，嘱咐客人路上小心。如果客人来时带了见面礼，他们离开时应该再次感谢或者回赠礼物。送客时应该将客人送到门口或者街巷口，等客人差不多走远了再回去，切忌客人还在不远处时，主人就用力将门关上，这样做十分不礼貌。

除了待客过程中的几个主要方面，待客时还有以下几个细节需要注意：

1. 注意房间整洁

在客人来之前，应该先打扫一下卫生。尤其是平时不注意的人，可能厨房堆满了乱七八糟的碗，门口放着臭烘烘的袜子，茶几上堆着果皮瓜子壳……如果你是客人，看着这个场景，心里肯定也不舒服，会觉得对方对自己不够重视。当然，如果关系好得可以穿一条裤衩了，知道平时也就这样，倒也不会在意。但是如果不是这种关系，那就一定要格外注意。

主人在接待客人时也要注意自己的衣着，不能穿得太随意，像穿什么睡衣啊，或者蓬头垢面的，会让客人觉得你并不重视他的到来，显得怠慢了。所以，待客时男主人应该刮好胡子，换身干净整洁的衣服，女主人最好能化点儿淡妆。

2. 不宜疲惫不堪地接待客人

你自己想象一下，如果你去别人家里做客，她一脸疲惫的样子面对你，你会怎么做？估计你会识时务地立马告辞。所以将心比心，如果你是主人，就千万不要一脸倦容地接待客人，会让别人以为你是在下逐客令。

3. 家丑不可外扬

俗话说："家丑不可外扬"，所以当着客人的面同家人吵架是极其不理智的。吵架时会将最丑的面目都展现在别人面前，不仅不礼貌，还会影响整个家庭在别人心目中的印象，让别人心生忌惮，还可能会影响你们之后的交际。

4. 不让孩子在场

在接待客人时，最好不要让孩子在场，可以先让孩子出去玩儿。不然孩子在房间里叽叽喳喳地跑来跑去，会影响主客交谈。这是打扰客人的表现，客人虽然不会跟小孩子一般见识，但是难免会觉得孩子不懂事，没有家教。

礼貌用语，展现自我修养

在平常生活中，礼貌用语是时常要用的，就像"请""你好""谢谢"之类的。同样一句话，别人让你帮忙递个东西，说"把 ×× 递给我一下"和"请你把 ×× 递给我一下，谢谢"给人的感觉完全不一样。待人客客气气的，一方面可以展示出你的涵养，另一方面会让交流的气氛更为融洽。

下面我们来讲一下常用的礼貌用语。

1."你好"见面说

在社交用语中，"你好"是使用最频繁的一个。在和陌生人讲话时，"你好"代表着身份平等，这样能使两人更加融洽地相处，比较快速地接纳对方，从而便于进一步交流。如果对方是尊者，就要用"您好"，表达对其的尊重。

2."请"字放开口

一般来说，请求别人做什么事的话，说话之前应该加"请"字，像"请问""请原谅""请留步""请用餐""请指教""请稍候""请关照"，等等。"请"会使话语变得委婉，也能自然地把自己的位置降低，将对方的位置抬高，让别人感觉自己受到了尊重，自然会喜欢你。

3."对不起"时常说

在日常生活中，"对不起"是最常说的表示歉意的话。比如无意中提到了别人的伤心事，或者在讲话的时候打喷嚏打断了别人的说话，再或者不小心踩到了别人的脚后跟，都可以说"对不起"。"对不起"能够很好地缓解尴尬的气氛，也能体现出你的修养。

4."谢谢"跟后头

在你接受别人对你的帮助时，哪怕是买东西时别人将东西递给你，你也应该说句"谢谢"。凡有人给你服务、做事和帮忙时，无论对你的帮助是大是小，都要说声"谢谢"。"谢谢"会让人变得谦和有礼，让别人对你产生好印象，从而拉近彼此的距离。

5."再见"不能丢

通常情况下，"再见"是在同人告别的时候说的，表示希望再次和对方见面，也说明你谦虚有礼貌，并且表达了你和对方交流得很愉快。说"再见"时一般伴随挥手这个动作，挥手要手心向外，近距离时在胸前左右摆动，远距离的时候，可以将手举过头顶，左右摆动。

除了上文所说的礼貌用语之外，生活中还有很多其他礼貌用语，像"贵姓""劳驾""打扰""赐教""久违"，等等。下面是一个顺口溜，方便大家记忆。

问人姓氏说"贵姓"，问人住址说"府上"，

仰慕已久说"久仰"，长期未见说"久违"，

求人帮忙说"劳驾"，请人协助说"费心"，

求人办事说"拜托"，麻烦别人说"打扰"，

求人方便说"借光"，求人指点说"赐教"，

请改文章说"斧正"，接受好意说"领情"，

祝人健康说"保重"，向人祝贺说"恭喜"，

老人年龄说"高寿"，看望别人说"拜访"，

请人接受说"笑纳"，希望照顾说"关照"，

赞人见解说"高见"，归还物品说"奉还"，

请人谅解说"包涵"，请人赴约说"赏光"，

需要考虑说"斟酌"，无法满足说"抱歉"，

宾客来到说"光临"，等候别人说"恭候"，

中途先走说"失陪"，请人勿送说"留步"，

送人远行说"平安"，没能迎接说"失迎"。

"请柬"是最高档次的邀请

平常生活中很少用到请柬，除非是一些较大的场合，比如说婚礼、寿宴、开业等才会发出请柬。对寿筵、婚宴这样的事情，如果只是打几个电

话，那么可能会让人觉得过于轻率，不被重视，从而会影响事情在客人心中的位置。

所以，请柬在发出邀请的方式中，是最高级别也是最正式的。

1. 哪些活动需要发出请柬

举行重大活动需要发出请柬，诸如寿筵、婚礼、同学聚会、公司开业等。发请柬这种形式，不仅表达了对客人的尊重，也表明主人对这项活动重视，从而也让客人重视起来。与之相应，请柬的装帧也要讲究，款式要新颖，最好淡雅美观、精致高贵，这样才能让客人体会到主人的诚意和热情，心中也会高兴。

2. 如何写请柬

请柬的组成部分有标题、正文、结尾、落款和时间。

标题写在封套上，如"请柬""请帖"。

正文是请柬的主体，要顶格写被邀请者（公司或个人）的姓名、名称。如"某某先生""某某女士"等，称呼后加上冒号。然后写明本次活动的名称，活动的时间、地点及注意事项等。

结尾处要空两格写上"敬请""恭候"等字样，然后另起一行写上"光临""莅临"字样。落款写在下方，由发柬者署名，最后再另起一行写明日期。

示例：

××（结婚）请柬

××先生：

　　兹定于××××年×月×日上午×时，在本市××路××大酒店三楼举行××。

　　恭请届时光临。

　　新郎：×××　新娘：×××敬请

××××年×月×日

需要强调的是，请柬中不能出现错别字。如果你是客人，请柬上自己的名字都被写错，估计这场宴席就不想参加了，就算去了心里也不舒坦。所以出现错别字是对客人的不尊重，也显得没有诚意。

另外，邀请的场合中如果对客人有特殊要求，像宴会需要特定的服装之类的，应该在请柬中注明，语气也要 诚恳委婉，像"请穿礼服""请准备发言"等。

3. 怎样发请柬

请柬最好提前半个月或者一个月发出，这样比较方便客人安排时间。如果等到宴会前一天才发，未免显得仓促，也让客人措手不及。请柬递送的方式多种多样，如果能亲自送去当然最好，显得诚恳而又正式，但是现实生活中往往做不到这一点，所以可以邮寄、委托他人转交等。一般情况下客人都会理解，并不会觉得你不礼貌。

不过要注意，转交也是分好几种情况的，在力所能及的情况下，最好不要让他人代劳。如果是同客人难以碰面，让别人转交倒也情有可原，如果是下面这种情况，就显得怠慢了。

小李调到了其他部门，但是他原来部门的关系还在。现在要结婚了，小李去给公司里的老同事送结婚请柬。当他要给办公室组长发请柬时，得知他开会去了，于是他将请柬交给了小张："等组长出来后，帮我把请柬交给他啊！"

这种情况下的转交就显得很没有礼貌，都已经来到这里了，再等一等又何妨，随意走掉就显得不够重视。所以说，向别人发请柬时一定要态度诚恳、方法得当，让别人感受到你的诚意。

施恩于人，不要居功自傲

虽说"滴水之恩，当涌泉相报"，但是那是受恩者心存感激的话。如果你是施恩者，却还要用这种态度来要求别人，并且在心理上产生一种优越感和高高在上的感觉，那么就会让人不仅不感激你，而且觉得你人品有问题。人与人之间相互帮助本是常事，帮别人一个小忙就沾沾自喜，别人自然会联想到从前自己帮过你，也没见你怎么感恩戴德。结果就导致，你虽然帮了对方的忙，却不仅没有增进两人的关系，而且让别人对你反感。

所以说，做人做事要像下面这个例子一样。

在洛阳有个人和别人结了仇家，他想找人调解。可是他找了很多当地有名望的儒雅人士，那个同他结仇的人都没有接受调解。后来他找到了一个外乡人，叫郭解，没想到郭解竟然接受了他的请求，亲自上门去拜访那个和他结仇的人。郭解三天两头去，几乎要将别人的门槛踏破，总算打动了对方，同意可以调解。按理说郭解至此也算是圆满完成任务了，只要带这个委托他的洛阳人上门调解就将事情了结了，但郭解没有这么做，他还有后手，而他这个后手也正是他十分会做人的表现。

等一切都讲清楚了之后，他对这个洛阳人说："听说当地很多有名的贤士都出面调解过，但是都没能解决这件事情。我十分幸运，居然了结了此事，多谢你给我面子，我心中十分感激。"他想了想，继续说，"但是当地的贤士都没能解决的问题，被我一个外乡人解决了，难免会让他们难堪，也有损他们的名望，所以我想你假装这件事没有经我调解，等我明天离开之后，你再找名门贤士上门去和解，也算是我卖给他们一个面子吧。"

这个洛阳人听后对他大为敬佩，郭解至此才算是完美地化解了此事。

其实面子这个东西，不只是男人爱，人人都爱。今天你给了别人面子，以后遇到事情时，别人也会给你留面子，这就跟礼尚往来似的。在日常生活中，如果你做到了"严以律己，宽以待人"，这是最好不过的了，但是人非圣贤，能够做到对自己的要求和对别人的一样就很不错了。所以在助人为乐这件事情上，应该端正自己的心态，不要目的性太明确，给人留下太功利、太势利、没有人情味的印象。这样不仅不会使你的人际关系变得融洽，反而会让人对你敬而远之。

要懂得转换角色

这一生中，我们每个人都要扮演许许多多不同的角色。在面对孩子时，你是父母；面对父母时，你是孩子；面对兄长时，你是弟弟或妹妹……角色不同，我们的言行举止也要有所改变，千万不能以偏概全或者不知变通，这样很可能会给自己带来很多尴尬，也会让别人心里不舒服。

小李是公司的部门经理，他的上司阿雪是一位漂亮能干的大龄女子。小李和阿雪关系很要好，工作之余，小李还会在生活中帮阿雪解决很多问题。但是在工作中的一些小问题上，阿雪往往都会坚持己见，这让小李时常感到很困惑，觉得阿雪没见识，甚至觉得她不可理喻。其实，小李这样想是因为他还没有学会转换角色。

在阿雪看来，请求帮助是她领导男下属的一种手段，小李却不知不觉地将阿雪当作自己的好朋友，并且用朋友的关系来处理工作上的关系。当阿雪以女上司的身份和小李谈工作问题时，小李偏偏站在朋友的角度和她讨论，这才导致阿雪觉得小李不识趣，小李觉得阿雪对自己不重视、不喜欢，从而造成了尴尬和困扰。

不仅是我们平常人，就连英国的维多利亚女王，也曾因为没有注意角色转换，造成小小的尴尬和误会。

一次，维多利亚女王与丈夫吵了架，丈夫独自回到卧室，闭门不出，女王回卧室时只好敲门。

丈夫在里面问："谁？"

维多利亚傲慢地回答："女王。"

没想到里边既不开门也无声息，她只好再次敲门。

里边又问："谁？"

"维多利亚。"女王回答。

里边还是没有动静，女王只得再次敲门。

里边再问："谁？"

女王这次学乖了，柔声回答："对不起，亲爱的，开门好吗？我是你的妻子。"

这一次，门开了，她的丈夫张开双臂，热情地将她拥入怀里。

为什么前两次女王敲门，她的丈夫都没有开门呢？因为第一次维多利亚自称"女王"。尽管她在外威风八面，是高高在上的女王，但是她在家中这样对丈夫自称女王，未免显得态度太过高傲，伤到了她丈夫的自尊心。第二次回答时，她说自己是"维多利亚"，这次回答比第一次要好得多，但是依旧冷冰冰的没有人情味，所以她丈夫依旧没有开门。第三次回答时，她说自己是"你的妻子"，显得温柔如水，充满了温情，自然获得了丈夫的谅解。

由此可见，在日常生活中我们要注意角色的转换，在不同的场合、面对不同的人时，要合理扮演不同的角色，以免闹笑话或者造成尴尬。

不能自以为是

　　人人都希望自己是最出彩的那一个，所以觉得被别人比下去是一件十分苦恼的事情，但如果一个人时时刻刻都在卖弄自己，处处都要显得比别人聪明，难免会惹得别人不舒坦，最后必然导致别人同你疏远，兴许还会和你结下梁子。

　　这里有个例子。伟大的政治领袖富兰克林是一个极其聪明的人，但是他年轻时喜欢处处显示自己的聪明，骄傲自大。有一天，一位前辈好言相劝："富兰克林，你不肯尊重他人，事事都自以为是，以自我为中心，你让别人难堪后，大家就会对你敬而远之。更何况你现在所知道的事情，老实说是很有限的。你有没有听过一句话，一个瓶子里只装了半瓶水，摇起来才会哐里哐啷地响，如果里面装满了水，它就不会响了。"

　　富兰克林听完之后，认识到自己的错误，随后痛改前非，为人处世也开始变得低调起来，言行也变得谦恭起来，时时想着会不会伤害别人的自尊，会不会让别人丢了面子。很快，他就被别人从不愿意结交的自大狂中除名，变成了善于交际的人。

　　如果富兰克林当时没有听从前辈的劝勉，一意孤行，说话做事完全没有分寸，说不定也成不了美国伟大的领袖。

　　其实不仅在生活中，在工作中我们也要避免自以为是，因为那样做只会断送自己的前程，毫无益处。

　　彼得是公司的设计师兼推销员，他主要推销自己设计的一系列服装。他在服装设计上很有想法和天赋，但在出售自己的商品时却屡屡受挫，公司的老板总是对他说："对不起兄弟，这单生意我们怕是不适合，你再另觅买家试试。"这样的低谷持续好几年，彼得感到十分失落。他仔细看过自己设计的服装，确实没什么问题，不论从专业角度还是从实用性上来说，都十分出色，但是为什么没有人赏识呢？

彼得开始总结经验，认真回忆自己这些年来的经历，总算在销售方法中找出了漏洞。原来他向来是一上来就拿出图纸，滔滔不绝地向客户讲述自己的构思和创意。客户出于礼貌会听完他的话，但心里总觉得他这是王婆卖瓜，自卖自夸，并不买账，很快就会礼貌地拒绝他。

彼得意识到自己的推销手段比较低劣之后，开始有了新的想法。拜访客户时，他先拿着一张草图去向老板讨教，希望他能给自己最新设计的作品提点建议。老板被彼得抬高了位置，心情自然很好。看过草图之后，彼得的设计又让老板很感兴趣，然后老板提出自己的建议，彼得再根据他的建议将自己的设计图完成，这样就十分符合老板的心意，并且主动提出要跟他合作。

所以在任何时候，不要一味地显示自己的聪明才智，也不能过于自以为是，大家有来有往，互动交流，结果往往会更好。而且要想让别人觉得你优秀，就应该在日常生活中更好地充实自己，让自信由内向外散发出来。这比自以为是、自己往自己身上贴金强多了。记住一句话：你若盛开，清风自来。

和朋友也要有距离

人与人都是独立的个体，如果两人之间的距离缩短到零，两个人就发生了重合，换个角度说就是两个人变成了一个人，就相当于其中有一个消失了。这是很可怕的，所以两个人不论是什么关系，都应该保持适当的距离。

很多人认为对朋友亲近热情是理所当然的，确实，朋友之间关系亲密是应该的，但是也要适可而止。人人都需要自由，都要有私人空间，有时候太亲近了反倒会让人觉得压抑和不自在。有一句话说得好，距离产生美。如果两个人的距离太近，朝夕相处，也就失去了新鲜感，感情也容易变淡。

张丽和阿芳是公司里公认的好朋友，她俩经常一起上下班，就连周末都腻在一起，感情好得令人羡慕。但是事实呢？事实却并不是众人看到的那样，至少阿芳不这样觉得，因为张丽实在是太黏人了。张丽每天下班第一件事就是给阿芳打电话，有时候阿芳在吃饭，想要早点挂断，张丽却不能听出她的言外之意，依旧自顾自地聊上好几个小时。

每到周末，张丽恨不得每分每秒都和阿芳黏在一起。早上起床张丽就给阿芳打电话，约她逛街吃饭看电影，刚开始阿芳不好拒绝，勉勉强强都同意了，但是心中多少有点不满。阿芳对工作十分努力，所以在工作之余报了夜校，学习电脑。现在每周张丽都要约她出去玩，夜校的课她不得已旷了好几次。忍无可忍，无须再忍，有一次阿芳终于将压抑在心中的火气爆发了出来，毅然决然地拒绝了张丽的邀请，坚持要去上课，张丽拗不过阿芳，竟然提出陪她上完课后再去吃饭逛街，这让阿芳十分苦恼。

接下来的几周也是如此，明知道阿芳已经有了安排抽不出时间，张丽的邀约却依然如期而至，根本就不考虑阿芳的感受。因为在张丽心中，闺密形影不离是理所当然的事情，你陪我逛街看电影，我陪你上课，这样才能显出我们感情好。殊不知阿芳的想法却恰恰相反，不仅没觉得快乐，反倒觉得自己是被人束缚住了翅膀的鸟，失去了自由。

阿芳不止一次对张丽解释过，但是张丽仍然坚持己见，无奈之下阿芳只好选择了躲避，搬到了亲戚家里住。张丽找不到她，终于看出来她是在故意疏远自己，感到十分伤心："我把阿芳当作最好的朋友，事事都想到她，她却好心当成驴肝肺，这么冷漠地对待我。"

事实上，是张丽的控制欲太强，总是完全站在自己的角度想事情，将自己的思想硬生生加到阿芳身上，最后两人之间出现罅隙也只是时间问题。谁又能忍受得了自己跟个提线木偶似的，事事都要受人牵制呢？

之后两人一起吃饭看电影的次数渐渐少起来，但是让人出乎意料的是，两人的感情却越来越深厚，无话不谈、推心置腹。其实道理很简单，这就像在菜园子里种菜一样，并不是种得越密越好，而是要适当地留些空间，这样小菜苗才能茁壮成长。

所以说，朝夕相处、形影不离并不一定就是好朋友，毕竟人是独立的个体，人生观、价值观都有差异。就像一对新婚夫妻，当两个人的距离逐渐缩短的时候，从前在对方身上没有发现的毛病就会凸显出来，两人之间对事物的不同认知也暴露在阳光之下，所以婚后会爆发出很多问题，感情也会因此受到重创。

其实，人与人之间存在差异是必然的事情，并不需要为谁改变，而是应该巧妙地避开双方的刺，和谐地相处。如果相处得过于频繁，距离过于接近，踩雷的可能性就会增大，矛盾激发的概率也会增加。所以朋友之间需要找到一个合适的距离，让两人相处起来更加舒服自在，感情也会只增不减。

不要轻易许诺

林俊杰有首歌里有这样一句歌词："办不到的承诺就成了枷锁。"所以要么不许诺，许诺了就一定要兑现。在生活中，能否兑现承诺往往是一个人是否诚实守信的标志，如果你被人冠上不守信用的帽子，人们对你就会有所忌惮，也会打心底里不喜欢你。试想一下，如果朋友本来和你约好周末一起吃饭，结果等了你老半天还被你放了鸽子，那么人家心里会怎么想？如果是一次两次，别人还可能相信你真的有事情，次数多了，你就成了《狼来了》中那个放羊的小孩，肯定没有人愿意相信你。

大部分人都觉得，"承诺和欠别人的一样重要"，因此在人际交往中，不要轻易许诺。许下的承诺如果不能实现，不仅会失去信誉、失去人格，还很有可能会失去朋友。

有一位语文组的主任就曾遇到这样的事情，当时学校申报中级职称，他承诺三分之二的老师都会被评上，但是后来申报出了一点问题，学校没办法给出那么多名额。他虽然据理力争，找校长好说歹说都没有办法，老师催问事情的进展，他担心丢面子，没有将实情说出来，只是一个人扛着。最后职称评定的结果公示出来，众人见情况完全不是他说的那样子，将他骂得狗血淋头。由于这件事情闹得比较大，最后学校领导也知道了，还批评他"本位主义"。从那之后他在学校里名声扫地，事业也严重受挫。

一个谨慎又讲诚信的人不会轻易去承诺什么事情，哪怕他有把握。因为一旦承诺了就会给别人希望，一旦别人有希望了最后再失望，心里那份不舒坦会比从未有过希望更让人难受。更何况事物总是发展变化的，很多事情不会按照你预想的那样去发展，很可能会因为时间的推移、环境的变化而有所改变。所以在处事的时候，千万不能把话说得太满，如果最后做不到，那么自己在别人眼里就成了言而无信的伪君子。

那么给人承诺时应该注意哪几条呢？

1. 没把握的事情绝不承诺

虽然男人都是好面子的，但是在承诺这件事上，千万不能因为好面子而打肿脸充胖子，不然最后你失去的不仅是面子，还有里子，别人会觉得你言而无信，不靠谱。所以在承诺时一定要秉持"能办到审慎应承，办不到绝不应承"的原则，审慎对待承诺。

2. 学会采取弹性承诺

在你对一件事情有把握的时候，也不能把话说得太满，最好把话说得模棱两可一点，给别人吃颗定心丸的同时也别让人觉得事情立马就成了，要留有回旋的余地。可以说"尽力而为""尽最大努力""尽可能"这样的词语，也相当于给自己留一条退路。

3. 承诺时可以变通

如果有些事情你自己不能解决、还要再找别人帮忙，你可以照实说，在承诺的时候适当地显示出自己的难处。比如别人来找你介绍工作，你就可以这样承诺："我听说我有个朋友的公司缺人，不知道现在招到没有，到时候我帮你问一下，看看合不合适。"这样说既帮助了别人，也没有将这件事完全揽下来，就算最后事情没有办成，你也尽力了，毕竟公司要不要人不是你说了算，所以对方也不会怪你。

由此可见，在人与人的交际中一定要诚实守信，言必信，行必果。在做出承诺的时候一定要三思而后行，千万不要开空头支票，不然不只伤害了对方的心，还要搭上自己的信誉。

03

运用语言的艺术——交谈礼仪

除了文字和肢体动作之外，说话也是向别人传达意思的一种方式。讲话时应该注意措辞得当、表达得体，避免在言语上伤害别人，造成不必要的误会。因此，熟练掌握交谈礼仪尤为重要。

学会说 "不"

当你面对朋友、同事或者客户提出的要求时，应该做出合理的判断。有些要求可以满足，但是有些要求需要拒绝。如何拒绝别人也是一种艺术，在坚决表达 "不" 的同时，也要考虑对方的感受，让对方不至于尴尬，觉得伤自尊。

下面就来谈谈如何合理地拒绝别人。

1. 学会倾听之后再说 "不"

我们要学会倾听，在听完对方的要求之后再说 "不"。第一，请对方详细地讲明自己的要求，以便你做出正确的选择；第二，要向对方表达你的意愿，在同等境遇下，你也会有同样的感受；第三，委婉地表达你拒绝的意味，让对方在被拒绝的同时有被尊重的感觉。认真倾听对方的要求，这样才能在最大程度上避免使对方受到伤害，不至于让对方觉得你在敷衍他。

2. 学会多一些弹性和关心

在你想要拒绝对方的时候，最好能给出一些建议。例如，可以让对方寻求相关人员或者公司的帮助。如果这些建议可以帮助对方解决问题，或者在你的引导下想到更好的解决事情的方法，他也一样会感激你。

另外，要及时主动地了解事情的处理情况。拒绝有时可能是一个长期的过程，在这期间，对方可能会提出一些其他要求。这时，如果你能主动关心对方，就更能将自己的苦衷表达给对方，减少拒绝过程中带来的不必要的麻烦。

3. 学会用温柔的态度拒绝

在你拒绝对方、说"不"的时候，态度应该坚决但是语气要委婉温和。就好比药丸，因外面有一层薄薄的糖衣，就不会让人觉得苦涩难以下咽。同理，委婉地说"不"比直接地拒绝别人更容易被接受。

总而言之，在拒绝别人的时候，切忌急切直接，如果你直接地拒绝别人，一则会让人觉得你不够大方，再则更会影响双方以后的交往和合作。

在拒绝别人的时候要有耐心，要发自内心地关怀别人。如果对方在被你拒绝的情况下表现出愤怒或者威胁时，你应该适当地表现出同情心，来缓解对方的不满和挫败感。如果只是敷衍了事，势必会伤害彼此的关系，让人觉得你不够诚恳。

寒暄不容忽视

俗话说得好，"良好的开端是成功的一半""起点决定终点"。以寒暄作为"开端"和"起点"，也是决定谈话成功与否的关键。寒暄开场要是做得好，很容易获取对方的好感；要是做得不好，则很可能会影响接下来的谈话。

毛泽东主席就深谙此道，能够在寒暄中发挥出他独特的魅力，让对方产生一种被尊重的感觉，以此来缩短与谈判对手之间的心理距离。1949 年 4 月，正是国共和谈时期，他接见了作为国民党代表的刘斐先生。刚开始刘斐非常紧张，但是在见面后，毛泽东主席和刘斐寒暄道："你是湖南人吧？"刘斐答道："我是醴陵人，和毛主席是老乡，醴陵和毛主席的家乡就在邻县。"毛泽东主席高兴地说："老乡见老乡，两眼泪汪汪哩。"刘斐听了这话，很快就放松了紧张的心情，拘束感也渐渐消失了。

寒暄可以营造出友好和谐的气氛，更可以在说话开始之时观察对方的情绪和个性特征，从而获得有用的信息。例如，日本松下电器公司的创始人松下幸之助在刚"出道"的时候，就曾经被对手用寒暄的方式测到了他的底细，让他在产品销售方面吃了大亏。

在松下幸之助第一次去东京找批发商谈判的时候，一见面，开发商就热情地对他寒暄道："以前我好像没见过您，这是我们第一次打交道吧？"开发商想要用寒暄的方式来探测对手是生意上的新手还是老手。松下幸之助没有这方面的经验，于是恭敬地答道："这是我第一次来东京，还不是很了解这边的情况，请您多多关照。"批发商正是通过这样平常的寒暄方式获得了一条重要的信息——原来对方是一个新手。接下来批发商又问："那你的产品打算以什么价格出售呢？"松下幸之助又如实地告诉了对方："我的产品准备卖 25 元，它的成本是 20 元。"

批发商又了解到松下幸之助在东京人生地不熟，急于为他的产品打开销路，所以趁机压价："你是第一次来东京做生意，应该把产品卖得便宜一点，每件 20 元怎么样？"就这样，松下幸之助在没有经验的情况下吃了亏。

归根到底，那位老练的批发商就是通过表面的寒暄探测到了他的虚实，从而在谈判中取得了主动权。而松下幸之助却在寒暄中无意暴露了自己的底细，所以变得被动，进而失利。

因此，在寒暄的时候要尽量避免暴露自身的关键信息。当然，可以利用一些在寒暄时的应酬话，掌握对方的背景材料，比如他的性格爱好、处世方式，进而找到双方的共同语言。

需要注意的是，在寒暄的时候态度要主动、热情、开朗、友善，不动感情、例行公事的寒暄是不会给对方留下好感的。因此，和对方交谈的时候要保持明朗的表情，努力发挥个人魅力，给对方留下一个美好的印象。

就算是在自己心情不好或者身体不适的情况下，也应该努力克制，不能让对方察觉。

此外，寒暄的时间不宜过长。高明的沟通者擅长从寒暄中找到契机，及时导入主题，把话题自然地引入预定的轨道。

聊天也讲究技巧

聊天，即闲谈，也是东北话说的"唠嗑"，是一种在说话中不含功利性的交谈形式。在紧张的工作之余，或值节假日之际，人们都喜欢凑到一起，几盏清茶，一碟瓜子，不为利害，只为"闲聊"。人们可以充分地放松，无拘无束地"侃"出自己的所见、所闻、所感，使精神得到放松，心情感到愉悦，得到有益的信息和休闲。所以，聊天成了一种极受人们喜爱的谈话方式。

聊天的内容通常没有既定的话题，内容十分广泛。但是人们会在聊天的过程中交流看法，沟通感情，传播和获取信息。会聊天的人可以把聊天变成亲近人的法宝，但是不会聊天的人可能会把聊天变成生气的方式或者争斗的起源、是非传播的途径，等等。所以，聊天也是需要讲究技巧的。

1. 寻找可聊的话题

聊天时，开头很难。头开得越好，往往话题就越有趣，加入的人就越多，谈得也就越尽兴；若是话题只有三言两语，不能深入，就会让人觉得索然无味。会聊天的人，不在于他说了什么，而是在于他出了一个什么话题，让参与者能够全神投入，聊得更畅快。

寻找话题应该从分析聊天的对象入手。一般来说，忆旧是同窗故友之间最好的话题，家庭、事业则是中年朋友之间最有体会的话题，健康活动则是老年人之间较为适宜的话题，墙上的字画、桌上的读物是情趣高雅者之间最好的话题，事业、功名是涉世未深者最感兴趣的话题，而新闻则是适合所有对象的话题。

2. 轻松语言轻松聊

在聊天过程中，如果语言过于正统、过于严肃，就算是有了好的话题，也会让人听而却步。经常使用轻松幽默的语言，让话语随意、风趣，能够创造出宽松愉快的交谈气氛的人，才是善于聊天的人。这样的人，一般才是聊天中的主角。

3. "听"话亦助"聊"

许多人认为只有口若悬河、滔滔不绝地说话才是聊天。其实，聊天还有一种无声的语言艺术——以听助聊，这样才能让聊天顺利地进行。在聊天的时候，可以在恰当的时间，针对恰当的话题，给发话者以呼应。或是赞成，助其深入；或是反对，引其思考。

4. 善于"断"话题

聊天也有雅俗之分。高雅的聊天能够给人有用的信息，锻炼人的口才；而低俗的聊天却是在浪费时光，甚至是谋财害命。但是世上有形形色色的聊者，聊天时很可能会涌出荒诞不经甚至粗俗下流的话题，你这时若能巧妙地让大家转移到别的话题上，就掌握了聊天中适时截断无益话题、使聊天内容健康进行的语言艺术。

例如，在人们聊到凶杀、奸淫的话题时，如果你能说："这些其实都与家庭教育有一定的关系。比如我认识的一个人……"就能把话题自然而然地引到对孩子的家庭教育与社会问题的探讨上。反之，你如果用生硬的语气说："你们谈这些真无聊……"那么你将会破坏聊天的气氛，打断人们谈话的兴致。所以，避之巧妙，才称得上水平和艺术。

此外，爱聊之人，还应该掌握一个聊天技巧，即记住别人的话。这样，事后再提起时，别人便会觉得你那时是在认真地听他讲话，自然会对你多出一份好感。

纠正说话的小毛病

大部分人说话都有一些小毛病，其实这些小毛病还是比较令人厌烦的，比如说口头禅。有些人口头禅是比较可爱的，这倒还好，但是有些人是出口成"脏"，那就惹人厌恶了。另外，像脸红啊、摸耳朵、吐舌头之类的，也是说话中的小毛病，这些小毛病在一些公众场合会让你的形象受损。比如你升职后，第一次开会还结结巴巴的，并且脸红，那么你的能力一定会受到质疑。所以说话中的一些小毛病我们应该尽量避免。

1. 口头禅

大部分人都有口头禅，有时候在公众场合讲话时，因为紧张会更容易暴露出来，比如很多人一紧张会说"那个、你知道、他说、我说"之类的词语。口头禅有很多种，即使是一些比较伟大的政治家，在面对电视访谈时也会出现口头禅，他们在思考的时候会不知不觉地出现"呃""啊"之类的词语。请记住现代实用主义法学创始人奥利佛·霍姆斯的忠告：切勿在谈话中散布那些可怕的"呃"音，因为这个声音听起来会让人联想到不好的东西。

如果你不太清楚自己的口头禅是什么，可以在打电话时将通话内容录下来，这样就能很清楚地听出自己讲话的毛病了。一旦弄清楚这些毛病，在以后的谈话中就可以时刻提醒自己注意了。

2. 别用鼻音说话

鼻音是一种粗糙的声音，听起来让人觉得好像有什么东西在磨自己的耳朵，十分不舒服。如果你一时不能理解什么叫鼻音，可以把鼻子捏住说话，那种像小蜜蜂一样"嗡嗡嗡"的声音就是鼻音。产生这种声音的一种原因是因为嘴巴没有张开，声音被很模糊地含在了嘴里，因此说话时最好将上下唇保持一定的距离。

如果你和一个人第一次见面，对方就用鼻音跟你交谈，你一定没有欲望和他交流下去，恨不得立马结束谈话。因为鼻音听起来死气沉沉、毫无生气，好像是在跟别人抱怨，十分消沉。当然，鼻音对女人的伤害比男人大很多，毕竟男人还有粗犷的，女人若是一副粗糙的嗓子，就很难让人喜欢她。

鼻音很难让人心驰神往，也很难有很大的说服力，所以你如果想有魄力、有魅力，成为一个比较有威严的人，那么千万不要使用鼻音说话。

3. 小动作过多

小动作过多会惹人讨厌这件事情，其实我们从小就知道，从幼儿园开始直到大学，老师都不喜欢小动作过多的学生，因为这样的人看起来不认真，总是给人留下一种三心二意的印象。比如说话时不停地动来动去，或者有以下这些小动作——蹙眉、扬眉、扭鼻、歪嘴、拉耳朵、摸下巴、搔头发、转动铅笔、拉领带、弄指头、摇腿等。这些小动作都会影响你说话，分散别人的注意力，将关注点放在你的小动作上，而不能认真听你讲话。有时候如果你的小动作很可笑，别人甚至还会在心里嘲笑你。

有这样一位老总，他在公众场合开大会时，总是让秘书和底下的员工站在一起，时刻提醒他。如果他的手势太多了，秘书就会把铅笔夹在耳朵上。当然这种方法不适合所有人，总不能人人站在台上时都有人在底下"望风"。但是你在讲话时可以时刻提醒自己，或者干脆让别人拍一个视频，自己观察后记下自己的毛病，之后慢慢地纠正。

纠正了上面所说的小毛病，你就能够有效地提升说话魅力了。

掌握好谈话的距离

说话时保持适当的距离是一种美感，当然，什么叫作"适当"，这还不是一个好拿捏的词语。如果你离别人远了，就会给人一种疏离的感觉，让别人认为你这个人很冷漠；如果离得近了，都能够感受到彼此的呼吸，除非是特别相熟的人或者是亲人、爱人，否则就难免会非常尴尬，让人只想往后躲。

在心理学上，谈话的距离甚至会影响谈话的效果。一位心理学家发现，老师与学生进行轻松谈话的最佳距离不超过 5.5 英尺（1.7 米）。在生活中，其实我们并没有注意到这一点，老师通常都是站在讲台上，学生坐在底下，会有一种老师高高在上、"盛气凌人"的感觉，从而拉开了老师和学生的距离，很难形成老师和同学打成一片、像朋友一样的关系，所以也很难彼此推心置腹地畅谈。

当然，不只是老师和学生交流的距离容易被忽视，在生活中，还有很多人根本就不会拿捏和别人交谈的距离。下面就是一位朋友讲述的她亲身经历的一件事情：

我有一个女同事总是喜欢和我聊天，在聊天时她还喜欢和我贴得很近，有时候近到只有一个拳头的距离。早上还好一点，都是刚刚刷过牙的，也没什么口臭，到了中午吃了饭或者等到下午，那口气简直要把我熏死，但是我又不好明显地拒绝她，只能不着痕迹地往后挪一挪。但是她并不懂得，又一个劲儿地凑过来，我只好憋住气，回答时也支支吾吾的，有时候还被她嫌弃心不在焉。

还有一次我们一起吃饭，她吃饭的时候嘴都不会停的，吧嗒吧嗒说个不停。我俩并排坐的，她总是转过头在我耳边说话，对着我的侧脸口若悬河。我每次都低头吃饭，完全不敢看她。我担心扭过头就看到她嘴里嚼碎的饭菜，看了之后就再也没有心情吃饭了。更恐怖的是她喜欢搂着我的脖子和我说悄悄话，高兴了还会亲我一口，让我完全承受不住。要不是她人还挺好的，我老早就和她说拜拜了。

所以，在和人交谈时一定要把握好距离，太近了会让人产生抵触心理，也会让别人很拘谨；太远了又会让人误会，觉得你这个人很冷漠、高傲，甚至认为你讨厌他。那么人与人之间谈话时，怎样的距离最舒适呢？

通常情况下，社交距离在一米五左右让人觉得比较舒适。当然，这个距离是可以调整的。如果是关系要好的亲人或朋友，再近一点更显得亲近，如果聊的是比较轻松平常的话题，手挽着手都没有问题。如果是客户之间，距离可以适当近一点，表示你对他的尊重，但是不能太近。从性格上来说，比较内向的人和人聊天，距离可以稍微远一点，性格开朗的人则可以稍微近一些……归根结底，和人谈话的距离是要根据不同的情况来定的。

说话要掌握分寸

一个说话懂得掌握分寸的人一般都比较善于交际，性格也比较沉稳，不会冲动，不会不过大脑就脱口而出。因为说话是联络感情最主要的手段之一，互相沟通还能够增进感情，如果你性格冲动，太过毒舌或者出口成"脏"的话，会造成人际关系紧张，变成"独行侠"。因此，如何用别人能够接受的方式准确地表达自己的意思是很重要的，这就是所谓的"分寸"。

那么，如何掌握好说话的分寸呢？

1. 避开别人的隐私和痛处

大部分人对隐私还是比较忌讳的，尤其是人长大了之后越来越懂得保护自己的隐私，所以你讲话时如果无意间提到了别人的隐私，而别人又不想说时，就会造成双方的尴尬，让人左右为难。如果你戳中了别人的痛处，甚至会引来别人的厌恶嫉恨。

比如，在一次宴会上就有人不小心犯了这个忌讳。这个人在酒桌上大说特说某位公司高层的秘密，他对那位高层极其不满，说了一大堆攻击他的话，还有一些不能在公众场合谈的秘密。等他讲完了之后，他旁边的一位女士问他："你知道我是谁吗？"

"你是谁？"他惺忪着醉眼问。

"我就是你刚才说的那位先生的妹妹。"

这个人听了，恨不得找个地洞钻进去。当时场面非常尴尬，不过好在那位女士十分有教养，并没有破口大骂，不然那场宴会就变成战场了。虽然事情没有演变到最坏的程度，但是那位先生却在别人心中留下了很糟糕的印象。

2. 不要伤人自尊

小芳小时候长得小巧活泼，她聪明却很粗心，所以成绩很不好。再加上在课堂上又坐不住，老师很不喜欢她，便找了个借口把她从第一排调到了最后一排，而把后排一个听话的"尖子生"调到了前面。小芳虽已上五年级，身高却只有一米多点，她坐直了身子也只能看到前面同学的后脑勺。

因为年龄太小不懂自律，小芳看不见黑板就睡觉或搞小动作。她的数学成绩因此直线下降，有一次考试居然考了零分。老师把小芳叫到前面，当着全班同学的面狠狠地训斥了她，从那以后，她就变得格外自卑和敏感。

生活中这样的事例很多，尤其是这样小的孩子，不懂事是很正常的，但老师的一句话就能将他们伤害得体无完肤。

所以我们不要把语言变成利剑去伤害别人，平时讲话时应该注意一下，严谨一些，别想到什么就说什么。

3. 说话要注意分清场合

朱述的谐音为"猪球"，于是同学们私底下都叫她"猪肉球"，朱述虽然不愿意，但她知道自己胖，也就默许了。有一天，校长和几个老师来班里听课，数学老师叫朱述来回答问题。那天也不知道怎么了，朱述居然在座位上睡着了，竟然没有听见老师在叫她。见状，有人喊了一声："老师，猪肉球睡着了。"顿时，教室里笑声一片，数学老师只好赶紧维持班级秩序。但毕竟班里有校长和听课的老师，同学这样直呼别人难听的绰号，显得非常不严肃。

说话不注意场合就很容易引起别人的不快，让别人对你产生反感排斥，甚至引发争执。就比如说，在别人的婚礼上评论新娘"个子真矮"，或者在别人很开心的时候提起别人的伤心事，在别人的丧礼上开心地大笑之类的，都会引起别人的不满，会让人觉得你这个人缺心眼儿。因此，在说话之前一定要想清楚，想想这样说话合不合适。

如果学会了以上三点，在很大程度上能够帮助人们提高说话的水平，掌握好讲话的分寸，这样一来，就能减少尴尬和无意间在语言上对别人的伤害，从而更好地融洽人际关系。

别因脏话给自己脸上抹黑

我们不得不承认，脏话在生活中是十分常见的。研究表明，世界上的每一种语言，包括方言，都不缺少和脏话有关的词汇。就像德国人如果生气了，会说和排泄物有关的脏话一样，美国人和英国人会说一些和性有关的脏话，中国人一般会"问候"别人的祖宗十八代，很多时候还会因为这个引起打架斗殴。

生活中的脏话无处不在，尽管我们从小就被父母、老师等教育不要说脏话，但是很奇怪，父母越是不让你做什么，有时候你就越是想去做，搞得这种警告更像是一种暗示，提醒我们要说脏话。其实，脏话作为语言中的毒蘑菇，使用的时候难免都带着杀伤力，其中有太多的敏感和禁忌，所以控制脏话还是很有必要的。

一般来说，男人说脏话比女人要多得多，男人在说脏话的时候还往往带有诅咒，侵略性很强。但是大多数时候男人说句脏话倒不会让人觉得怎么样，女人说脏话更容易遭到别人的嫌弃。伴随着社会的发展，男女平等的方针政策贯彻得格外彻底，据语言学家调查，现在男女说脏话的频率已经差不多高了。

对于说脏话这一点，笔者也是深有体会。

有一次我坐公交车出去办事，公交车上有位女性五官精致俊美，身材高挑，前凸后翘，眉目间也婉转多情，十分吸引眼球。没过多久，我听见她在跟男朋友打电话，第一句话就是抱怨："卧槽，你他妈的怎么不开车来接我？这公交车太他妈的挤了，老娘都要累死了！"吧嗒吧嗒地说一大堆，我听得一阵恶寒，这样的脏话有时候连男人都不好意思说出口，她却能够出口成"脏"，顿时她的形象一落千丈，公交车里的其他乘客都对她频频侧目，眼神中多少都带了一点鄙夷。

很多时候说脏话只是一种习惯，并非针对某个人，也不是要去攻击某个人。因为像口头禅一样的脏话，并不是在和人骂架。但是无论如何，说脏话总是不好的，会破坏人的形象，显得没有教养，仪态尽失。如果是在公众场合说脏话，会更加引人侧目，人们对你的印象也大打折扣；如果在长辈面前说脏话，一定会被批评不懂事；女性在异性面前说脏话，别人一定不会觉得你是一个淑女，甚至会觉得你是坏女孩。

总而言之，不管在什么时间，什么地点，什么人面前，出口成"脏"都会给人留下不好的印象。如果你说脏话已经养成了习惯，那么你应该要好好纠正一下了，说话前好好考虑一下，事先琢磨之后再说出口。

夫妻也要以礼相待

在古代，相敬如宾、举案齐眉是形容夫妻之间以礼相待、互相尊重的词语。

人生在世总不能一生都一个人，茕茕孑立，孤身独行，所以才会有伴侣这么一说，那就是夫妻。夫妻是最亲密的人，交流往往也是最多的。有时候会因为过于亲密，很多对普通人会用的细节，夫妻之间就不注意了，往往就会因为这样而伤了和气。轻者弄巧成拙互伤感情，重者言语相撞引发冲突，造成家庭不和甚至破裂。所以夫妻间的对话并不是因为关系亲密就可以将自己的任何方面都暴露出来，这中间大有学问。

下面几点交谈方式就比较能够增进夫妻间的感情。

1. 情真意切

因为夫妻携手同行几十年，有时候难免会相顾无言。就像你和家人在一起朝夕相处好几年之后，会觉得平淡，不想和他们讲话一样。殊不知，越亲密的人越容易受到伤害，这种敷衍的情绪看似稀松平常，伤害往往比很多事情大得多。

但是，如果情真意切地交流，就会让对方感觉到你的温柔体贴。对亲密的人其实并不容易做到耐心，如果你做到了，对方一定能感觉到你心中深深的爱意。交流时不需要华丽的辞藻，也不需要甜言蜜语，细声呢喃，只需要最简单质朴的话语就可以。

举个例子，大部分男人都会有这样的经历。妻子买了一件新衣服，换上之后常常会问："好看吗？"如果你还是自顾自地玩手机，漫不经心地回答："不错。"谁都能看得出这是敷衍。如果你抬起头扫一眼："挺好看的。"虽然看了，回答得也干脆利落，但是由于回答得过快，明显没有经过脑子，也显得不够认真。但是如果你好好端详一番，再回答："啊，好看！"这样就是真情流露，显得认真，说出的话也有说服力，妻子也会觉得你是真的在夸她，而不是敷衍了事。

2. 温暖溶于唇齿间

语言是一种比较神奇的东西，有时锋利如剑，有时却又温暖得好似春风细雨。这一点也表现在夫妻间的交谈中。

比如说：

"吃饭我等你"——没有温馨之感，似有几分不耐烦的意思。但是如果是"等你回来我们一起吃"，就饱含着惦念。

"你慢一些"——暗含责备。反之，"我想你应该慢一些"，就显得爱护有加。

同样一个意思，但是换一种说话的方式，给人的感觉却是完全不一样的。夫妻是最亲密的两个人，彼此都应该呵护对方，给对方一个温馨美好的家庭环境，这就恰恰需要语言这一有效的途径。

3. 让幽默点缀生活

如果说生活是一台机器，那么幽默就像是润滑剂，不仅能够巧妙地化解生活中的小摩擦，还能够营造温馨浪漫的氛围。

小芳的丈夫经常不修边幅，邋里邋遢的，她忍不住调侃丈夫："我知道，你对我非常忠诚，肯定不会有外心。因为有外心的男人最讲究仪表了。"小芳这种幽默的语言既建议丈夫要注重仪表，又不会造成尴尬。

有时候她丈夫不洗脚就上床睡觉，她嫌弃地把他往外推，丈夫只好乖乖地去洗脚。可是丈夫回来后小芳还唠唠叨叨地停不下来，丈夫这时候就一本正经地说："我不洗脚是有原因的！你难道不觉得，脚臭令我显得更有男人味吗？"

小芳听后哈哈大笑。两人的小摩擦就这样巧妙地化解了。

都说伸手不打笑脸人，夫妻之间，有话要好好说，让语言成为造就家庭和谐的一种途径，适当的时候也要以礼相待。如果能做到这样，夫妻之间又怎么会轻易吵架呢？

玩笑不能开太大

在生活中我们时常开几个无伤大雅的玩笑，其实是为了表达对对方的喜爱或者亲密，有助于活跃气氛，因此诙谐的人往往更受人们欢迎和喜爱。但是如果玩笑开得不好，就会造成尴尬，甚至惹怒别人。

1. 开玩笑要分清对象

"人上一百，形形色色。"每个人的性格都不同，所以开同样的玩笑，对有些人适用，对有些人就不适用。

一般来说，晚辈不宜同长辈开玩笑；下级不宜同上级开玩笑；男性不宜同女性开玩笑。在同辈人之间，开玩笑也要视对方的性格、情绪等多种因素而定。如果对方性格外向，那么玩笑稍微开得大一点没什么；如果对方比较腼腆，性格比较敏感，开玩笑就要谨慎一些，免得引起误会。

2. 开玩笑要分清场合

随时随地开玩笑是十分愚蠢的。就像曾经的美国总统里根在一次国会前，为了试试麦克风好不好使，随便说了一句："先生们请注意，五分钟之后，我将对苏联进行轰炸。"话音刚落，满场哗然。里根在这样严肃的场合，开这样的国际玩笑，显得极其荒唐，为此还引起了一场不小的外交风波。

一般来说，在庄严肃穆的场合开玩笑就显得很不明智。如果你在别人的葬礼上开玩笑，不仅对别人不尊重，兴许还会由此结仇；如果你在公司的会议上开玩笑，别人就会觉得你这人缺心眼，自以为是；如果你在博物馆这种比较严肃的场合开玩笑，别人会觉得你只是装作有文化，从而毁坏了自己的形象。

3. 要注意开玩笑的内容

有些玩笑会让人开怀大笑，给人以精神的享受，从而给人留下风趣幽默的好印象。就比如说钢琴家波奇在一次演奏时，发现全场有一半座位空着，于是他对听众说："朋友们，我发现这个城市的人都很有钱，我看到他们每个人都买了两三个座位的票。"说完，整个会场的观众都哈哈大笑，觉得他十分幽默。

但是有些玩笑却让人皱眉，觉得开玩笑之人低俗不懂分寸。比如有的人个子比较矮小，朋友却开玩笑说他还没有吉他高之类的，就有些过分。

另外，在开玩笑的时候也不要轻易触及到别人的心病。如果一个人高考总是失利，你无意间说关于书呆子的笑话，虽然是无心之举，却还是会让别人伤心难过。

4. 不要开恶意的玩笑

开玩笑的前提是与人为善，如果开恶意的玩笑，就不是开玩笑，而是伤人了。玩笑本来是一种交流感情、融洽关系、缓和气氛的润滑剂，如果你借助玩笑对他人冷嘲热讽，借机发泄心中的不满，其实是很容易暴露自己的内心的，即便很多人为了顾全大局，或者在公众场合不愿意和你计较，但是你在别人心中的印象也只不过是口齿伶俐、咄咄逼人。

总而言之，玩笑不能轻易开，要三思而后行，免得出口伤人，影响了自己和别人的关系。一般来说，涉及人生的、有批评味道的、触及敏感问题及隐私的玩笑要少开，不然势必会搬起石头砸自己的脚，得不偿失。

委婉地提出建议

不管何时何地，提出建议都应该委婉一些。很多人觉得，就因为是好朋友，说话才更应该直接一点，不然反倒显得生分了。其实不然，在生活中，越是亲近的人，在说话上越应该注意分寸。过于客气会让人觉得见外，但是说话总是一针见血，也很伤人心。

尽管人们常说，"忠言逆耳利于行，苦口良药利于病"，但其实很多事情想是一回事，做起来又是另外一回事。像父母告诫孩子要早点睡觉，不要熬夜之类的，肯定都是为孩子好，但是很多孩子并不领情，反而觉得父母很烦。因为父母习惯性地用肯定句教你去做什么，有时甚至是命令的语气，很容易让人产生逆反心理。同样，你直来直去地提出建议或者指出别人的错误，往往会让人不舒服，最后好心也变成了驴肝肺。

所以，该如何委婉地提出建议呢？这点我们可以多向古人学习。

有一次齐景公最喜欢的战马因为误食了有毒的草死了，齐景公勃然大怒，迁怒到马夫身上，下令立即将他斩首示众。当时晏婴正巧路过，知道了此事。齐景公猜想他肯定会替马夫说情，已经端着架子等在那里，想看看他怎么巧舌如簧，来熄灭自己的滔天怒火。

谁知道晏婴居然指着马夫就是一顿臭骂："大胆贱奴，你可知你犯下了三条罪状，条条皆可取你性命！"马夫早已吓破了胆，只是不停地磕头："奴才该死！求大王开恩！"

齐景公却来了兴致，他挑起眉梢问："哦？哪三条？"

晏婴毕恭毕敬地道："第一，马夫养死了大王的马，其罪当诛；第二，死的是大王最喜欢的马，罪不可恕；第三，马夫养死了大王的马，导致大王一怒之下再杀了他，这件事情传到百姓耳朵里，会埋怨大王凶狠残暴，若是被诸侯听了去，会觉得大王并非明主，藐视大王之威。马夫犯下这条条罪状，万死难辞其咎！"

齐景公听后叹了口气："还是饶了他的性命吧，孤还不想因为一匹马名声扫地。"

齐景公因为爱马误食毒草而要处死马夫，明显是迁怒于人。晏婴极其聪明，并没有直接提出建议，而是巧妙地转换了角度，告诉他若是将马夫杀死会带来什么样的后果，从而达到委婉劝谏的效果，让齐景公自己意识到自己犯下的错误，及时制止了他的荒唐之举。

事实也确实如此，很多时候我们出于好意提出建议或者意见，往往会因为太过直接、太过一针见血，从而伤到了别人的自尊心，或者让别人在公众场合颜面全无，十分尴尬。既然你的建议出于好心，那何不注意一下自己的语气，让自己"好心有好报"呢？

不要在谈话中纠正别人的错误

如果你在谈话中纠正别人的错误，势必要打断别人讲话，同时也会让别人下不来台。一来很尴尬，二来十分不礼貌，也会引来别人的不满。

一般来说，人在谈话中容易犯的错误有说错字、常识性错误、记忆错误、认识错误，等等。即便别人有些错误是一些比较常识性的，也并非不可原谅，如果你立马纠正，会让人当众出丑，有时候也显得自己斤斤计较、咬文嚼字，这样反倒不好了。甚至会引起你和别人的误会，让别人以为你是故意刁难他。

被誉为 20 世纪最伟大的成功学大师、美国现代成人教育之父的戴尔·卡耐基，可谓处理人际关系的"老手"。然而年轻的时候，他也曾犯过在谈话中纠正别人的错误。

有一次卡耐基受邀去参加一场宴会，宴会中，他旁边坐着的朋友讲话比较幽默，谈笑风生。在讲一个故事时，这个人引用了一句话，大概意思是"谋事在人，成事在天"。那位朋友说这句话出自《圣经》，卡耐基知道这句话不是出自《圣经》，而是出自莎士比亚的作品。

他那时候年轻气盛，为了表现自己的知识渊博，毫不犹豫地当众就指出了朋友的错误，直说到他的朋友觉得下不来台，死鸭子嘴硬地和他争执起来："出自莎士比亚的著作？不可能！绝对不可能！你不知道就别乱说。"

当时坐在卡耐基旁边的朋友研究过莎士比亚的文学著作，于是卡耐基就向他求助。谁知道那人在桌子底下踢了卡耐基一脚，然后对那位恼羞成怒的朋友说："你没错，这句话确实出自《圣经》。"听了这句话，一场爆发在即的战争当时就熄灭了，那位说错话的人觉得挽回了面子，欢喜地走了。

后来卡耐基生气地问那位研究文学著作的朋友："你明明知道那句话出自莎士比亚的作品，为什么还要说是出自《圣经》？"他朋友很肯定地回答："《哈姆雷特》第五幕第二场，你说得一点都没错。可是你有没有想过，就算你对了又能怎么样呢？在宴会上大家都是关系要好的客人，你这样当众纠正他的错误，让他丢了面子，他会开心吗？更何况他并没有问你，你这样冒冒失失地对他提出质疑，合适吗？"

通过这件事情就可以看出，其实有一些无关紧要的小错误，如果对大局并没有什么影响，也就让它这样过去吧，根本就没有争辩的必要，大家开心就好。如果是必须要纠正的错误，也应该是等别人讲完了，在私底下委婉地说出来。这样既不会产生让别人下不来台的困扰，也会让人感受到你对他的关心，从而对你心存感激。

需要注意的是，无论采取什么样的方式纠正别人的错误，千万要避免蔑视的眼神、不满的腔调、不耐烦的手势。这些细节都会让你的好心好意变质，给人一种居高临下、盛气凌人的感觉，或者让人觉得你在嫌弃他。如果情况再糟糕一点，甚至会觉得伤自尊，从而导致你们感情破裂。

在公众场合少说方言

方言是一种文化，不能就这么流失了，可以在家人、亲人、好友之间说一说，表示亲近。但是在公众场合，就要尽量少用方言，一来有人听不懂，二来一些方言里的个别词语有喜剧效果，像"俺们"之类的，在正式场合中用有点自降身价，显得不合时宜，兴许还会使别人看不起你。所以说一口标准的普通话还是很重要的。

有两种场合千万不要使用方言，应该格外注意——办公室、聚会。

1. 办公室

现在坐办公室的很多都是白领阶层，都是受过教育的。大家来自于五湖四海，家乡语言自然也五花八门。但是文化人都不太喜欢在公众场合说方言，有时觉得没面子，也会让公司的氛围变得乱糟糟的。

某公司新来了一位重庆的女同事，有一天，她刚到办公室时就急急忙忙在自己柜子里翻找东西，还时不时地用四川话嘀嘀咕咕："完了完了，我的孩子不见了！"

同事一听就急了，顿时一群人围过来，七嘴八舌地说了一通，"不要着急，我们分头去帮你找！""你冷静一下，想想孩子是在什么地方走丢的！"

她一听，哈哈大笑起来，看得同事们愣在了原地，才听她继续解释道："谢谢你们，我的孩子没有走丢，而是我刚买的那双'鞋子'不知道放在哪里，一时间找不到了！"

听她这么一说，同事们才知道，在四川话里"鞋子"和"孩子"发音相同。就因为方言，才闹了这么一场乌龙。

虽然说百花齐放才是春，但是办公室并不是后花园，如果大家都用方言讲话，就会显得秩序混乱，在工作上的沟通交流也会成为一个问题。所以在办公室，用普通话对话是对同事的尊重，也是维护公司形象的必要方法。

2. 聚会

众所周知，上海人在全国各地都喜欢用家乡话交流。有一次，一个上海人请一个外地朋友来自己家里参加聚会，那位客人却只来了半个小时就走了。原来在场的人几乎都用上海话交流，他根本听不懂，觉得索然无味，兴致全无，于是识趣地拍拍屁股走人了。

由此可见，在聚会中使用自己的方言，会给人一种小团体的感觉，别人插不进来，圈子也受到了限制。如果聚在一起的是五湖四海的人，你和同乡之间也要尽量避免说方言，以免疏远了其他人，显得十分不礼貌，也会破坏整体的氛围。

学会倾听

有人说："上帝之所以会给我们每个人两个耳朵、一个嘴巴，意思是希望我们听进去的要比说出来的多一倍。"

当别人在台上讲话时，你在底下窃窃私语或者大声评论，会让人觉得你不懂礼貌，没有教养，让人不胜其烦；如果是大家在一起商讨问题时，别人才刚刚开口不久，你就打断别人，提出自己的意见，会让对方觉得不被你尊重。

所以不管别人说的话题你是否感兴趣，都应该认真耐心地听完。这是对别人的尊重，也是表现自己有涵养的一种方式。况且在和人交谈时，对方讲的一般来说都是经验之谈，或者是在某方面的想法和见解。这些东西或多或少都对我们有所帮助，还是要耐心地听完，好好学习。

当然，也不要只听不说。一般来说，有问有答、有来有往才是比较正常和谐的交流方式，如果是一方一味地讲话，另一方一味地倾听，那就是一种失衡的状态。

下面这则小故事，告诉我们要耐心地听别人讲完话。

在一档节目中，主持人问一个小男孩："你长大了想当什么啊？"

小孩天真地回答："我想当飞机驾驶员。"

主持人接着问："那要是你开的那架飞机熄火了，你会怎么办？"

小男孩想了想："我会先告诉坐在飞机上的人绑好安全带，然后我挂上我的降落伞先跳出去。"当现场的观众笑得东倒西歪时，主持人看着小男孩，在想他这么小，贪生怕死也情有可原。

但是小男孩却一脸悲痛，水汪汪的大眼睛里蓄满了泪水，主持人便继续问他："你跳下去干嘛？"

小男孩一脸真挚地回答："我要回去拿燃料，我要回来救他们！"

现场顿时响起了雷鸣般的掌声。

在这个故事中，大家在还没有听小男孩讲完话时，就猜测小男孩贪生怕死。这相当于还没听懂别人的意思，就给别人扣上帽子、贴上标签，是对人极其不尊重的表现。所以很多时候我们还是要耐心地听别人把话讲完，这也是交谈中很重要的礼仪。

人人都有表达自己的欲望，所以在人际交往中，我们要少说话，多倾听。如果你掌握了这个要点，一定会大受欢迎。当然，人与人之间的关系是相互的，如果你尊重了对方，那同样也会得到对方的尊重，两人的交集就会越来越多，感情也会越来越深厚。

站在对方的角度交流

这世间很少有绝对的黑白对错，所以在人际交往中，不能单单从一个角度看问题，换一个角度也许结果就会不一样。打个比方，如果你的朋友遇到了严重的难题，你能够站在他的角度帮他提意见、帮他梳理头绪，很多事情就会变得豁然开朗，你们的感情也会变得更加深厚。

　　在生活中时常有这样的事情发生，有人明明知道自己错了，却不愿意承认。在这种情况下你不能赶鸭子上架，硬逼着他承认，而是应该换个角度，想想他为什么不愿意承认错误。当你转变了立场之后，很多事情就变得很容易理解了。理解了其中的原因，你就可以对症下药，问题自然也就可以迎刃而解。

　　道斯的故事便是这样一个例子。道斯十分喜爱橡树，有时候去离家不远的公园散步时，时常看到橡树被火烧得黑乎乎的，他十分心疼。公园里其实立了"不要玩火，违者罚款"的牌子，只是很少有人注意到。再加上这些火灾基本上都是由野炊的孩子们造成的，孩子们顽皮成性，就更加不会在意警示牌了。

　　公园里的巡警对自己的工作也不认真，总是不能及时熄灭孩子们留下的火种，所以火灾时常发生。有时候道斯看见公园失火就会急急忙忙地跑去告诉警察，警察却说这是消防队的事情，与己无关。无奈之下，道斯只好自己担任起消防警察的职责来。当他看见小孩子玩火时，就会冲过去警告他们，让他们立即将火熄灭，不然就将他们交给警察。孩子受到了恐吓，十分害怕，不情愿地将火熄灭之后，偷偷换个地方继续生火。

　　渐渐地，道斯也知道自己做了不少无用功，那些孩子只是在怀着反感抵触的心理遵循他的命令罢了，只要他不在，就还会再犯。后来他学会了换个角度看问题，不再用强势的方式和小孩子交流，而是走过去问："孩子们，你们是在做晚餐吗？玩得开心吗？但是你们知道吗，在这里生火很容易引起火灾，就算火扑灭，橡树也会变成黑漆漆的样子。我知道你们会很小心，但是其他孩子就不一定有你们懂事，他们要是不小心就会将整个花园烧掉，很有可能会被警察抓起来哟。所以你们在离开之前，用黄土把火埋起来好吗？这样就不会引发火灾了！孩子们，祝你们玩得愉快！"

　　道斯这样说话，效果就比从前那样强势的命令好了许多，孩子们也很愿意接受他的建议，双方好好配合，公园里的火灾就很少发生了。

一般来说，人都有逆反心理，尤其是在别人毫不客气地对自己下达命令的时候，不仅不会好好听，反而会跟你作对，所以用委婉的说法提出建议十分重要。这就像抚摸狗狗的后背一样，顺着它的毛发抚摸，就会越来越顺；要是倒着抚摸的话，毛发势必会根根竖立。

古拉得·力伊帕在《进入别人的内心世界》一书中这样说："把别人的感觉和观念与自己的感觉和观念置于相同的位置，并把它表现出来，这样谈话的气氛就会融洽起来。当你在听别人谈话时，要根据对方的意思来准备自己将要说的话，那样，由于你已理解和认同了他的观点，他也就会理解和认同你的观点。"如果你能够学会站在对方的立场看事情，并且在生活中好好地运用这一项技能，那么一定会觉得生活无比顺遂。

避免谈话的雷区

说话是我们与人交流的桥梁，在说话的时候，有许多需要我们注意的地方。比如交流前要清楚自己的目的，交谈时要注意交谈对象的身份，更为重要的是，我们需要避开别人的禁忌。每个人都会有这样那样的谈话禁区。接下来我们会列举出几种交谈禁忌。

1. 自我吹嘘

我们会发现，狂妄自大、喜欢吹嘘的人在说话的时候有一个明显的特点，那就是他们喜欢在说话时以自我为中心，强调"我"字。说得多了，听者便会失去耐心，心生厌恶。

我遇到过这样一个女孩儿，每次和朋友们聚在一起时，她都会向其他人炫耀有多少人在追她，说话时带出一种扬扬自得、不可一世的骄傲之感。她不仅自夸，还会乘机打击身边的朋友，好像自己是高高在上的公主，别人都不如她似的。她的朋友们却也从不揭穿她，有的呵呵带过，有的像她一样，通过同样的方式来提升自己的优越感。

细细想来，喜欢自我吹嘘说大话的人，给人的印象都不是很好，别人会觉得这个人就像是外表华丽光鲜、内里却是十足的草包。与此同时，过多的自我优越感会使人变得不合群，久了就会被孤立。

2. 空泛说教

人们潜意识里总存在着一种优越感，这种优越感源自自身丰富的经验、较大的年纪、优厚的薪资，等等。这类人在说服别人的时候，会不自觉地透露出一种较高的姿态，在这种情况下，即使你给别人提出正确的建议，也会让听者心生厌恶、不予理会。

我们在说服别人的时候，应该注意怎样表达才会让别人接受。应该避免表现出高冷的态度、说教者的语气，而是要站在听者的角度思考，和缓地表达意见，用形象生动的事例让听者心悦诚服。

3. 自作聪明

有一类人，他们总是摆出一副上天下地无所不知、把人看透的架势，在言行上总是批评别人，觉得别人这不对那不对。实际上他自己也常常是漏洞百出，更有甚者瞎扯一通，让人哭笑不得。

这一类人往往很爱表现，有人称他们为"大嘴巴"。他们知道一点点小事情也要四处宣扬，半肚子墨水硬说自己学富五车。要让这一类人收敛，最直接好用的方法就是给他出解决不了的难题，他难堪几次之后，自然就会长记性了。也可以对他的言论沉默不语，他觉得无趣，也就不会再继续了。

4. 话题枯燥乏味

有一类人，他们的品位不高，爱关注无聊琐事，喜欢探听别人的秘密以满足自己的好奇心，增加谈资。这种人不但会将秘密四处传播，更会添油加醋，并以此为荣。想要让这种人闭上嘴巴，只需要隐晦地让他觉得，你对他所说的事情并不感兴趣就可以了。

5. 言而不实

前面我们说到，有一类人喜欢自我吹嘘，这里我们来说说言而不实的人。言而不实与自我吹嘘是有一定区别的。具体来说，言而不实的人大多数时候只是将事实虚化、夸张，但并不全是假话；而自我吹嘘的人就是利用所有的言语来赞美自己，目标更加明确。

言而不实的人所说的话是很不靠谱的，对于这种人，他们所说的话在听过之后最好再暗自核实一下，不要过于相信。

6. 看人说话，切忌哪壶不开提哪壶

在社交场合，看什么人说什么话是很重要的，这也就是俗话所说的要"懂眼色"。在许多重要场合，言语稍不注意就会犯了别人的禁忌，显得失礼不说，对自己也会有影响。每个人所处的位置不同，心理需求自然不一样，我们需要学会利用他人的心理需求，说他们爱听的话。下面让我们一起来看一个故事。

出身布衣的朱元璋在做了皇帝之后，某天，他从前的一个朋友从乡下过来见他，一直跑到皇宫大门外，苦苦哀求面圣。把守的门卫只好通禀，说有旧友来见。朱元璋唤他来见，那个朋友一见到朱元璋就说："我主万岁！当年微臣随驾扫荡芦州府，打破罐州城，汤元帅在逃，拿住豆将军，红孩子当兵，多亏菜将军。"朱元璋听他说得好，心里很是高兴。再仔细回想，依稀记得他的话里似是从前发生过的事情，就封了他个御林军总管，这位会说话的穷朋友从此就当上了大官。

这个消息很快传到了朱元璋的另一个穷朋友那儿，他心想大家曾经都是穿过一条裤子的玩伴，既然他做了官，我去也应该不会差到哪儿。于是他也进皇城面圣，一见到朱元璋就说："您不记得吗？那时候咱俩都给人家放牛，有一次我们在芦苇荡里，把偷来的豆子放在瓦罐里煮着吃，还没等煮熟，大家就抢着吃，把罐子都打破了，撒下一地的豆子，汤都泼在泥地里，你只顾从地下抓豆子吃，结果把红草根卡在喉咙里，还是我出的主意，叫你抓一把青菜吞下，才把那红草根带进肚子里……"他话还没说完，朱元璋就大怒道："拖出去，斩了！"

说了同样一件事情，两个穷朋友却走上了不一样的路。因为第一个穷朋友懂得"今时不同往日"的道理，朱元璋既已称帝，就该用君臣的语气说话，才能投其所好。这样即便叙述中有些不好听的事儿，也不会伤及帝王颜面，所以朱元璋开心，封了他官做。另一个却不懂这个道理，仍觉得朱元璋还是当初的穷小子，说话没有分寸，把那些不光彩的事情赤裸裸地翻了出来，伤了朱元璋的帝王尊严，所以踏上了黄泉路。由此可以看出看人说话在社交场合中的重要性。

语言中的礼仪细节

我们每一天都会遇到很多不一样的人，其中也包括陌生人。我们往往会从对方的谈吐、举止等方面对一个人下定义，第一印象也由此而来。由此可见，言语中的细节决定着对一个人的印象，要想表达得更得体，与人交流得更顺利，做好下面这些细节很重要。

1. 发音准确

苏联艺术语言大师阿克肖诺夫说："吐字不好，不清楚，就像键子坏了的破钢琴似的，简直叫人讨厌。"所以，我们和人交流时一定要注意发音，只有发音准确才有助于我们表达自己的观点。口齿含糊不清会使听者如坠入云里雾里，时间一久还会变得急躁。如果再因此读错别人姓名、念错字等，就不仅有失自己的身份，还会让听者生气、笑话。

想要发音准确，可以利用多媒体，多看电视、听广播，矫正自己的发音；遇到不确定的字词时，也可以勤查词典，随时正音。

2.声音优美

记得一位诗人曾经写过：在人世之间，没有比悦耳动听的声音更中听的东西，也没有比尖锐刺耳的声音更难听的东西。他的话充分说明了声音美在谈话中的重要意义。

一个人的声音优劣出自天赋，然而也离不开后天的影响。声音过于嘶哑乏力，或是尖锐刺耳，都与平时的自我"放纵"有关。若经过科学的训练，并注意随时调正，做到音调柔美并不难。要做到声音美，首先就要尽可能地把自己的声音调低一些，原则上能使交谈的另一方听清自己的意思即为适度。有些人经常在公共场所粗声大气、高嗓门说话，这几乎是一种"污染"。另外，调整语速也可以弥补一些声音上的缺点，说话连珠炮似的人可以稍微放慢语速，以显得柔和；说话过于缓慢的人可以适当加快语速，这样听起来会活泼很多。

3.语气谦和

生活中有的人说话喜欢大吼大叫，语气强硬。这样的语气其实是不为人所接受的，很容易就会激化矛盾。因此，最好采取一种平和的语气，可以让听者听得进去，也显得有礼貌。

想要语气谦和平缓，其实并不难。首先要平等待人，少一点强制命令，多一些商量询问。举个例子，当你在批评一个人的时候，把责备的话"你怎么能这样做呢"变成"可不可以这样做""你要是这样做就好了"等，别人就容易接受多了。

4.条理清晰

有一次我和一位朋友去看电影，出来后我们互相交流，我问朋友："你觉得这部电影怎么样？"朋友回答："不怎么样！全是胡编乱造，这样的电影也有人喜欢看？电影里那个坏蛋可真是狡猾，不过他女朋友也够倒霉的，那么好的姑娘居然死了。警察太笨了，公安局的人要都那样，一个罪犯也抓不着。一开始我还以为出租车司机是杀人犯呢……"听了朋友的话，我心想，电影是胡编乱造，你说话也够语无伦次、模糊不清的。

所以，正像任何行动都会有目的一样，人说话也要有一定的目的。有条不紊的谈话，让人很容易就能领会；反之，杂乱无章的谈话叫人听不明白，使人厌烦。因此不论是日常生活中的对话还是商业交流，都需要明确说话目的，做到要言不烦。

5. 措辞准确

说话时措辞是否妥当至关重要，措辞不准确就会词不达意，引起他人误会。因此，我们说话时要注意语句的逻辑性、措辞的准确性，以免闹出笑话甚至得罪人。

在这里举个大家耳熟能详的例子。某人过生日，共邀请八位朋友到家中做客。约定的时间已过，还差两个人没来。主人这时等得不耐烦，就说："怎么搞的？该来的不来？"在座的六位客人中，有两人听着不对劲，耳语说："如此说来，我们可能是不该来的吧？"便悄悄走了。主人摆好饭菜一看，走了两个人，又着急不满地说："怎么搞的？不该走的反倒走了！"听了这话，又有两位客人嘀咕："这么说，我们准是那该走的人了。何必还要赖在这儿呢？"于是，这两位也走了。主人一看又走了两位，恼火至极，大声说："我并不是叫他们两个走哇！"最后剩下的那两个人听了大为光火，对主人说："既然你不是让他俩走，那么就是让我俩走了！"于是，这两个人也气愤地走了。这个小故事就充分说明了说话时措辞使用恰当和逻辑清楚的重要性。

语言是信息的载体，是交流的工具，有着约定俗成的规则，故而我们在与人交流时，要遵循上面这些既定的规则，否则便不叫个性，而是对人的失礼了。

粗俗之语莫出口

素质最直接的体现就是语言文明，要做到语言文明就要遵守以下几点：不说脏话，不讲粗话、黑话、怪话和荤话。

粗话就是粗俗、粗鲁、不文明的话，像"小妞""老头儿""老娘们儿"等，这样的语句都是难登大雅之堂的。

不过粗话和脏话还是有区别的。

粗话主要是言语粗俗，大多情况下"上不了台面"，但也不是绝对不能在公众场合讲。比如在东北话中，"老娘们儿"一词泛指成年的已婚女士，有时候称老娘们儿还有亲切热情的感觉，表示感情深厚。

但脏话大多数是在骂人，根本就不应该说。当然，有些人习惯性地经常爆粗口，只是一种不好的习惯，也算不上骂人。但是这种不文明的行为应该杜绝，是缺乏素质的表现。

黑话，是指遁词隐义、谲譬指事为特征的隐语。在过去一般指土匪、盗贼、强盗等所说的话，如"踩盘子""踩点子"，指事先去探查准备打劫的对象；又如"并肩子"，指的是朋友。如今土匪、强盗早就没有了，但是他们所说的黑话却流传了下来，有些还被后人改造了，比如"下海"，原指去做舞女，现指改行从商。

说黑话的人显得满身匪气，会让人觉得这人是社会上的小混混，进而产生反感的情绪，不愿意同他们交流。但是很多人说黑话只是为了装腔作势，觉得自己这样像电影里的古惑仔，很牛的样子。有一次笔者在公交车上就遇到过这么一个小青年，他打电话的时候声音洪亮，整个车上的人都能听得见，只是他说的话有点让人接受不了，什么"瓢把子""条子""马子""点子"……此类语言不绝于耳，弄得乘车的人都不时侧目看他，多多少少有点反感。

还有一些网络上很流行的语言，在年轻人中说得比较多，在这里可以称之为怪话，像"雷人""囧""斑竹""逗比"之类的。怪话平常在同龄人之间说一说倒也是无伤大雅的小事情，但如果是在很严肃正式的场合，你突然冒出网络用语，一方面显得你不够严谨，另一方面别人如果听不懂你的幽默，也就弄巧成拙了。

此外，还有很多男性会把绯闻、荤段子挂在嘴边，无论是在生活中还是在工作场合都喜欢讲荤段子，还喜欢在聚会上讲一些色情的新闻，这样会显得这个人很低俗，是自降身份的行为，让人看不起。

04

掌握职场航向标——应酬礼仪

现在大多数人都有很多应酬，应酬是为了达到某种目的，是不想去做但又不得不做的事情。应酬大多数都是工作上的事情，如果拿捏不好就会在事业上栽跟头，所以在应酬中有很多地方需要注意，比如说要谦虚低调，给上司留面子，不抢上司风头，等等。掌握好这方面的礼仪，便可以在实际应酬中应对自如了。

积极主动地做事

在职场上一般有两种人，一种是对自身要求仅限于不出错的水平上的人，这种人往往是对工作缺乏热情的消极分子；另一种是会把全身的每个细胞都激活起来，完成他心中所渴望的事情的人，这是一种对人、对事物和信仰有强烈情感的有志之士。将这两种人放在一起就会形成鲜明的对比，后者明显拥有更多升职加薪的机会。

美国心理学家马斯洛曾提出需求层次理论，在马斯洛看来，人类价值体系存在两类不同的需要，一类是沿生物谱系上升方向逐渐变弱的本能或冲动，称为低级需要和生理需要；一类是随生物进化而逐渐显现的潜能或需要，称为高级需要。

高层次的需要比低层次的需要具有更大的价值，而热情正是由高层次的需要激发出来的。根据这个理论，低级需求对应的就是只求不错、过得去就好的那一类人，那些有上进心的、尽量让自己做得好一点的，都具有更高层次的需求，一般这类人在工作中具有优势，工作也会做得更好，更能得到上司的赏识。

梁丽身为秘书，她的主要工作就是整理、撰写、打印一些文字材料。这类的工作一般都比较枯燥乏味，很多人做着做着就失去了兴致和热情。但梁丽却不这么认为，在她看来，自己的工作很有意义，她每天都会认真思考，久而久之就发现公司的文件制度中存在着不少问题，甚至公司的经营运作方面也存在着一些问题。

后来她除了自己的分内工作，还会查找资料，整理分析那些被自己看出问题的材料，然后写出分析报告。她还读了很多有关经营方面的书籍，一并写出了有效的建议。最后，她把自己分析的结果和一些证明资料打印好，一并交给了老板。

起初老板并没有在意，一次偶然的机会，老板认真读起了这份资料，觉得她的分析井井有条、细致入微。想不到这个年轻的秘书竟然有这样缜密的思维，老板从此很看好梁丽，对她赞不绝口。

梁丽却谦虚地说："这些都是我应该做的，为公司效力而已。"

梁丽的谦虚更加得到了老板的肯定，为有她这样的员工而感到自豪，并且对她委以重任。

谁都没有想到，梁丽坚持把工作做好，积极做事，认真细心，竟然这么快就赢得了老板的肯定，也受到了老板的器重。毕竟，她从前的工作都是别人不喜欢，认为是枯燥乏味、吃力不讨好的工作。

所以做事情积极认真、肯吃苦耐劳是极其重要的，尤其要坚持自己对待工作的态度，要像梁丽一样坚持自己在事业上的信念，积极开发正能量的一面，让热忱之火永不熄灭。在这样的态度下才能将工作做好，甚至做到完美。

抓住时机和老板相处

在实际生活中，有很多人都认为自己怀才不遇，总是觉得自己没有遇到伯乐。殊不知，自己身上也是有原因的。一个人如果和老板疏于沟通，没有在合适的时候向老板推销自己，展示自己的能力和才华，那么就很有可能被埋没在人潮中，而不被重用。

更有甚者，他们不仅不向老板展示自己，还跟老鼠看见猫一样，见到老板就躲。有的人则是跟小孩子见到老师似的，一举一动都变得不自然起来，扭扭捏捏，显得局促不安。这样，就算老板知道你有某方面的才华，也只敢把你当作技术工人来用，并不敢把你带去见客人、应酬等，怕你应付不来，那样，你升职加薪的机会势必会变少，岂不可惜？

那么如何才能让老板留意到你，并且赏识你呢？

首先，你要让老板了解你。只有在老板对你有一定了解的前提下，有些事情他才会想到让你来做。因此，平时就要抓住机会和老板多多沟通交流，不放过任何一个机会，比如说电梯间、走廊上、吃工作餐时……

遇见老板，一定要主动打招呼，微笑示意或者稍稍点头，以示对老板的尊重，也显示出你有涵养、懂礼貌。如果方便，你和老板还可以随意地聊几句工作上的事情。这样大大方方地和老板主动打招呼，主动和老板交流，一方面能显示出你自信大方，不矫揉造作，另一方面也能加深老板对你的印象，认为你上得了台面。不要小看这些细节，它们很可能会影响你的未来。

有一位工作出色、为人正直的小伙子，却一直没有受到老板重用，原因就是他和老板缺乏沟通，根本就不在老板的视线之内。有一次，在公司的联欢晚会上，老板的兴致很好，和员工们打成了一片，这本是个千载难逢的好机会，他却如同老鼠见了猫似的，一举一动都不自然起来，内心也开始紧张，做什么都不自然。他看准了一个机会，快速逃了出去，躲到角落里独自举杯。这样的情况下，就算他再怎么有能力，也只能做普通的员工，很难出人头地。

一个在走廊上、电梯间或者餐厅里遇见老板就躲得远远的人，老板又不是眼瞎，就算你做得再怎么不着痕迹，他也能感觉出来。不管是出于什么原因，你想象一下，你会喜欢一个总是躲着你的人吗？当然不会！有时候老板主动找上门来，你还畏畏缩缩的，一问三不知，糊弄应付，这样一来，你和老板不仅不会拉近距离，反而会越来越远甚至产生隔阂。试问，如果你是老板，你会赏识他吗？会把升职加薪的机会留给他吗？

下面我们来举一个例子，对比一下。某公司的普通员工小章，觉得自己满腹才华，却没有得到老板的赏识和任用，他总是希望老板有一天能够看到自己，对自己委以重任。但是事实上，他只是想想，并没有自己主动去创造这个机会。小章的同事小李也有同样的想法，但他不是等待机会，而是自己主动去创造机会。他跟人打听了老板的上下班时间，观察老板的作息，计算出老板大约什么时候上班，什么时候坐电梯，什么时候去吃午餐，他就制造和老板的偶遇机会，希望能接触到老板，打个招呼，说上几句话，寻找机会展示自己的才华。

结果不言而喻，小章一直默默无闻，而小李由于给老板留下了深刻的印象，一路升职加薪，在公司风光无限。俗话说你在什么地方种下种子，就会在什么地方开出花来，想要受到老板的重用，就要提前做好准备去和老板交流，在老板心中留下好印象。

欲望从某些方面来说，其实是一种动力。就像那句经典名言所说的，不想当将军的士兵不是好士兵。只要你想往高处走，就要想办法创造机会和老板接触，引起老板的注意。要记住，机会总是留给有准备的人的。

上司面前莫逞能

不论在什么场合逞能，都会让人觉得你这个人太要强，会有打肿脸充胖子之嫌。别的情况还好，可能家人、朋友会给你留点面子，但如果你是在上司面前逞强，那就绝对是愚蠢的行为。

一个美国大型公司驻香港分公司的公关经理雅丽，她面容姣好，口才了得，还有着一份让人羡慕的工作，但她最后却因为一点"小事"而丢了工作。

有一次，美国总公司决定在香港举行一场宴会。莅临宴会的有美国总公司的高层、香港公司的总经理以及一些要员，还有一些合作融洽的大客户，是一场非常盛大的宴会。

雅丽作为香港公司的公关经理，常常用女强人的姿态示人，不管什么时候，她负责的公关部都做得十分出色，这也是她引以为傲的资本。结果过分的成功将她冲昏了头脑，在这次盛大的晚会上，她居然凌驾于总经理之上，抢尽了总经理的风头，甚至做出了一些越权的举动。

事情是这样的，在宴会上，雅丽周旋于宾客之间，让氛围十分融洽，也活跃了气氛，出色的能力还赢得了客户的赞许。直到最后总公司的领导和分公司的高层上台致辞时，她出了岔子。雅丽本来担当的是主持人的角色，负责一一介绍领导上场，轮到香港公司的总经理时，她竟然鬼使神差地在介绍之前说了一大段感谢词，比如谢谢大家的支持之类的。致辞一般来说是代表分公司的，要说也是总经理来说，她一个公关经理哪里有资格？这样一番说辞让总公司的领导都不住皱眉。

总经理也是一位好好先生，通常在不损害自己利益的情况下，他从来都不会跟雅丽计较，这也使得雅丽从来没有认识到自己的错误。但这件事之后，总经理就被要求开会，让他自己说说，是不是因为疏忽懒惰，才将很多事情都由公关经理代劳。

其实，这件事情当然是雅丽越权了，是她抢了总经理的风头。因此总经理马上削弱了雅丽的权力，让她和普通职工一样，不再享有特权。雅丽平时在公司混得游刃有余，突然受此待遇，当然无法忍受，最后只好辞职了。

所以说，在领导面前切莫逞能，如果事事都抢了领导的风头，领导自然会觉得难堪，给人感觉好像你才是领导，前途必然堪忧。不仅是雅丽所在的大公司如此，很多小公司更是如此。

有一位刚刚毕业的大学生，他就是因为当众让上司难堪而遭到了冷遇。

其实这位大学生工作能力很强，工作也十分努力，又很有上进心。照理来说他应该前程似锦的，但是就因为小小的错误，他在公司干了三四年依旧是个普通员工。

有一次，上司陪着老板一起检查工作，走到办公室时，他突然站起来说："经理，我想提个意见，我发现我们部门的一些制度有点不合理，管理也有些混乱……"

这就是为什么他明明能力很强，却不能得到上司重用的原因了。也许他说的是事实，他也是为了公司的利益着想。但是如果你是那位上司，你被人当众打脸，你心里会好受吗？即使有些人心胸比较宽广，并不会记仇，也不会为此来坑害你，但是心中怎么都会有点芥蒂。

其实，那种心胸宽广、为人大度的上司不是说没有，但是你不一定有运气遇到，所以还是不要怀着侥幸心理。对待上司一定是要谦恭有礼，像当众尤其是当着老板的面指出上司的疏忽和漏洞，这样的事情是千万做不得的。这样做会影响上司的前程，那么你的前程也必定会因此受到影响，甚至会让你丢掉工作。

如果你的上司不是一个心胸宽广的人呢？那么他很可能会做出这样的举动：给你下马威，让你当众难堪，比如在例会上点名批评你。作为上司，他批评你本就是稀松平常的事情，就算你心怀不满也不好发作。

不给你事做，很多有好处的事情没你的份儿。作为上司，他完全有这个权力。

鸡蛋里挑骨头。明明你做得不错，但是他就是挑你的毛病，让你把一份文件改来改去。

所以说，官大一级压死人，上司的优势比你多，无论他使出什么招，都能把你整得惨不忍睹。由此可见，如果你对上司有什么意见，一定要用委婉的方式跟上司提出来，妥善地处理和上司的关系。即使内心不服也不能当众指出，更不能和他争论。另外，抢上司风头、越级打小报告都是极其愚蠢的。

如果你因为年轻气盛不小心让上司难堪了，你又想在公司继续混下去，那么放低姿态去找上司道歉是不错的弥补措施。也许上司看在你刚刚步入社会，又服了软，会原谅你冒失的行为。如果你坚持不道歉，而他又比较介怀，那么就得不偿失了。

不要穿得比老板还阔绰

在职场上注意形象是十分重要的，但是如果你穿得比老板还阔绰，那就犯了忌讳了，别人会觉得你这个人很招摇。你可以自己想想，如果你是老板，一个员工穿得比你还好，你心里会舒坦吗？如果你是身居要职的员工，别人就会觉得你很有野心，有觊觎老板职位的嫌疑；如果你只是普通员工，就会给人不认真工作、只注重打扮的感觉，让人觉得是花瓶一个。

如果你要和老板一同去接待宾客，那就更不能穿得比老板还阔绰了。穿得比老板阔绰，势必会抢了老板的风头，会让老板在宾客面前觉得丢了面子。

张华就是这样一个活生生的例子。有一次他陪老板一起去谈生意，他一改平时休闲装的风格，换上刚刚买的名牌西服，想通过这样英俊潇洒的模样给客户留一个好印象。结果客户一进门，看见张华通身的气派不同凡响，立马上前握住他的手和他打招呼："经理还真年轻啊！"

原来张华因为衣着不凡被客户当作了经理，而衣着朴素的老板反而被当成了陪衬。

聊了半天，客户才知道那个被晾在一旁的人才是主角，是老板。不用说，那一次的合作没谈成，还被传成了笑柄。张华也因为抢了老板的风头被降职了，从那次以后，老板谈生意的时候再也没有叫过他。

作为下属，你在服装上穿得比老板更好、更体面，无疑是在打老板的脸，之后你想要有更好的发展机会基本上是不可能了。就像张华这件事，他让老板丢了面子，最后生意又没有谈成，老板心中不记恨他才怪。就算你各方面很优秀，老板有时候不得不任用你，但是心中对你还是不会有什么好印象，那些轻松好做的活儿也不会落到你身上。

当然，你穿得不体面了也上不了台面，老板也不会重用你。那么到底该怎么穿呢？这个时候你可以根据老板的着装来衡量自己的风格，并且最好在服装的质感上选择比领导差一点儿，这样你就不会给人鹤立鸡群的感觉，也不会遭到同事的排挤。

和老板穿衣风格保持一致，表示你在向老板看齐，可以更好地突出你对工作有积极性、积极进取、努力上进的精神风貌，这样更容易讨老板欢心，受到老板的重视，还会让老板有一种找到了知音的感觉，从而对你产生好感。

不做"出头鸟"

在工作中不能落后于人，但是也不能事事做第一个，因为有句老话叫作"枪打出头鸟"，还有一句老话叫作"人怕出名猪怕壮"。人无完人，你总不能面面俱到，也不可能让所有人满意，太过抢眼的话，等你稍不留意犯了错误时，就很有可能遭到孤立，甚至被人放冷箭。

有这么一批大学生，他们到公司上班，被分到了不同的部门。里面有个叫张晨的，被分到了市场部，经过一个月的培训，便开始正式上岗了。张晨一向做事认真，到了工作岗位更是如此，他经常放弃和同事一起打球、聚会等娱乐活动，挤出时间去查资料、调查市场，之后他根据自己的考察做出了分析，整理出资料，还提出了改进的意见，将这些东西通过邮件的方式发到了总监的邮箱，得到了总监的重视和嘉奖。连老板都注意到了他，点名要他提前转正，给他加工资，他的业绩也远远超过了一同进公司的新员工。

张晨春风得意，看起来风光无限，应该前程似锦，可是为什么他却高兴不起来呢？因为在不知不觉中，部门的同事开始孤立他，有时候他在办公室里开个玩笑都没有人搭理，不仅尴尬，还让他十分难过。就连公司里的一些老员工也不愿意和他讲话，他也不知道问题出在哪里，显得不知所措。时间久了，他觉得自己好似生活在孤岛之上，四周都冷冰冰的，最后只好选择辞职。

明明张晨做得很好，可为什么会被孤立呢？因为在不知不觉间，他抢尽了所有人的风头，将自己推向了风口浪尖。在一个陌生的环境，不应该一下子就让自己那么出俏，这样很容易成为别人的眼中钉肉中刺。就像"枪打出头鸟"是自古不变的真理，这与"出头的椽子先烂""木秀于林，风必摧之"的道理是一样的。

人心是个复杂的东西，老员工看到张晨过于优秀，时常想到"长江后浪推前浪，前浪死在沙滩上"这样的名句，对于太过优秀和出类拔萃的新人，心里夹杂着羡慕嫉妒恨的情绪，当然不想和他相处。那些和他一起进公司的新员工，他们心中嫉妒的情绪就更加严重了，如果总是和他在一起，势必要成为他的陪衬，永远只能做绿叶，也会引起别人心里的不平衡。物以类聚，人以群分，那些发展得差不多的新人自然而然地会成为一个小团体，一起孤立比较优秀的人。其实张晨会遭到排挤和孤立还有另外一个原因，那就是他时常为了工作而推脱掉和同事们的聚会，沟通交流少了，关系自然就疏远了。

那么，要怎么做才能做到既不落后于人，也不做"出头鸟"呢？我们下面来分点说明一下。

1. 锋芒不必太露

作为一个刚刚到岗位上的新人，职业生涯才刚刚开始，如果你过于锋芒毕露，必然会遭到同事的嫉妒，将你孤立。树，离枝则亡；鸟，离群则悲。更何况人是群居动物，你一个人孤零零的，怎么能走得长远？就算领导觉得你是个人才，但是基于你在公司的人际关系，恐怕也不敢委以重任。

所以刚刚进入公司，一定要先融入公司这个大集体，因为个人要在集体存在的前提下才能得到发展。如果你过于想表现自己，想给领导留下好印象，只会让同事觉得你是异类，慢慢和你疏远，结果就得不偿失了。现在虽然不流行"沉默是金"的老黄牛，但是个人表现主义也是很不受欢迎的。

2. 良性的竞争关系很重要

同在一个人底下谋事，周围的人既是同事，也是竞争对手。无论你心中是什么想法，有着什么样的目标，对待周围的人，你首先要把他们当作同事，其次才是竞争对手。千万不要给自己四处树敌，一定要给对方留下一个好印象。

如果周围的同事先升职，你一定要为他们感到高兴，说一些祝贺的话。就算你心存嫉妒，也不要挂在脸上，不要让别人看出来，记住在职场上万事都要不动声色。尽管职场往往暗潮汹涌，但是保持表面的平静还是有必要的，撕破脸之后，对谁都不好，所以一定要注意自己言行举止上的细节。

领导的面子大于一切

在职场中有很重要的一条，若是学会了就一定会顺风顺水，那就是学会给领导留面子，帮他保住面子。男人本来就好面子，你给了他想要的，他对你印象自然就很好，有了他的提点，你的仕途就会一帆风顺。

在一次公司招聘会结束后，公司组织新人培训。为了让大家互相认识，也热热场，经理点到谁谁就站起来做自我介绍。当点到"龙胜"时却没有人站起来，经理又点了好几遍还是没人应，他皱着眉问："这个人是不是不来了？"这时才有一个人慢吞吞地站起来："经理，我叫尤盛。"引得大家哄堂大笑，一时间经理觉得尴尬不已，下面都是新人，经理的面子十分挂不住。就在这时，文秘站起来说："对不起，是我不小心打错字了。"经理欣赏地点点头："下次注意。"但是很明显，是经理念错了字，而不是秘书打错了字。

但是主动说是自己的错误，在众人面前帮上司保住了面子，这无疑是很明智的。很快，那个文秘就成了经理助理，官升一级。

有的人可能会想不明白，真的有这么做的必要吗？上司就不是人了吗？念错一个字也没什么吧？会不会显得自己太会拍马屁了，会遭别人嫌弃啊？再或者有人会觉得，领导的颜面是面子，我们的颜面就什么都不是了吗？脸就可以随便丢？如果你这样想就错了，俗话说"火车跑得快，全靠车头带"，在团队里，领导就是火车头，如果火车头不带你，你还能跑吗？所以维护自己领导的颜面，对团队、对自己都是极好的事情。

不仅要在别人面前维护领导的面子，有时候还要妥善地处理好和上司之间的关系。

一个退休的老干部特别喜欢上访告状，这天他走到科长办公室，要找局长。但是局长忙得焦头烂额，也不想搭理难缠的老干部，就对科长说："你就告诉他我不在。"科长出去之后就回绝了退休老干部，告诉他："局长他有事出去了，不在办公室。要不你改日再来找他？"老干部没有办法，只好先走了。

后来科长去上厕所，正好撞见局长和老干部在握手寒暄。老干部说："局长，原来您在啊？"局长热情地道："在啊，在！"老干部又说："刚刚科长说您不在办公室呢！"局长佯装没有的事："我在办公室啊！"科长听得后背直冒冷汗。原来那老干部被回绝了之后并没有离开，而是在走廊上走来走去，正巧遇见了出来上厕所的局长。

后来那个老干部就到处宣扬，说科长为人不地道，品质差，欺软怕硬，欺上瞒下。科长有口难辩，他总不能为自己辩白说是局长让他回绝老干部的吧！他将这些埋在心里，刚开始觉得很委屈，后来想开了，觉得局长这么做也是无奈之举，当下属的，就应该为上司排忧解难，为他受点委屈也是无可厚非的。所以他从来不为自己辩解，就算听到议论也是置之一笑。局长对科长的大度十分敬佩，也对他帮自己维护了形象和面子非常感激，在之后的工作中，对他竭尽全力地扶植，科长的事业也一直顺风顺水。

其实下属根据上司的指令做事情，用各种借口回绝来访是无可厚非的，也是工作需要。但是科长能在受了委屈时调整好自己的心态，为大局着想，为局长着想，这一点难能可贵，所以自然得到了上司的赏识。

保守好公司秘密

保守公司秘密是每个职工都应该遵守的，如有违反，不仅违背了公司规定，还违背了职业道德。不管是有意还是无意泄露秘密，都是不好的事情。

卡尔是一个大公司的高层，他行事果断，处理事务有魄力，能力也是极强的，老板很倚重他。有一天他和一个美国公司的商人一同喝酒。几杯酒下肚，他就开始有点醉醺醺的。那个美国商人凑过来，神秘地对卡尔道："我想请你帮个忙。"卡尔觉得这个商人那么有钱，他能帮上什么忙呢，于是反问："有什么可以为您效劳？"

美国商人压低了声音："最近我准备和贵公司合作一个项目，如果你能把一份资料给我看看，我定当重谢。"卡尔吓得一激灵，他当然知道泄露公司秘密是绝对不可以的："泄露公司机密这种事情被人知道了，我会吃不了兜着走的。"美国商人见他为难，又继续诱惑："我一定会保守秘密，事成之后我还会给你 200 万美元作为酬劳。"说着，美国商人就递给卡尔一张 200 万美元的支票。

200 万，解决了卡尔目前面临的所有困境。都说人为财死，他犹豫之后还是禁不住诱惑，接受了这单交易。

后来，卡尔所在的公司在和美国人的公司谈判时，被击打得毫无还手之力，损失惨重。公司查明了这件事是卡尔泄密，果断将他辞退了。本来前程似锦的卡尔不但失去了工作，就连那 200 万美元也被公司追回以赔偿损失。后来行业中都知道了卡尔泄露公司秘密的事，他信誉受损，没有人敢再次任用他，他被逼无奈，只好到另外一个陌生的城市重新开始。

有些事情借你一万个胆子，也千万不要去做，就比如说泄露公司机密这样的事。这不仅损害了公司利益，违反了职业道德，还会让你信誉受损，就算你能力再高，别人也会对你敬而远之。

在现实生活中，很多人也遇到过同样的苦恼，身边的朋友会有意无意地打探你公司的秘密，在这个时候你肯定觉得很为难。大家都是各为其主，想要打探情报也是正常的事情，但是断然回绝朋友又难免会伤了和气，该怎么处理呢？罗斯福的处理方法就很好。

这是一个十分经典的故事，相信很多人都听过。

罗斯福曾经就任美国海军助理部长。有一天，他的一位好朋友来拜访他。聊天时朋友问起海军在加勒比海一个岛屿建立基地的事。"我只要你告诉我……"这位朋友说，"我所听到的有关基地的传闻是否确有其事？"朋友要打听的事在当时是不便公开的，可是，如何拒绝是好呢？罗斯福望了望四周，压低嗓音向朋友问道："你能对不便外传的事保守秘密吗？""能！"好友连忙答道。"那好！"罗斯福微笑着说，"我也能！"

罗斯福并没有十分直接地拒绝，而是有点像中国的太极拳，四两拨千斤，立马就将对方堵得哑口无言。现在社会上的诱惑千奇百怪，但是作为职场上的人，最起码的职业道德还是要有的，为公司保守秘密是最基础的一点，也是最重要的一点。

谦恭举足轻重

在人际交往中，懂得谦虚、谦让的人往往最受人尊重，也最受人欢迎。所以"谦"字了不得。

下面先来说一个关于"谦"字的顺口溜，方便记忆，也容易看懂。

对上（领导）要谦卑——谦虚、不卑不亢；

对下（下属、同事等）要谦和——谦虚、和蔼；

对朋友要谦诚——谦虚、诚实；

对长辈要谦恭——谦逊、恭谨；

对晚辈要谦让——谦虚、礼让；

谈话要用谦辞——谦虚的言辞；

做事要谦慎——谦虚而慎重；

做人要做谦谦君子——谦虚而严以律己的人。

其实谦谦君子用古人的标准来衡量，就是遵守"礼数""知书识礼"，用现代人的标准就是有教养、懂礼仪。

一个高贵的人绝对不会因为谦虚而变得卑微，反而会因为谦虚变得更加高贵，更加受到人们的敬重。

瑞典的前首相在执政期间就十分谦恭，他住在和普通老百姓一样的公寓里，生活十分简朴，平易近人，和平民老百姓没有什么差别。他为瑞典做出了杰出的贡献，却并没有因此居功自傲，相反，他只把自己当作一个普通人来看待。在这位首相的人生信条中，"我只是平民的一员"便是其中一条。他和平民一样每天走路上下班，他经常一个人进入工厂、校园林区等地方，和老百姓谈心聊天，了解当地情况。他从来没有前呼后拥，也没有盛大的排场，平时说话也是十分谦恭、态度诚恳，所以他深深地受到百姓的爱戴。

有句俗话说得好，一瓶不满，半瓶晃荡。那些肚子里有墨水的人往往谨慎谦虚，虚怀若谷，因为他们懂得人外有人、天外有天这个道理。恰恰相反，那些不学无术、一知半解的人往往喜欢班门弄斧、骄傲自大、自以为是，喜欢炫耀自己肚子里的那点东西。

说到谦虚就不得不提诺贝尔奖的创始人诺贝尔了。他是一位化学家、工程师，为人类做出了巨大的贡献，但他一生都十分谦虚，不喜欢宣扬自己。一次，有位书商想出一本名人集，找到了诺贝尔，却被诺贝尔婉言拒绝了，他说："我不知道我能不能担得起这份名望，所以请不要把我写进去，但是我会十分喜欢这本书，它很有价值。"

谦虚是难能可贵的美德，是为人处世之道，也是一个人进取和成功的必要前提。汽车大王福特曾说："一个人如果自以为已经有了许多成就而止步不前，那么他的失败就在眼前了。许多人一开始奋斗得十分起劲，但前途稍露光明后便自鸣得意起来，于是失败立刻接踵而来。"石油大王洛克菲勒也说："当我的石油事业蒸蒸日上时，每晚睡觉前我总是拍拍自己的额头说，别让自满的意念搅乱了自己的脑袋。我觉得我的一生受这种自我教训的益处很多，因为经过这样的自省后，我那沾沾自喜、自鸣得意的情绪便可平静下来了。"

由此可见，谦虚使人进步，只有谦虚的人方能立于不败之地。而且谦虚的人往往不会沾沾自喜，能冷静看到自己的成就，从而收获别人的尊重，这也是我们每个人都应该学习的。

关掉手机再和上司谈话

生活中时常发生这样的事情：在某个庄重的会议或者某种严肃的场合，为了会场的庄严肃穆，主持人会要求大家关掉手机或者将手机调为静音，不然，怪异的铃声不仅会影响他人，还会破坏整体的氛围。就像在一次讲座上，教授正在台上眉飞色舞地演讲，台下突然响起了"汪汪汪"的狗叫声，教授还十分可爱地问："谁把狗带到会场来了？"本来已经快忍不住的同学们一下子哄堂大笑："教授，那是最新的手机铃声。"本来一个严肃的场合，就这样被怪异的手机铃声打断了，还影响了讲课人的情绪。

在严肃的场合，一个懂礼貌的人会自觉关掉自己的手机，或是调成静音或者振动。如果一不小心忘记关了，又有电话打进来，也不能马上接电话，而是应该挂断，将手机调为静音或振动，不让自己的铃声影响别人。

这里就有一名职员犯了很严重的错误，甚至让人觉得不可理喻，但是生活中还是时常有人会像他一样犯同样的错误。

有一次上司找一名员工谈工作，结果有电话打进来，员工说了一句"对不起"就到一旁接电话去了，他一打就是半个小时，等他回去之后上司已经走了。他再去找上司时，上司说："既然你这么忙，电话都接不完，这件事情我还是找别人做吧！"从那以后，上司就再也没有找过这名员工。

这个员工到底哪里做错了呢？首先，他没有关掉手机；其次，他竟然接了电话，这样做不仅显示出对上司的不尊重，也显示出自己缺少修养，不懂得为人处事。就算打进来的是客户，也应该跟客户说清楚，自己过会儿再回过去。

按理说，和上司谈话时最好将手机关掉，如果没有这么做，在和上司谈话时电话响起，应该立马道歉，并且挂断，倒也还说得过去。如果你像上面那位员工一样还去接电话，一说就是半个小时，把上司晾在一旁，明显是自寻死路。那为什么最好把手机关掉呢？因为手机铃声会打断上司讲话，而任何人都不希望自己说话的时候被打断，这样会影响说话人的情绪和思路。

除了和上司谈话时要将手机关掉，陪上司去见客户时也要这样。有一位刚刚入职的大学生陪上司去见重要客户，上司和客户谈得热火朝天，就在这时，大学生的手机传出了娇滴滴的声音："妈妈电话来啦，快接电话啦，快接电话啦！"大学生吓了一跳，连忙将电话挂断，原本和睦融洽的氛围顿时被破坏了，客户想笑也不敢笑，大学生满脸通红，心虚地低下了头，经理也只能用眼神责备她。由于这位大学生刚刚入职，缺少职场经验，还算情有可原。如果是工作了三五年的职场老手还犯这样低级的错误，一定会被炒鱿鱼！

细节决定成败，不要因小失大

职场上有句金玉良言——细节决定成败，不要忽视小节。细节真的有这么重要吗？

有个公司的老板要雇一名杂工，来了很多人应聘，最终他在众人中挑选了一位中年女士，他的秘书不解地问："这么多人，成绩优异、经验丰富的比她多了去了，你为什么选她？"老板解释说："今天下雨路面很滑，大家的脚上都有泥，大部分人进到办公室时留下了一个一个的脚印，只有她在门口的时候将鞋子擦干净，进门后随手关门，说明她做事小心谨慎，懂得尊重人。其他人进来就是一屁股坐在椅子上等我提问，只有她进办公室前先摘掉了帽子，在坐下之前把我故意放在椅子边的纸团捡起来丢到了纸篓里，由此可见，她做事情小心谨慎、懂礼貌有教养。而且她回答问题时干脆利落、落落大方，衣服虽然不是什么大品牌，但是干净整洁……由以上这几点可以看出，这个职位，她最适合。"

也许很多人都会觉得，捡地上的纸团不会太老套了吗？这样的小事很多人都不以为意，但是你新到一家公司，领导往往喜欢通过这种小细节来了解你。因为大家彼此都不认识，所以人们往往会以小见大。在这种情况下，一个人身份的象征，往往就是小细节上表现出来的礼仪和修养。

一般来说，刚刚踏入工作岗位的新人，公司是很少给他安排实事的，通常都是一些杂七杂八的琐事，像发报纸、复印、传真、整理文件等，郑惜就遇到了这样的事情。她被一家证券公司录用，幻想着能在岗位上大展拳脚，就像网上那句话——理想很丰满，现实很骨感。她经常和新人一起抱怨公司太不懂得重视人才，居然让研究生做杂活，回到家中还不忘向母亲发牢骚。她母亲安慰她说："很多事情从微小的地方能看出来，小事情都不肯做，大事情怎么能轮到你呢！"

其他的新人经常找借口推脱这样的琐事，但是郑惜听了母亲的话，见别人不愿意做，她就任劳任怨地做起来，一下子把时间填满了，甚至还要求加班。那些新人有的觉得她傻，有的觉得她爱表现、装腔作势。但不管别人怎么说，她依旧这么做下去了。

她所做的一点一滴，主管都看在眼里，渐渐地，开始注意她，开始将一些专业的事情给她做。不只是主管喜欢他，就连老员工也不例外，大家都喜欢这个吃苦耐劳、手脚麻利的女孩子，这样的性格在年轻一辈里已经很少见了，所以大家也愿意将自己的工作经验教给她，时不时还会指点一番。就这样，郑惜的工作越来越顺手，人际关系也越来越好。在讨论新人转正时，郑惜因为工作出色、人缘良好，成为了第一个转正的人，也被安排到了她向往的岗位。

在陌生的环境，为人处事要尤其细致。要知道，有时候一个小细节可以改变你的一生。那么，作为职场新人，应该注意哪些细节呢？

1. 办公桌要保持整洁

你尝试了就会发现，干净整洁的工作环境会提高你的效率。如果你的办公桌上堆满了信件、报告、备忘录之类的东西，很容易给人杂乱无章的感觉，影响你的情绪，还会冲淡你的工作热情，无形中会加重你的工作任务，让你很难投入工作当中。一位职场达人说："一个书桌上堆满了文件的人，若能把他的桌子清理一下，留下手边待处理的一些工作，就会发现他的工作更容易些。这是提高工作效率和办公室工作质量的第一步。"因此，提高工作效率的首要任务就是，保持工作环境的整洁有序。

2. 三天两头请假要不得

很多时候请假是件不可避免的事情，但是，三天两头请假会给人留下不好的印象，会让人觉得你自由散漫，对工作没有热情、没有恒心。通常情况下，请假是用工作时间办私事，一次两次倒也没什么，但是次数多了，于情于理都不合适。

如果你觉得请假是你一个人的事情，和别人不相干，那么你就大错特错了！也许你觉得你的工作效率高，请一两天假也不会影响你的工作进度，但是你有没有想过，你处在一个合作的环境中，你的缺席很可能带给同事不便，影响他人的工作进度。别人找你有事却找不到，心中多多少少会有点芥蒂的。所以，千万不要轻易请假，更不要把请假当作一件小事。

千里之堤，毁于蚁穴。在工作生活中，影响我们前途的就包括很多小细节，如果你想有所成就，就要尽量避免在这些小事情上栽跟头。要多注意细节，免得因小失大，得不偿失。

邀请老板吃饭要慎重

自古以来，中国人拉关系、攀交情，都喜欢请客吃饭。在以前那个饭都吃不起的年代，这个方法管用，一顿饭的工夫，事情差不多也就办成了。但是在现在这个年代，你还照本宣科地将这招用在老板身上，就显得太不理智。

老板已经解决了温饱问题，他并不缺饭吃，你请他吃饭，他反而要拿出自己的私人时间来陪你。谁不想好好过个周末，你这样反而会引起他的反感。况且，现在人缺的是沟通和交流，换句话说，共同语言比吃饭更重要，谈得来的才是朋友。

刚刚进入公司的小张就遇到了这个问题，他时常想和老板拉拉关系，但是他没有和老板接触的机会，为此他想了很多种办法。直到有一天他要过生日，小张灵机一动，觉得可以趁这次机会请老板吃吃饭，于是小张就用快递寄给老板一张请柬。生日那天，他特意去公司楼下接老板到预定好的酒店，却看到老板的秘书拿了礼物下来，说老板代表全公司的同事祝他生日快乐，还调侃小张一句："你看不起底层老百姓呀，只知道走上层关系！"

小张羞愧难当。从那以后，他不好意思再走歪门邪道，开始努力工作，后来谈下来一单大项目，老板居然单独请他吃饭，随后升职加薪，平步青云。

其实，想要邀请老板吃饭并不是不可以，但是你要有一个正当的、说得出口的理由，像圆满完成任务、升职加薪之类的能够让老板陪你庆祝的喜事。还有一点尤其要注意，老板和你吃饭这样的事情切不可四处宣扬，不然就像娱乐圈三线明星借别人炒作似的，老板也会以为你在利用他。

另外，犯错之后，不要轻易请老板吃饭。被别人看见，一方面会说你贿赂，另一方面也会觉得老板不正直。

有一次，小张负责的项目出了一点纰漏，不过，幸好及时解决了，也没犯什么大错。过了没几天，小张和老板在一家酒店里偶遇，小张也没想那么多，换了一张桌子重新点了酒菜，就和老板吃了起来。这事情本身没什么，可是以讹传讹，最后却成了小张贿赂老板。

所以请老板吃饭一定要慎重。一般情况下，请老板吃饭不能让同事知道。不然你请老板不请他们，说不过去，也落人口实；但若是全部都请，你的荷包又承受不起。再者，如果你真的是有事相求，要请老板吃饭疏通关系，被人知道了就要落一个贿赂上司的名声，总是要被人在背后指指点点，就算你真的很有实力，从前付出的那些点点滴滴都会因为请老板吃饭而被人忽视，会让别人以为你全部是靠这种方式得到的回报。另外，请老板吃饭，吃什么也很令人头疼，所以这种事情能避免就避免，实在是避免不了，也要谨慎再谨慎。

得意莫忘形

因为出色的业绩，公司的副总经理在表彰大会上出尽了风头，相比之下，总经理就显得普普通通了。散会后，总经理握着副总经理的手羡慕嫉妒恨："恭喜你啊，成绩不错！"副总经理却一副"哪里是这样子"的表情，凑过去偷偷摸摸地跟他说："还没见过这么大的排场，倒是把我吓得够呛，紧张得都有些讲不出话来，生怕说错。要是能有几分您在台上的坦然自若，那就好了。您是怎么做到的？"副总经理不动声色地将一顶高帽子戴在总经理身上，让总经理十分受用，氛围顿时就缓和下来，他还真的就开始传授起了经验。

在职场上大家都是竞争对手，你出了成绩别人心中酸是很正常的事情，在这种情况下，如果不好好处理，很可能就成为别人的眼中钉肉中刺。然而对于上司，你就可以将功劳给他。比如说，他夸你"干得不错"，你就可以回答"是您教得好"之类的。一般来说，老板都喜欢站在高处，居高临下地看待别人，不管那个老板表现的是高姿态还是谦和的模样，在心中都不喜欢下属凌驾于老板之上，比老板更能出风头。所以，如果你在职场上肆意妄为，奋力将别人的目光都聚集在自己身上，越是高调浮夸，摔下来时就会越惨。

如果你在公司里受到了特殊表扬，也应该适当地表示一下，像请同事吃饭什么的，要感谢他们长时间的支持和帮助。千万不要觉得这样做显得矫情，毕竟公司是一个团队，任何人取得成绩，都不敢说这是自己一个人得来的。

日常细节需注意——生活礼仪

都说日久见人心，人与人的交往，往往是要长时间接触才能看出来的。有些人越是接触越是不喜欢，但是有些人越是接触却越让人尊重，出现这种差异，很大一部分是生活礼仪的原因。一个人如果真诚懂礼貌、顾全大局、考虑别人的感受，自然会越来越受欢迎，反之则不被人待见。

吃中餐的礼仪

有一句话是这么讲的，你和这个人能不能成为好朋友，吃一顿饭就知道了。因为餐桌上不仅能看出你们有没有共同语言，还能看出那个人的素质教养。

李想作为业务部的经理，在一家高级餐厅招待外宾吃饭。一顿饭吃下来，最令对方欣赏的，不是他工作多么优秀或者菜肴多么丰盛，而是他用餐时的一些细节。外宾夸赞他说："先生，你用餐时一点声音都没有，让我觉得你十分有教养，很有内涵。"

相信很多人都忍受不了别人吃饭吧唧嘴，听在耳里不仅影响食欲，有时甚至会反胃。所以吃饭时悄无声息是有良好教养的表现。

除此之外，还有以下几点应该注意：

1. 座次

从古至今，人们的位置怎么坐随着餐具的演变而变化。总的来说，座次"尚左尊东""面朝大门为尊"。如果是圆桌，主客正对大门，从左边开始依次为2.4.6，从右边开始依次为3.5.7，直至会合。

如果是八仙桌，又有正对大门的座位，那么正对大门的右侧座位是主客；如果不正对大门，面东的一侧右席为首席。然后首席从左开始坐开去为2.4.6.8（8在对面），从右开始为3.5.7（7在正对面）。

还有一个简单的方法可以分清主客，那就是从餐巾的折放上看出主客。一般来说，主宾位的餐巾纸的桌花和其他人的是不太一样的。如果餐巾纸是折好放在桌上，没有桌花的话，我们可以以门为基准点，主位一般是比较靠里的位置。当然，最方便的方法就是问服务员，哪个是主位，哪个是客位。

2. 点菜

点菜是个老大难的问题，因为每个人的饮食习惯和口味都不同，而我们在点菜的时候又不能把每个人喜欢的全部都点上，所以还要协调众人。在点菜之前，一定要先问一下大家想吃什么，有没有什么忌口。就像有的人不吃辣、不吃香菜一样。

还有一些比较特殊的人你要格外注意，像英美人通常不吃动物内脏、动物的头和脚。另外，在和少数民族进餐时，还要注意民族和宗教方面的饮食差异，点菜前一定要询问清楚，不然容易引起民族纠纷。

3. 餐具的使用

筷子。筷子是一双一双地使用，这个是大家都知道的常识。在吃饭的过程中，如果你已经举起筷子，一时又不知吃什么时，千万不在各个菜肴上犹豫，随便夹一个就是了。在和别人讲话的时候，最好将筷子放好，不要一边讲话一边拿着筷子手舞足蹈的，十分不雅观。不要把筷子插在食物上，因为这是祭奠死者才会做的。不要把筷子当作牙签剔牙，或者用筷子搔痒，这样做都是失礼的。

勺子。勺子一般来说是吃流食的，像汤、粥之类的，所以千万不要用勺子去舀菜，一来不方便，二来不礼貌，很容易落在桌子上或者弄脏自己的衣服。当用不到勺子时可以将它放在碟子上，如果在家中吃饭没有碟子，也可以扣在碗沿边，千万不要随便放在桌上。如果汤之类的太烫，千万不要用勺子在碗里搅来搅去，更不要对着嘴吹，这样看起来很粗俗。不要把勺子塞在嘴里反复吮吸、舔舐。

食碟。在用小碟子时，千万不要一次性放很多菜，看起来不仅杂乱不堪，也自降了身价，搞得像几辈子没吃过饭似的。吃大鱼大肉要吐骨头时，千万不要吐到地上或者直接吐到食碟里，而是要用筷子夹到碟子一旁。如果碟子满了可以让服务员更换。

碗。我们常用的一般是用来喝汤的小碗，和食碟差不多，不能放得过满，两者最好分开用。如果食碟盛了菜，碗就来盛汤，不然会给人一种"吃着碗里的看着锅里的"的感觉，给人留下贪心的印象。

餐巾纸和餐巾。饭店里提供的湿巾是用来擦手的，餐巾纸是用来擦嘴的，不能用来擦脸。

牙签。千万不要当众剔牙，张大了嘴实在是不雅观。如果实在要剔牙，那么最好用手掩着嘴，这样看起来文雅一些。剔出东西时，不要乱吐，更不要捏在手里看看或者再吃进去。如果遇到这样的人，估计谁都会嫌弃。另外，不要长时间叼着牙签，更不要用剔过牙的牙签来扎取食物。

敬酒的五种方式

"无酒不成席"，中国人请客吃饭，说是吃饭，最主要的还是喝酒。从我们平时的酒宴就能看出一二，什么满月酒、喜酒、庆功酒、离别酒、接风洗尘酒、压惊酒，等等。主人总是希望客人能在酒桌上多喝点酒，表示自己尽到了地主之谊。所以，我们有必要了解一下敬酒的方式。

有的人觉得不可思议："喝酒还有什么方式？"其实不然，"酒"是传统文化，怎么会那么随随便便，这里面的东西还多着呢。古时候，有"君子饮酒，三杯为度"的古训，意思是饮第一杯，表情要严肃恭敬；饮第二杯，要显得温文尔雅；饮第三杯，要神情自然，知道进退。如果酒过三巡仍无节制，就叫失态。

当然，这一套在现在社会肯定是不适用的，不过饮酒时适可而止还是非常重要的。饮酒只是为了调节气氛、增进感情交流，而不是一种目的。这就是为什么我们要讲究敬酒的方式。

敬酒一般有以下五种：

文敬。顾名思义，就是文雅地、有礼有节地劝客人饮酒，是传统酒德的一种体现。主人在酒席开始后讲几句话，之后就开始了第一次敬酒。这时，宾主都要站起来，主人先喝，将酒一饮而尽后，再把空酒杯杯口朝下，证明自己是一口闷，来表示对客人的尊重。一般来说，客人也要喝完。通常情况下，主人还要到各桌去敬酒。

回敬。客人向主人敬酒。中国人讲究礼尚往来，主人给你敬酒，你为了表示尊重和感谢，当然要敬回去。在碰杯时要让自己的酒杯稍稍比主人低一点，表示尊重。如果和主人坐得比较远，也可以以酒杯底轻碰桌面，或者在空中做个虚动作，表示碰杯。

互敬。这是客人与客人之间的"敬酒"，敬酒的人会找种种必须喝酒的理由逼对方喝酒，如果被敬酒的人找不出反驳的理由，就只得喝酒。在这个过程中，两人的交流多起来，感情也会变得深厚。

代饮。这是一种既不失风度又不会扫兴的躲避敬酒的方式。如果你不会喝酒或者酒量不行，再或者已经喝得太多，实在是喝不下了，但是别人又非要敬酒，这时就可请人代喝。如果别人愿意代你喝酒，那你们感情一定是很深厚的，比如挚友、夫妻等。

罚酒。罚酒是一种特殊的敬酒方式。"罚酒"的理由五花八门，比如说错话了，哪件事做得不对了……其中最常见可能就是因为迟到而"罚酒一杯"。

说完敬酒的方式，下面我们说一说喝酒时要遵守的酒桌上的规矩。

酒桌上的规矩，换一个角度说就是礼仪。如果你不小心违反了规矩，就很可能惹上麻烦。如果你不会喝酒还好，会喝就会让人误会你。比如说在碰杯的时候，你明明比对方年龄小，杯子却举得比他高，别人就会觉得你瞧不起他，一个小小的举动就将人得罪了。

除此之外，酒桌上还有很多你不得不知的规矩：

1. 领导在时，要等领导相互喝完后你再敬酒。不要冒冒失失地没等领导相互敬酒你就上来敬酒，这会抢了领导的风头，领导会认为你不懂规矩。

2. 敬酒的时候，如果对方是长辈、领导，碰杯时你的酒杯要稍低于对方的酒杯；若对方和你平辈，则可平碰，当然如果你想向对方表达敬意，也可将酒杯放低；若对方是晚辈，为了不让对方失礼，你应该主动将酒杯抬高些。

3. 如果你不是领导，千万不要一个人敬很多人，当然，可以和很多人敬一个人。

4. 自己敬别人时，如果没有碰杯，喝多少可以根据对方酒量、喝酒态度而定，不过你不能比对方喝得少，因为毕竟是自己敬人。

5. 如果没有特殊人物在场，碰酒时最好按顺时针的方向，这样也不会厚此薄彼。

6. 别人给你斟酒时，你应该用右手拇指、中指捏在一起，在桌上轻叩几下，这是在行"叩指礼"，表示对别人的感谢。

7. "感情深，一口闷"，所以在酒桌上碰了杯就必须把杯中酒喝干，之后还要把杯子倾斜、杯口朝向对方，证明杯子是空的。

8. "感情深，一口闷；感情浅，舔一舔"，喝酒的时候千万别把这句话挂在嘴上。要是别人没喝完，岂不是说明你们感情不深？这不是自讨没趣吗？

9. 在别人夹菜时，千万不要转动酒桌中间的圆盘。

10. 向女士敬酒时，在对方以茶代酒的情况下，只要碰杯就要喝干；如果不碰杯，也可以大度地来一句"我喝完，你随意"。

11. 给特殊人物敬酒时，一般讲究"连敬三杯"。注意，每杯酒都要有"说辞"，且中间要有停顿，好让对方和自己吃口菜，喘口气。

12. 在酒桌上为他人倒茶后，茶壶嘴不能对着任何人，既不礼貌也危险，要是不小心倒出来就会烫伤他人。

13. 一般来说，就算你实在是喝不下了，也不能把酒杯倒扣在桌上；另外，别人为你倒酒时，千万不能用手捂住酒杯，生硬的拒绝会伤害对方的感情，如果你明白地说自己真的喝不下了，相信别人也不会为难你。

14. 喝酒时一次最好只喝一种酒，因为掺着喝往往容易醉。

15. 正式敬酒的方式是右手拿杯、左手托杯底，起身将酒送到被敬人面前。一般来说，被敬人也要起身，以右手拿杯、左手托杯底，先说感谢对方的话，然后一饮而尽。

16. 用大杯喝白酒时，为了表示"力度"，人们常会说"我大点儿口"，就是多喝些，这时要用手指"标个线"——将手指放在酒杯上表示喝到哪儿。否则人家怎么知道你喝了多少。

17. 如果你很能喝酒，就不要把"我不会喝酒"挂在嘴上，不然别人会觉得你虚伪。

18. 酒桌上说错话时，不要申辩，自觉罚酒会让别人觉得你豪气，这样别人也更容易放过你。

吃西餐要注意，别出洋相

说到吃西餐，很多人第一反应就是规矩好多，什么左叉右刀，喝什么必须用相应的杯子等，不仅太麻烦，最主要是记不住。其实，这不是麻烦，而是礼仪。外国人同样不会用筷子，不过是因为不了解罢了，如果了解了，也能很快地掌握其中的要领。

下面来讲讲西餐的礼仪。

1. 座次

吃西餐的桌子都是长桌，所以座位比较讲究。和中国不同的是，吃西餐时座次都是男女交叉坐，夫妻也不例外。中国就不一样，往往是抱团坐，一看就知道谁跟谁是一家，或者关系亲密。

一般来说，吃西餐时如果是夫妻一同进餐，两人应该面对面坐，夫人坐在靠墙的位置。如果是两位男士和一位女士进餐，女士应该坐在男士中间。如果是两位男士或者两位女士一起进餐，那么靠墙的位置应该让给年长者坐。

在男士和女士一起进餐的时候，男士一定要让女士坐在自己的右边，还要注意不要让女士坐在过道旁，因为人来人往的十分不方便。如果位置是靠墙的，就请女士坐在靠墙的那一面，男士坐在女士对面。

在宴会当中，座次可以按照国际惯例：座次的高低依据离主桌位置的远近而定，右高左低，座次多时应摆上座次牌。同一桌上席位的高低也是依距离主人座位的远近而定。

在用西餐的过程当中，每个人入座或者离座都应该从椅子的左侧出去。

2. 坐姿

坐下后，坐姿应该自然端正，上半身不要靠着椅背。不要托腮，或者双臂放在桌上，这样会显得很没有礼貌。不要一上桌就去摆弄餐具，像随意脱掉上衣、卷袖子之类的，这种不合礼仪的举止也要尽量避免。和人交谈时也不要手舞足蹈、胡乱比画，最好也不要轻易离开位置，挪动椅子。因为这样会弄出声响，影响他人。不要头靠在椅背上，不要做出伸懒腰、揉眼睛、搔头发等动作，要是不小心掉下来头发就不好了。

在美国可以一只手进餐，另一只手放在膝盖上，但是在欧洲，两只手都要放在桌面上，但是同时不能用手臂支撑身体靠在桌上，也不能将双手抱在胸前。正确的方法是把手轻轻地搭在桌上，两只手要自然平稳，不能在桌上随便乱弹或者玩餐具。

3. 餐具的使用

在比较正规的西餐场合，餐桌上一般会摆上好几副餐具，吃鱼的、吃肉的、吃沙拉的餐具都是分开的。如果你不知道选用哪种，那么可以提前上网查清楚，或者也可记住最外边的餐具吃沙拉，最近的餐具吃甜食。

在餐桌上，餐巾纸前一般有4个杯子，每个杯子的用途都是不一样的。大杯盛白开水，中杯盛葡萄酒，小杯盛白葡萄酒，高脚杯盛香槟。如果你是东家或者由你来倒酒，为了表示尊重和谨慎，应该先倒一点在自己的酒杯中，尝一尝酒的口感。如果觉得口感不好或者瓶塞有异味，应该要求立马换酒。如果酒没有问题，那就按照尊卑顺序给客人倒酒。喝了酒之后要用餐巾纸擦一下嘴唇，这样显得自己有教养、有礼貌。

在西餐中的主食都是要用刀叉的，应该切一块吃一块，千万不能一次把肉全切完再一块一块地吃，这样很失礼。进餐时是左手拿叉右手拿刀，如果要放下餐具，应该摆成"八"字形，分别放在餐盘的两边。如果你还想继续吃，应该将刀刃朝自己；如果一道菜吃完了，应该将刀叉并拢放在盘中；当别人在跟你讲话时，没有必要将刀叉放下，可以拿在手里。

4. 进食时的礼仪

喝酒

如果是用高脚杯喝酒，手指应该轻轻握住高脚杯的杯脚。为了避免手指的温度让酒温增高而影响口感，可以用大拇指、中指和食指握住脚杯，小拇指抵在杯底固定。

喝酒时千万不能吸酒，这样会发出声响，显得十分不礼貌。正确的方式是将酒杯倾斜，让酒水自然流出。为了增加酒的醇香，可以轻轻晃动酒杯，让酒和空气接触，但是幅度要小，千万不能猛烈晃动。

此外，一饮而尽、边喝边透过酒杯看人、拿着酒杯边说话边喝酒、吃东西时喝酒、口红印在酒杯沿上等，都是失礼的行为。不要用手指擦杯沿上的口红印，用面巾纸擦较好。

喝汤

平时喝汤要用汤匙，要由后往前将汤舀起，汤匙底部放在下唇的位置，将汤送入口中。汤勺与嘴部呈 45 度较好，身体的上半部要略微前倾。如果没有汤匙，不能端着一整碗汤碗咕噜咕噜地喝，这样显得十分失礼。注意不要发出声音，如果只剩下一点时，可以抠着碗底直接喝。

吃水果

像苹果、梨等体型大的水果，千万不要直接咬，而是要用水果刀先去皮、去核，然后再将水果切成小瓣，放在碟子中用牙签吃。香蕉、橙子、西瓜、菠萝也不要直接吃，应该先去皮，然后用刀切成小块，放在碟子中用叉或牙签取食。桔子、荔枝等可以直接扒皮吃。

用餐礼仪的禁忌

用餐礼仪在我们生活中是很重要的，可以直接体现出一个人的教养和素质。我们上面讲了很多用餐时的礼仪，现在我们来说一说用餐时的一些禁忌。

我们在用早餐或者西餐时经常吃面包，那么在正式场合，吃面包时千万不要整块整块地啃，而是应该掰成小块送到嘴中。给面包抹黄油和果酱时，也要先将面包掰成小块。另外，千万不可用面包来蘸盘子里的汤，这样显得粗俗无礼。

如果餐桌上有鸡腿，在吃鸡腿时要先用力将骨剔掉，不能拿在手里直接啃。吃鱼忌将鱼翻身，要吃完上层，然后用刀叉将鱼骨剔掉，继续吃下层。吃肉时，要切一块吃一块，不能一次将肉都切好，切块大小也要合适。

像鱼肉鸡肉等，吃完了还需要吐骨头，这时候千万不要直接往外吐，要用餐巾捂嘴轻轻吐在叉上放入盘内。在快要吃完盘中食物时，不要用叉子刮盘底，这样会发出声音，也不要用面包去蘸取。在西餐馆吃面条时要用叉子先将面条卷起，然后送到嘴里。

如果别人邀请你喝酒，就算你不会喝也不要直接拒绝，应该轻轻地抿一口，表示对别人的尊敬。

在进餐尚未全部结束时，不可抽烟，直到上咖啡表示用餐结束时方可。如果旁边还有女性客人，应有礼貌地询问一声："您不介意吧？"

喝咖啡时，如果你想加点牛奶或糖，应该小心缓慢地添加，之后再用小勺搅拌均匀，勺子可以放在咖啡的垫碟上。喝咖啡时应右手拿杯把，左手端垫碟，直接用嘴喝，不要一勺一勺地舀着喝。

打嗝是用餐时最大的禁忌，但是万一发生了这种事情，补救的方法是向周围的人道歉。用餐时，如果有些菜你想吃却夹不到，可以让别人帮你递过来，千万不要自己站起来夹。

就餐时不可狼吞虎咽，去别人家做客，主人总是会让你多吃点，这个是为了表达热情，如果你还吃得下，不算失礼，如果已经吃饱了，就不要勉强自己；反之，如果你是主人，也不要勉强客人多吃。

食不言寝不语，所以在吃饭的时候不要讲话。吃饭时也不要一口吃太多，显得不文雅。嚼食物时一定要把嘴闭上，不然会发出声响，让人很反感。

另外需要注意的是，不要用自己的餐具给别人夹菜，就算别人不嫌弃你，你也要注意卫生。在餐桌上不要放声大笑或者大声喧哗，不可在桌上当众化妆、补妆或整理衣饰。尽量不要中途退席，如有事实在没办法，也要和左右的客人还有主人小声打招呼。

文明地吃自助餐

有些人吃自助餐"扶墙进去，扶墙出来"——扶墙进去，饿的；扶墙出来，撑的。虽然这只是一句玩笑话，但是也确实反映了很多人吃自助餐的心理，那就是拼了老命都要吃回本。以前看过一则新闻，有一个人吃自助餐前饿了一天，吃的时候又吃太多，最后胃溃疡进了医院，得不偿失，重点是还很丢脸，显得没出息。其实想要吃回老本并没有什么错，但是也要注意礼仪。随着社会的发展，人们的素质越来越高，如果在公众场合做出失礼的举动，很可能被人行注目礼，到时候尴尬的还是自己。

所以吃自助餐的礼仪不容小觑，要牢牢地记在心里，行为上也要落实到位。

1. 取菜顺序

吃自助餐其实很自由，都是自己去拿，但这其中也是有规矩的。取菜的顺序一般是冷菜、汤、热菜、甜点、水果、冰淇淋。

2. 排队取菜

在公众场合要自觉遵守秩序，如果需要排队也应跟随着队伍前进，轮到自己取菜时，要用公用的餐具将食物放到自己的盘中，千万不要在食物面前犹豫再三，耽误了别人的时间。

3. 多次取菜

吃自助餐选取某菜肴时，去取多少次都无所谓，一添再添都是允许的。有些人为了省事一次拿太多，堆成了小山，反而会让人嗤之以鼻，显得好像饿死鬼投胎。

4. 照顾他人

如果对方是第一次吃或者不熟悉自助餐，你可以和他一起取菜，或者简明扼要地告诉他注意事项。如果对方继续追问，再一一细答。不过，不要自作主张地帮对方拿食物，更不要让对方帮自己吃自己不想吃或者吃不下的东西。

5. 避免浪费

因为自助餐有其特殊性，是按人头收费的，所以大部分人都想要多吃一点，吃回老本，这样就增大了浪费的几率。很多人拿了很多，想要吃得过瘾，结果眼大胃小，最后力不从心，导致了食物的浪费。

在吃自助餐时一定要本着少量多次的原则。一次可以少拿一点，多去几次都没关系，这样就很少会出现浪费的情况。如果不懂得这一点，将不同种类的食物胡乱地装在一个盘子里，口感差不说，还会影响吃东西的心情。

6. 不要外带

自助餐是不能打包带走的，这是一个不成文的规定。所以在吃好之后，千万不要叫服务员打包带走，这样会贻笑大方。

温馨家宴，礼仪不可少

家宴家宴，重点在"家"，其次才是"宴"。在外面的宴会酒席，一般都是应酬，走心的不多，所以在家里款待亲友，更重要的还是围绕感情，叙叙旧、聊聊天之类的。这个时候菜肴是否丰富，是否阔气都不是最重要的。那么怎样安排家宴，才会显得感情深厚呢？

1. 设宴的时间

在家中设宴，从前人们喜欢选在中午，因为在我国的文化中，午餐是正餐。但是随着时间的发展，现在大家开始喜欢选在晚上了。因为晚上的时间比较充足，吃完晚餐之后，大家还可以去唱唱歌、散散步之类的。

2. 菜色的设计

正式的家宴，冷菜、热菜、大菜、汤类缺一不可。因为饭前要喝酒，所以冷菜等下酒菜可以多一点，当然也要看会喝酒的客人多不多，视情况而定。菜的档次要适当，不要一味追求高档，太表面化，就显得缺少了温馨。

做菜也要投其所好，可以先了解一下客人喜欢吃什么，也要了解一下客人的忌口，弄清楚他们不喜欢吃什么。

3. 酒水不可少

古话说，"无酒不成席"。在现代的餐桌上，酒水饮料都是必不可少的。当然，酒水饮料的种类还是要根据客人的喜好来，毕竟是请客，要时时以客人为主。

4. 入座的礼仪

客主入座是非常讲究的，不能马虎。长幼、宾主要依席次而坐。长者坐首席，没有长者的，重要的客人坐首席。

5. 上菜的顺序

中餐一般先上凉菜后上热菜，先上炒菜后上烧菜，咸鲜清淡的先上，味浓味厚的后上。在家宴中，最贵的热菜应该先上，比如燕窝、海参、鱼翅等。

6. 用餐礼仪

主人在家宴前最好准备好祝酒词，其内容可以是祝福、祝贺的句子，都要是好的积极的话。如果主人的口才很好，一定要发挥自己的长处，让家宴喜气洋洋、其乐融融。除此之外，在家宴中一定要不断地敬酒，给小孩子夹菜添饮料，这样显得你热情好客，十分周到，客人也能体会到你对他们的欢迎。

在家宴中，给客人夹菜用的筷子一定要是公用的，这样显得更加讲卫生。因为有些人有洁癖，会比较介意，关系十分亲密倒也没什么，但是还是要以防万一。

婚礼祝福，表达要得体

结婚是人生中的第一等大事，也是大喜事。新人一般都会邀请亲朋好友前来祝贺，分享自己的快乐。如果你是受邀的客人，在向新人祝贺时也有一些礼仪要注意。

1. 着装的讲究

参加别人的婚礼，衣着整洁是对别人最起码的尊重。一般来说，男士的穿着较为简单——西装、衬衫、领带，花样比较少。

但是女性朋友的衣服就多种多样，那么该如何穿得得体大方又不出错呢？如果是参加酒席，穿简单的连衣裙套装就可以了；如果是参加正式的婚礼，或者是婚礼招待会之后举行的舞会，穿衣就要再隆重一些，像晚礼服之类的，但是有几点一定要避免——不能太暴露，袒胸露乳的不合适，又不是去夜店，有失礼仪，也显得自己太浮夸，损害了自己的名声，也破坏了别人婚礼的气氛。

另外，不论男士还是女士，都不要穿黑色的衣服，显得死气沉沉，可能会让新人觉得晦气。女性也不要穿全白的裙子或者晚礼服。在婚礼上，新娘才穿白色，如果你也穿白色，多少让人觉得不舒服，显得十分不礼貌。

2. 不要抢新人的风头

在参加别人的婚礼时，穿得漂亮得体是对别人的礼貌，但是如果穿得太漂亮了就是对别人的不尊重，抢了新郎新娘的风头，新人心中难免会不舒服，会适得其反。

如果伴娘穿得比新娘还要艳丽，在抢了新娘风头的同时，还容易招来别人的闲话，让人误以为伴娘和新娘有什么过节，故意在婚礼上让她难堪。或者伴娘和新郎关系不一般，背后有什么见不得人的事情。同样，如果男士穿得比新郎还帅，风流倜傥吸引了所有人的目光，也会让人误会。

在婚礼上的言谈举止、举手投足都要文雅，不能表情浮夸、动作夸张地跟人打招呼，更不能阴阳怪气地和人讲话。女性还要注意自己的修养，不能搔首弄姿……过于让自己出风头的表现，都会招来新郎新娘的不满，也会给人留下不好的印象。

3. 适度闹洞房

闹洞房是中国自古以来的传统，但是这个事情，做得好就是一种风雅、时尚，做得不好就成了庸俗、陋俗。从前闹洞房是必须要有的流程，但是由于社会的发展，这些东西都简化了，所以宾客喜欢在酒席上捉弄新人。这样的小游戏既风趣幽默，又能将气氛推向高潮，所以还是很好的，但是切不可过分玩闹，以免酿成大祸。前段时间在网上看到，伴郎们将新娘抛向空中，一个没接住，新娘后脑勺着地，当场昏迷，本来好好的喜事就变成了祸事。所以凡事一定要有个度。

4. 贺礼

按照习俗，参加婚宴都要准备贺礼，俗称随份子。份子钱多少，一般根据和新郎新娘的亲疏关系决定，在钱的数量上，宜双不宜单，不过四除外。四和死发音相近，不吉利。其他的双数都有比较好的寓意，像二表示好事成双，六表示六六大顺，八则是恭喜发财的意思。

如果参加别人的婚礼要送礼物，首先要考虑别人的喜好，投其所好是送礼的关键。其次还要避免重复，送出新意。一般在新婚的时候大家都会送一些喜庆的东西，如果是送衣服之类的，基本上会不约而同地选择红色。所以，一下子就会有很多红色的衣服，显得重复。因此，要想送出新意，就要多下一些功夫了。

5. 多说祝福的话

参加别人的婚礼，祝福新人是必不可少的一部分，多说能够增加别人的幸福度，何乐而不为。

有一些祝福别人的词语供大家参考：

天作之合、永结同心、相亲相爱、百年好合、佳偶天成、白头偕老、百年琴瑟、百年偕老、珠联璧合、琴瑟合鸣、相敬如宾、缘定三生……

愿你俩恩恩爱爱，意笃情深，此生爱情永恒，感情与日俱增！

由相知而相爱，由相爱而更加相知。人们常说的神仙眷侣就是你们了！祝相爱年年岁岁，相知岁岁年年！

在这春暖花开、群芳吐艳的日子里，你俩永结同好，正所谓天生一对，地设一双！祝愿你俩恩恩爱爱，白头偕老！

他是词，你是谱，你俩就是一首和谐的歌。恰是天作之合，鸾凤和鸣！

你们本就是天生一对，地造一双，而今共结连理，今后更需彼此宽容、互相照顾，祝福你们！

婚姻是神所设立的，美满的婚姻是神所恩赐的；愿我们的神将天上所有的福，地里所藏的福，都赐给你们和你们的家庭！

温暖病人的心窝

在亲朋好友生病时前去探望是一种礼节，也是表达自己对别人关心的方式。但是，探病还是有很多细节要注意的，下面给大家分点细说。

1. 选择合适的时间

尽量避免在病人休息或者治疗的时间前去探病，会打扰病人，等在一旁也显得很尴尬。像早上、中午、深夜都不适合，那时候病人很可能在休息。遇到病人在休息的时候，应该留言，不要打扰。像午饭之前，下午到傍晚，晚饭之后这些时间段很适合探病，还可以陪病人散散步、聊聊天。

2. 带什么东西探望

现在探望病人一般来说都会送水果、鲜花或者营养品。其实还可以送点其他东西，比如，如果是小孩子可以带点少儿读物过去，这些可以因人而异。

3. 注意言行举止

探望病人时要自然，不能表现得过于担心，看着让人觉得矫情，或者让病人产生疑惑，觉得自己得了绝症。如果见到治疗的仪器，像针头之类的，不要显得过于惊讶，显得太大惊小怪了，也会对病人产生一定的压力。

一般来说，生病期间病人的心理都比较敏感，在和病人交谈时也要格外注意。如果一个打篮球的男生摔断了腿，你总不能时时刻刻和他聊NBA，让他心痒痒。不要过多地聊病人的病情，一句话带过就好，应该多说一些宽慰他的话，减缓病人焦虑的心情，这样有利于病人恢复身体。

千万不要向病人推荐什么偏方，这些没有明确的科学依据，也没有谁真的尝试过且有个明确的结果，推荐这些会让觉得你这人不靠谱。可以多聊一些轻松的话题，帮助病人淡化病痛带来的痛苦。如果病人患了绝症，医生要求保密，你也不要和病人一起乱猜，应当设法稳定他的情绪，鼓励他战胜病魔。

注意病人的忌讳，千万不要哪壶不开提哪壶。比如病人得了绝症，探望的时候就尽量不要提及病情，即使病人得的不是绝症，谈话的内容也不要触及病人的症状。与其问病人："你近来睡眠可好？"不如模棱两可地问："你最近好些了吗？"因为你比较笼统地问，对方就能比较笼统地回答，如果有不想提到的也可以一句话带过去，不会尴尬。

当然，最好是不要围绕病人的病情交谈，可以多聊一些病房外面的新鲜事，像生动有趣的新闻，或者最近好看的电影、笑话之类的。多说些让病人愉悦的事情。

病人都要多休息，所以要控制好谈话的时间，千万不能逗留过久，如果看到病人脸上露出疲态，就应该尽快地道别。在临走前，还要祝病人早日康复，并且嘱咐他多休息。

参加葬礼的注意事项

中国历来都讲究"死者为大"，意思就是说，在葬礼上，死者是最大的，是最应该尊重的人。古代一般都要守孝三年，对死者的尊重可想而知，现代已经简化不少，只需要办一场小小的丧礼或者追悼会即可。追悼会的事宜一般是由礼仪公司包办的，向遗体致敬，致悼词，家属念感谢词，最后绕灵一周表示尊敬。

其实，人们最不想参加的活动就是葬礼。因为葬礼是有人去世，总归是不好的事情，更何况去世的人不是你的至亲就是你的好友，这本来就是一件悲伤的的事情。所以很多人都会在葬礼上控制不住自己的情绪，做出不合礼仪的事情。为了葬礼的秩序，很多事情其实还是要注意的。

在参加葬礼时，一定要注意自己的着装，尽量以黑色为主，这样表示庄严肃穆，也是对逝者、对家属的尊重。你想象一下，如果你穿了一套鲜艳的衣服去参加悲伤肃穆的葬礼，估计都不会让你进去。一般来说，男士穿黑色的正装就好，女士可以穿黑色，也可以是颜色比较深的衣服。在参加葬礼时，注意不要化妆，不要佩戴首饰。

参加葬礼时要送什么东西，可以根据逝者生前的喜好而定，如果是老师就可以送书，这样是比较新颖有特色的。通常情况下，大家会送花圈、花篮、挽联挽幛之类的。

另外，在葬礼上要关怀家属，宽慰他们，让他们节哀顺变。在说这些话时还有几点要注意，可以说成"这件事情令我很悲痛，可是人死不能复生，请您节哀顺变""这件事来得太突然了，我由衷地表示哀悼，请您保重身体"。在葬礼上要忌讳总说"死"之类的词语，会给家属带来很大的刺激，让他们更加悲痛。

在葬礼上，吊唁者的言辞应该深沉内敛，如果高谈阔论、夸夸其谈，不仅是对逝者的不尊敬，还会让人觉得你缺心眼，不会为人处世。在追悼会开始时，应该将手机关闭或者调成静音，还要摘下帽子，如果在抽烟，也要将烟头熄灭。起身向逝者行礼时，应该庄严肃穆、神情严肃，千万不要东张西望或者和别人讲话，更不要一脸笑嘻嘻的样子，这样被人看见了估计是要被轰出去的。

如何成为舞会上的明星

在众多社交活动中，舞会是最普遍又不失高雅的一种活动。有美妙的乐曲、儒雅的绅士、优美的舞姿，并且在色彩斑斓的灯光下显得纯美高雅，令人向往。在舞会上，我们不仅能够放松心情，缓解工作上的压力，还能联络朋友之间的感情，拓展人际交往。在这种时尚高雅的活动上，礼仪也显得尤其重要。

1. 着装

在舞会上通常不允许戴帽子、墨镜，像穿拖鞋、凉鞋、旅游鞋去参加舞会的，这样子的人估计会被人当作猴子上街，会被指指点点了。在舞会上，很多女性都喜欢穿得性感妩媚，想要成为舞会上的焦点。但是如果靠露肉来吸引人的目光，未免显得低俗了些。像过透、过紧、过短、大露背之类的晚礼服还是要慎选，很容易走光，成为别人的笑料。

在参加舞会前，应该了解一下舞会的性质，再决定自己的穿衣风格。如果是去参加时尚舞会，那么自然要潮流美艳，越美丽精致越好；如果是参加慈善舞会，那么还是穿得正式一点，不要太追潮流。男士的服装一般比较单一，西装就可以，当然，燕尾服也是不错的选择。

2. 邀舞

邀请别人跳舞一般要挑对，不然很容易遭到拒绝。相对来说，没有同伴的女士或两位女士一起参加舞会的，邀请她跳舞时比较不容易被拒绝。如果你去邀请已婚妇女或者有母亲在场的女士，应该先向她的丈夫或者母亲示意一下，问个好之类的。得到他们的同意后才能邀请女士跳舞。如果别人还在热恋中，同男朋友卿卿我我、如胶似漆，你还去请别人跳舞就有点不知轻重了。

邀请别人跳舞时应该有绅士气质，彬彬有礼。要先走到女士面前，伸出右手，掌心向上，微微弯下腰，说："我可以邀请你跳一支舞吗？"这样比较温柔，当然，如果遭到了女士的拒绝，千万不要胡搅蛮缠，会掉了身价。你应该说："对不起，打扰了。"或者询问一下女士怎么了，如果方便还可以陪她聊会儿天，这个就看你自己如何选择了。总而言之，千万不能为难女士，要大大方方的，这样不仅显得自己有修养有内涵，还能给对方留下好印象。

3. 如何拒绝邀请

别人来邀请你跳舞，按理来说不要轻易拒绝，这样是对别人的一种尊重。如果特殊情况实在不愿意跳舞，也应该婉言相拒，可以说"对不起，我想休息一下"之类的。并且，在这一曲舞跳完之前，不要接受别人的邀约，不然会让先前的人没有面子，以为你是嫌弃他。

如果男士来邀请你时，你已经答应了别人的邀约，就应该先表示歉意，再表明原因。如果愿意和对方跳舞，可以约下一个曲目。

如果同时被好几位男士邀请，最好的方法是全部拒绝，这样既不会厚此薄彼，也不会造成尴尬。如果是一前一后来邀请，则可以按照先来后到的顺序，接受先来的人的邀请，对后来的男士真诚地道歉："对不起，我们下次再跳吧。"当然，要尽量兑现自己的承诺。

4.跳舞时的言淡举止

在跳舞时要自然端庄、姿态端正，身体要直立平稳，但是也不要过分严肃地看着对方，会给对方造成压力。在跳舞时，不要左右摇摆身体，也不要靠得太近，如果男士这么做，女士很有可能觉得你是在吃她豆腐。

在跳舞时，男士的右手一般要搭在女士脊椎的位置，高低可以根据双方身材而定。男士比较高的，可以揽得高一些，注意这时女士要把左手搭得低一些，甚至搭在大臂中下部。男士千万不要把女舞伴的右臂架起来，那样既不雅观也不舒适。男士右手不要揽得过紧，要以力量大小变化来领舞，切莫揽得太紧太死，甚至把女方的衣服揪起来，这样会显得很不雅观。

如果和自己跳舞的舞伴是初次见面，在跳舞之前最好先自我介绍一下，态度要谦虚，千万不要夸夸其谈，不然很有可能招来别人的反感。

男士和女士共舞时可以适当地夸赞对方，但是不要太过分，不然对方会觉得你虚假或者在讨好她。在跳舞时可以随意地谈天，但千万不要诋毁别人，这样会引来对方反感，最后得不偿失。

如果在跳舞的时候不小心踩到了对方的脚，一定要及时地道歉。

5. 舞会上的注意事项

出席舞会前一定要洗头洗澡漱口，可以适当地化妆，保持干净整洁。千万不要吃大蒜、大葱等气味经久不散的东西，不然和你一起跳舞的人会被你熏死。跳舞前千万不要喝酒，更不要为了除去口中的异味嚼口香糖，在那种高雅的场合，嚼口香糖是不礼貌的。因为在舞会上活动量大，所以很容易出汗，最好带一块手帕或者湿巾，擦去脸上的汗水。

同性不宜共同跳舞。一般来说，两位男士共舞表示他们是同性恋，如果你真的是同性恋想要出柜，那么倒也没什么，如果你不是，只是因为不知道礼节，就会闹出乌龙。当然，女士也一样。

在整场舞会中，也比较忌讳从头到尾只和一个人跳舞。通常来说，一对男女只跳一支舞就好了，第二支曲子就可以和别人跳。毕竟在舞会上可以认识更多的朋友，所以还是要有换舞伴的意识。

洗手间里也要讲究礼仪

在日常生活里，洗手间是极为重要的地方，有些人会认为，洗手间是一个暂时隔绝外界的非社会化空间，谈不上什么礼仪。这些人可能没意识到，公共场所的洗手间是公用的，属于公共化洗手间，所以在使用时务必要遵守相关礼仪。

首先，将洗手间的识别标记弄清是很重要的部分。每个地方的洗手间标记是各不相同的，一般除去文字说明以外，有不少是用图案来替代的。男厕所通常是烟斗、胡子、帽子、拐杖；女厕所就不一样了，女厕所通常以高跟鞋、裙子、洋伞、嘴唇来做标记的。如果因为意外，不小心标记模糊了，或者是你没有弄懂标记的含义，这里有一个简单的方法教大家识别标记——跟着别人走。不过，这就涉及上洗手间的一个基本的礼仪——排队。

说起排队，想必很多人都知道这个歇后语：排队上厕所——伦敦（轮蹲）。但很少有人意识到，排队是洗手间的基本礼仪之一。如厕，作为"三急"之一，是要讲究先来后到的。如果你的"情况"很紧急，可以跟排队的人说明情况，大家一般是会让你先上的。但是若你不管三七二十一，上来就不管不顾地加塞，即使大家嘴上不便多说什么，心里恐怕也已将你定义为不懂规矩的人。直白地说，会认为你是个自私的人，缺乏社会公德心。

需要明说的是，在飞机、轮船、游览车、火车等交通工具上，洗手间是没有男女之分的，也就是大家共享，男女一起排队就很正常了，此时也不必讲究"女士优先"了。稚龄儿童是可以和父亲母亲一起共用洗手间的，但是有个不成文的规定，小男孩可以被母亲带着上女厕所，没有人会介意，而父亲则不能带小女孩上男厕。一般在无人排队的情况下，不必把厕所门关好，应该留一些缝隙，让如厕的人不用猜测就知道其中一间是空着的。在门被关着的情况下，千万不要贸然闯入，一定要先敲门确认清楚里面没人再进入。

使用厕所时要尽量小心，若有污染要尽可能地加以清洁。有些人如厕习惯不良，又不去善后，这种情况的结果很可能是，下一位使用者气愤地先将你暗地里咒骂一通。所以，诸如蹲在马桶上方便，浪费卫生纸以致让后面的人无纸可用等不良行为，都是应该尽量避免的。还有，使用后，一定不要忘记冲水。不同的洗手间冲水开关可能不同，不过大多都在水箱旁，有的是靠头顶的拉绳来拉的，也有一些是在地面上用脚踩的。原则上，上完洗手间是要讲卫生洗手的，洗手台旁边也会放擦手纸和吹手机，一般习惯是洗完手后先用擦手纸擦干净手，把用完的纸扔进垃圾桶之后再用吹手机把手吹干。而吹手机多为自动感应并有自动定时装置，所以不用考虑如何关闭电源等问题。

公众场合的注意事项

公共场所是大众自由活动的地方，如公园、影院、博物馆、图书馆、商场、马路等。在公共场所应该要注意礼仪，这一方面有助于维护公共场所的秩序，另一方面也能显示出你良好的气质与修养。下面我们就谈谈在公共场所应该注意的礼仪。

1. 注重卫生

公共场所人们往来穿梭，流动比较频繁，所以公共场所的卫生，是要依靠大家来共同保持的。在影院，最好不要吃瓜子果壳类的食物，尤其有包装的小食品，也应该多注意包装的处理。一般可以集中包好，走出座位时扔进果皮箱里面。如果是在路上骑车行驶，不要扭身随地吐痰或甩鼻涕。这种不良行为不但会造成路面的不清洁，还可能会不小心飞溅到后面骑车人的身上，让别人反感，也给自己的形象造成了不雅的影响。

2. 礼貌待人，尊老爱幼

公共场所人比较多，难免时有拥挤现象，遇到这种情况应当和气地请别人让一下路，不应凭体力猛冲猛挤，强制通行，容易造成秩序更加混乱。在遇到老人、孕妇、带小孩的妇女、残疾人等体弱不便的人时，更应主动让路、让座，切忌利用他们的弱点抢座、占道。如不小心和别人发生碰撞，应当礼貌地进行道歉，不可怒目而视，出言不逊，更不可大打出手。一般情况下，尽量避免挤贴到别人身体上，特别是异性，如确实太拥挤，无法躲让，也应诚心地道歉，别人也会因你有礼貌而谅解你。

3.遵守公德，注意法纪

行走在街上，应当鱼贯而行。三人以上同行，忌连臂横排行走，这样既影响交通秩序，阻挡了他人通过，也会危及自身的安全。排队购物（票）时，一忌拥挤起哄，二忌与排在自己前面的人身体贴靠得太近，在不得已被挤贴的情况下，更忌咳嗽、晃动。另外，排队应按先来后到的顺序，自己"加塞"是失礼的，助人"加塞"也是无礼的。若确实有紧急情况或不得已的特殊理由，可礼貌地与排队人说明情况，获准许后，方可优先办理。办理完后，出于礼貌应当再次向大家致谢，切忌办妥后即扭头得意而去。

4.公共场所，最好禁烟

当今社会，限制在公共场所吸烟已成风尚。一些发达国家和地区都先后明文规定：公共场所，禁止吸烟。这是一个有社会公德意识的人必须遵守的。对烟民来说，在公共场所时，最好注意克制自己，不吸或者尽量少吸烟。如果实在忍不住了，在吸的时候，不要面对着他人喷云吐雾，也不要乱弹烟灰、乱扔烟头。

5.举止大方，仪态优雅

公共场所举止应文明大方，切忌言行粗俗。如在影院、图书馆、公园等雅静场所，不应不停地窃窃私语，更不能大声喧哗，影响他人。在迟到入座时，应客气地请别人让一让；若发现自己的座位正被他人坐着（可能是夫妇或恋人），要求换座时，应尽量照顾对方的感受，不要因为自己有理，就粗暴地拒绝别人的要求，让对方处于被动难堪的境地。

情侣在公众场所应注意避免亲吻、拥抱等过于亲密的行为。一些情侣在公共场所表现得过于"亲密无间"，有意无意地污染了他人的视觉，影响了别人的心情。这种只顾及自己快乐不顾及别人感受的行为，其实是自我炫耀、过于自私的表现，败坏了社会风气不说，还会教坏青少年。

不要总盯着别人的缺点

这世界上没有人是十全十美的，每个人都有不足之处。夫妻生活的秘诀之一，就是不要盯着对方的缺点和短处不放。现实生活中，很多人不懂这个道理，于是生气吵架就自然而然发生了。

有一位新婚不久的妻子，尚未度完蜜月，就开始不满地对自己的丈夫横挑鼻子竖挑眼起来。在她的眼里，丈夫身上的缺点简直多到不可救药、无法容忍的程度。比如，丈夫做事细致但太过迟缓；丈夫说话不够浪漫而过于平实；丈夫上班前竟忘记给她一个热吻……于是，她便经常在父母面前诉说丈夫的不是。父亲听完之后，什么也没有说，而是拿出一张白纸在上面画了一个黑点，然后问她："女儿，你看这是什么？"

女儿答道："这是黑点。"

"你再仔细看看。"父亲又说道。

女儿仍是回答："不错，就是黑点呀！"

父亲摇了摇头，说："难道除了黑点，你就没看见还有这么大的一张白纸吗？"

女儿点了点头，茫然地看着父亲。显然，她没有完全明白父亲的意思。而父亲也没有说什么，只是让她回家了。

回到家中，她仍然在想着白纸与黑点的事情。经过一段时间后，她突然从中领悟到了一个道理，用这个道理再去想自己对丈夫的看法，竟发现自己的丈夫有许许多多的优点，这时她才意识到自己是"入芝兰之室，久而不闻其香"了。她这才明白并不是丈夫不好，而是自己的眼睛里看到的只是丈夫的缺点，而看不到丈夫的优点，故而因此烦恼，经常挑丈夫的不是。

著名作家柏杨曾说，事物都有正反两个方面。如果在白纸与黑点面前，只注意黑点而忽略了整张白纸，那么你的眼中就是一个黑色的世界，它逼你承受压抑、失望和痛苦，怨天尤人、郁郁寡欢的心情就会替代原本属于你的快乐和幸福。如果你注意到的是整张白纸而不是黑点，那么，你心灵的天空就必然洁白、明朗、宁静，烦恼和痛苦也就会离你而去……

夫妻之间，退一步海阔天空

生活中，夫妻朝夕相处，往往会因为一些鸡毛蒜皮的小事而发生争执，演变成妻子责备丈夫优柔寡断，丈夫埋怨妻子笨手笨脚；妻子数落丈夫不会挣钱，丈夫驳斥妻子挥金如土……夫妻偶尔吵架，难以避免，但如果不加重视，小吵可能变成大吵，偶尔吵也可能变成经常吵，婚姻生活就没有什么幸福可言了。

夫妻间要避免争吵，关键是要学会退一步。退一步，风平浪静；退一步，就是和睦。这是夫妻相处之道，也是夫妻相处的礼仪之一。

1. 一方学会避让

一旦有吵架的苗头，一方就要学会避让，待对方情绪稳定后，再与其交换看法。这样，紧张的局势能得到缓和。夫妻间有时想的不一致是正常现象，这并不是哪一方的错。遇到意见不一致的情况时，两个人都要冷静一下，把气头上的事情放下来。当一方发火的时候，另一方要保持沉默，想办法把双方争吵的局面扭转过来，不要马上与之对抗，否则只会越吵越激烈。

2. 不可避免时，就事论事

若实在无法避免而发生争吵了，双方都应沉着冷静地就事论事，切忌胡搅蛮缠地翻出陈芝麻烂谷子的旧事。现实生活中，一旦吵架，很多夫妻喜欢"翻小肠"，将"陈年旧账"翻出来作为驳倒对方的武器。其实，这种做法恰恰会使争吵迅速升温。

如果两个人每次在争论时都有"翻旧账"的习惯，那么，他们每一次小小的争执都可能会演变成一场大的争吵。长期下去，夫妻感情就会变得很脆弱，夫妻间感情的破裂，很多就是这样造成的。

3. 争吵时，想一想对方的好处

有时候，多想对方的好处，是医治自己因争吵而引起心痛的良药。因为想对方的好处，可以淡化自己的想法，对自己的观点就会少一分坚持。如果你老想着对方的不是，那么你就会觉得自己就是正确的，你就会在无意识中加大争论的力度，这样就会引起更激烈的争吵。

4. 不让外人介入争吵

外人，包括亲戚朋友、双方父母、兄弟姐妹等。夫妻争吵，应内部解决，不能让亲戚朋友、父母或兄弟姐妹介入，更不能主动找他们施以援手。如果这样做了，反而会使矛盾更加激化。

总之，夫妻吵架是正常现象，小吵小闹从另一个角度来看叫情趣，处理得好完全可以成为夫妻之间的感情增长点。但有时候可千万别吵得过头，伤了彼此的心，这对夫妻间的感情影响可是很大的，到时候再后悔就来不及了。

切莫妄自菲薄，自信最美

一个人事业不能成功的主要原因之一就是缺乏自信。自信是一种由内而外散发出来的东西，是一种感觉，只有自信了才能坚持自己的理想，背上行囊踏上创造事业的征程。一个人只有相信了自己才能感染别人，这样别人才能相信你。

约翰·比奇安曾经是一名警官，但是他喜欢在业余时间做皮套。后来，约翰创办了全美最大的制造皮套和皮带的厂家——比奇安国际公司。约翰在这个行业有极大的吸引力，当他出现在皮套展览台时，展厅的人们会排起长队，只是为了见一下他的真容，就像现在粉丝追星一样疯狂。

约翰在现场的时候给别人讲了这么一个故事：在我年轻的时候，大概是 28 年前吧，我在咖啡厅打工，时常有大老板来喝咖啡，我总是暗中观察他们。我就想，同样是一个鼻子两只眼睛，为什么他们就能成为大老板，我就只能在咖啡厅里打工呢？渐渐地我就发现，他们有一个很大的特点，那就是他们都十分自信，对自己想要的东西也有明确的目标，像勇士一样无所畏惧。那时候我就告诉自己，如果你想要成为人上人，无论失败与否，你都要去尝试，你要对自己充满信心，觉得自己会胜利。不然，你说服不了自己，也说服不了别人，别人就没办法相信你。

钟华是一名普通的汽车修理工，他的朋友家境条件和他差不多，但是薪水却比他高很多，买了房子买了车子。他想不明白，明明是一起长大的，长着长着怎么就有了区别呢？到底是什么原因呢？

后来钟华发现一个很大的特点，他从小到大都胆小怕事、妄自菲薄，极其不自信，而且得过且过，不思进取。明明一件很简单的事情，他完全有能力做好，但他却总是怀疑自己，觉得自己没有办法成功。后来钟华决定痛改前非，不再贬低自己的价值，要充满信心地重新开始。他毅然决然地辞掉原来修理店的工作，换了一家知名的大公司，通过多年的努力奋斗，他成了行业中的知名人士。

从上面两个例子中我们可以看出，成功与否其实掌握在自己手中，和外界的因素不大，而在自己身上最重要的一点就是，一定要自信。自信并不是高高在上的山巅，可望不可即的存在，它其实一直伴随在我们身边，只是被我们不小心忽略了。

欧洲有一句名言："一个人的自我思想决定他的为人。"行为是思想绽放的花朵，人们外在的言行举止，无论是自然行为还是刻意行为，都是由内心隐藏的思想种子萌芽而来。

自信需要怀着坚定的信念、明确的目标，还要有坚持不懈的努力，综合起来才能变成一种底气，能够让你充满自信。一个不相信自己会比别人优秀的人，注定只能做个可怜虫。不管在什么情况下，我们都要相信自己，不要去幻想什么和别人对调身份，什么如果我是他就好了，这样你很可能会陷入沼泽之中，很难再找到自我了。无论在多么糟糕的情况下，我们都要全力以赴，相信自己，只要通过努力和付出就能获得成功。

06

仕途顺畅的秘诀——办公礼仪

　　办公场合的礼仪就是人们办公时要遵循的一系列规矩，主要是为了规范人们的行为。如工作时间不办私事，不做第一个下班的人，不在公司里拉帮结派，等等。掌握办公场合的一系列基本礼仪，会让你在办公室这个复杂的环境里如鱼得水，也能让你的事业蒸蒸日上。

职场称呼中的学问

初入职场，办公室的那些称谓要理清楚。你对同事、上司的称呼，能表达出你心里是否尊重对方。这些看起来是小事情，但是往往小事情中能看到大的方面，因为称呼礼仪能反映出你的修养，甚至智商情商。除此之外，一个小小的称呼兴许还会影响在你公司工作是否顺利。

数据显示，将近百分之九十的职场新人，刚入职场时都不知道该怎么称呼同事。叫"哥哥姐姐"显得十分别扭，搞不好别人以为你是在抱大腿，搞些讨好别人的小把戏。对那些老员工又该怎么称呼？叫老总、头儿、老大、同志、小姐？这些怎么听怎么觉得怪，其实是因为这些都不合乎你的身份。

那么，职场新人应该怎么称呼同事和上司呢？

1. 新人对同事的称呼

这里说的新人，其实不单单指大学刚毕业的新人，还包括跳槽到新公司的员工。其实很多新入职的菜鸟们犯了一个错误，就是过于"入乡随俗"，跟着别人叫同事"小李"，或者跟着老员工叫上级"头儿""老大"等，这样是十分不礼貌的。

一般来说，公司里的同事都比你年长，资历也比你老练许多，如果你冒冒失失地叫别人"小李""小王"，这种"自来熟"的称呼会令对方不悦，别人会觉得你没大没小，不懂礼貌。

如果你跟着老员工叫上级"头儿""老大"，也是不好的。老员工这样叫是因为他们是和上司一路披荆斩棘走过来的，双方感情深厚，你一个刚入职的新人，也跟着老人一起这么称呼，多少有点后来居上的意味，会让人心里不悦，认为你不懂规矩，对你的印象也会降低。

下面来看两个例子，对比一下，希望能给你启发。

张军进了一家事业单位工作，第一天就被怎么称呼老员工愁得要死，白头发好像都多长了几根。单位里每个人都很严肃，他也不敢随便问别人，小心观察了一两个礼拜后，他总算掌握了窍门：我是新人，因此叫任何人都称领导。这招一出，张军在称谓问题上便没出过错。"在我们公司，没有人不愿意被称为领导的。而且一视同仁都叫领导，人家也不会觉得我虚伪了。"

和张军的例子不同，王倩在一家私企工作，今年三十多岁，长得挺鲜嫩，在公司也是部门经理级别的人物，平时同事间称呼也比较随便。她这人比较随和，没有架子，觉得这样反而能和同事们打成一片，心中也不在意。直到有一天她在走廊上走，身后突然冒出来一个新员工，拍了拍她的肩膀问："大姐，请问总经理办公室在哪里？"王倩顿时石化在了原地，差点忘了回答她的问题。

"她怎么能叫我大姐呢？这个称呼实在太不恰当了！"直到几个星期后，她还对那两个字——大姐，耿耿于怀，"怎么能叫大姐呢，就算叫声姐姐也比大姐好呀。"

作为新人，刚到公司，千万不要随着自己的性子去称呼别人，也许在不经意之间就得罪了人，你首先要问问同事或者注意听一下别人是怎么叫的，然后再根据自己的身份、工龄之类的，综合考虑该怎么叫。如果实在不清楚怎么称呼对方，你也可以来一个"不耻下问"，客气礼貌地对别人说："对不起，我是新来的，不知道我该怎么称呼您？"不知者不怪，一般对方就会把通常同事对他的称呼告诉你，这样你跟着叫也不会得罪人。

当然，很多人会很客气地说："你随便叫，怎么喜欢怎么来。"这种客套话是千万不能相信的，不要真的随便一叫，就直呼了别人的姓名。作为新人，一定要尊重前辈，不能过于冒失。

2.老员工对同事的称呼

老员工就是资历老、年龄老的同事，大家彼此之间都很熟悉，在公司里也属于元老级的人物，受到人们尊重，所以称呼时千万要注意，不要以下犯上。

王工程师是公司里的老员工了，工作方面十分出色，经验丰富，但是不知为什么，职位却迟迟不见高升。比他晚进公司好多年的小张，刚刚进来时还在他手底下做过学徒，现在都已经升到部门经理了。但是自打小张成了经理，两个人碰面时就有种说不出的尴尬。王工程师有时会称小张"张总"，但是小张毕竟是做过自己徒弟的人，王工程师总觉得像是说反话，有讽刺的意味。后来王工程师觉得自己的年纪也不小了，反正叫"张总"也叫得不顺溜，就干脆和从前一样叫"小张"。

其实他这样的称呼是不对的。在公司里无论你的资历有多老、能力有多强，也绝不能倚老卖老，绝对不能称呼上司为"小王""小张"什么的。这样你让张经理的面子往哪里放？他在下属面前就失去了威严。就算他觉得你曾经是他的师父不和你为难，但是心里多少是有个疙瘩的。还有人会认为你在倚老卖老，故意在同事面前显摆自己是元老，在自己眼里所有人都是后生。这样做就是自毁前程，可见王工程师迟迟不见职位高升，不懂得人情世故便是其中一个原因。

在公司，我们应尽量忘记自己的年纪，不要觉得年纪大叫比自己年纪小的人为老总会别扭。这些都是职场上最基本的原则，刚开始可能会有点不习惯，慢慢就会习惯的。

办公室不要乱穿衣

办公室毕竟是公共场合，是大家共享的地方，乱穿衣服这种事情做出来有碍观瞻，会给人留下不好的印象。像有些女员工穿着暴露，袒胸露乳，就是一副轻浮的模样，就算别人多看你两眼，心里也是看不起你的。另外，穿衣服皱皱巴巴的男员工，也会给别人留下邋遢的印象。所以在办公室会穿衣是十分重要的。

那么，怎么穿衣服才能既符合礼仪要求，又体现自己的个性呢？这里有"三要"。

一是穿衣要干净。

衣服不需要是什么大品牌，也不需要多么端庄得体，只要干净整齐，就会给人留下好印象。

干净是着装的基本要求。有些人觉得自己是做幕后工作的，稍微脏一点也无可厚非，其实不然。现在人都爱干净，穿得脏兮兮的会让人觉得你这人很懒惰，看着都觉得不舒服。当然，也是对别人的不尊重。

整齐就是衣服平整，不要皱巴巴的，或者在衣服上拖着个线头、标牌这种现象，有些人不知道，还满写字楼转悠，就会成为别人的笑柄，还会给人留下不专心、办事不认真的印象。

要想做到干净整洁，一是要勤洗衣服，二是要勤熨衣服，三是要勤检查，看看有没有什么破洞啊、线头之类的。每天上班前要站在仪表镜前打量自己一番，看看衣扣、裤扣是否扣好，衣服上是否有污点、脏物等。

二是衣服要合身。

衣服合身了不仅看起来好看，穿起来也舒服，利人利己的事情，何乐而不为呢？想要看看衣服是否合身，只要从衣服款式、身高比例、体型等方面看上去自然协调就好。另外，在衣服的款式上也要注意，胖的人不要穿横条纹，很瘦的人就尽量少穿黑色。

三是着装要规范。

在办公室，着装应该遵循一些不成文的规定，像西装应注意"三色原则"，即服装的颜色搭配不能超过三色，包括外套、衬衣、领带、皮鞋和袜子。同时，把握"三一定律"，即腰带、皮鞋、袜子要保持一色（通常以黑色为佳），如带有公文包，颜色也应一致。

除此之外，还要注意着装的严肃性。穿西装时里面的搭配比较讲究，可以配衬衫，或者衬衫加马甲，那些高领毛衣什么的就不要尝试了，会显得不伦不类，让自己看起来像小丑。

总而言之，办公室的着装要本着干净整洁的原则去穿，既能体现自身的气质，也维护了公司的形象。

别让异味损害你的形象

每个人身上都有属于自己的味道，有些人是体香，有些人是有迷人的香水味，这些味道都有利于提升自己的魅力，前提条件是这味道要让人舒心，千万不能刺鼻。不好的味道势必会遭到别人嫌弃。

有一次搞同学联谊，张强连续几次邀请不同的女同学跳舞，都被残忍拒绝了。如果是一个人拒绝你，可能有她个人的原因，不想跳舞或者有喜欢的人之类的，但是如果很多人都拒绝了你，那就要在自己身上找原因了。张强的朋友也很想知道原因，就替他去问了那几个女孩："你为什么不接受邀请？我觉得张强还蛮好的啊，人又绅士，长得也帅。"那位女孩皱着眉抱怨："你还真别说，要不是他有口臭，还真的挺好。我刚刚和他跳的一段舞，是我有生以来最漫长的舞曲，他口中散发的味道都快让我窒息了。我不得不把头偏向一边，避开他的呼吸。"那臭气熏天的感觉可想而知。

其他女同学拒绝张强，有的因为他白衬衫有污垢，看着就脏兮兮的；有的觉得他身上一股子怪味，还用香水去掩饰那种怪味，混合在一起更让人难以忍受。

生活中这种情况并不少见，远远看去那人衣着整洁，十分得体，走近一闻就露馅了，身上散发出一种古怪的味道，说不出的难闻。如果从前你在别人心中是干净整洁、讲卫生的人，那么形象会轰然坍塌。

有些人不注意个人卫生，没有勤洗澡，勤换衬衣、内衣的习惯；有的人上班前还吃大蒜、葱等，这明显是在自寻死路，想让别人躲你远远的。

怎么样让自己成为一个清新的人呢？以下几点可以分享给你：

1. 天天换袜子、内裤。

2. 勤换外衣和衬衣。一件衬衣至多穿两天。

3. 勤洗头，特别是夏天容易出油，头发贴在头皮上，看着就不舒服。

4. 早晚刷牙必不可少。

5. 在公众场合要避免吃大蒜、大葱等刺激性食物，就算吃了也要嚼口香糖去去口气。

男士也可以用点香水。不要以为香水是女士的专利品，其实男士香水市面上还是很多的，比较常见的就是古龙香水。男士喷点香水，会显得自己有格调、有品位，也是一种高雅的消费理念。

尽量避免不雅的小动作

其实有些小动作放在生活中也没什么大不了的，但是如果放在办公室，就会让你显得很粗俗，给人留下坏印象。哪些小动作不应该在办公室出现呢？

1. 打哈欠

打哈欠是比较自然的生理反应，但是在有些时候是要用尽千方百计忍住的。比如说同事在和你讲话，尤其是滔滔不绝的时候，哪怕你已经很疲惫了，也绝不能打哈欠，这样别人会认为你不耐烦，想要用这种方式赶他走。

2. 挖耳朵，抠鼻子，剪指甲

这些都应该是在家里才做的事情，在公众场合做都会让人觉得怪怪的，尤其是在办公室这种很安静的场合中，你剪指甲的声音会惹得人心烦。还有像抠鼻孔，看似一个小动作，其实别人会觉得很恶心。

这些不雅观的小动作往往会影响自己的形象，给人随性、散漫、邋遢的感觉。

3. 剔牙

剔牙其实是个很不雅观的动作，你想想自己龇牙咧嘴的模样，是不是特别丑？所以，哪怕是在办公室人不多的情况下，也不能剔牙。如果真的不得已要剔牙，也要注意几点事项。首先不能把牙齿露出来，应该用手掩住，其次，剔出牙的碎屑一定不能乱吐，最好用手掩住，用纸巾接住。

4. 挠头皮

有些人因为发质的原因或者太久没有洗头，头皮就会痒，忍不住的时候就会在公众场合挠痒，头皮屑乱飞，别人看着会觉得很恶心。有时候还会落在衣领处，如果穿的是深色的衣服，上面落着白花花的头皮屑，自己想象一下都会嫌弃自己。所以在办公室挠头皮不仅不雅观，还会引起别人的厌恶。

5. 抖腿

如果你前面坐着人，你抖腿带着别人的桌子也跟着一起动了。这样不仅显得不礼貌，还会引起别人的厌烦。况且，你的腿一直抖动，浑身都一颤一颤的，别人还以为你有什么毛病呢。

6. 放屁

虽然说放屁是一种生理现象，最主要是为了排出体内的气体，并且放屁是难以忍住的。但是无论如何，在办公室里放屁，都让人觉得恶心。如果是闷屁，只臭不响，气味散出来大家都捂着鼻子皱着眉头，估计放屁的人自己心里也觉得不好意思，所以这样有辱斯文的事情最好还是不要做。一旦感觉到自己要放屁时，赶紧憋住，起身去卫生间解决。

7. 不要太八卦

不管你是出于什么心态，在背后打听别人的私事，让人知道了之后都变成了坏事，因为没有人喜欢自己在背后被人议论。

所以打听别人私事，不仅显得自己很八卦，也让人厌烦。毕竟是私事，谁愿意把自己的隐私公之于众呢，所以一旦你这么做了，就会影响别人的工作。

如果你去打听了而别人不愿意告诉你，你还怀恨在心跟人四处宣扬，那么别人一定会觉得你这个人人品有问题，令人十分讨厌。像偷听别人讲话、偷看别人日记、手机等东西，不仅仅是不礼貌，严重者还会让人觉得你是偷窥狂，对你敬而远之。

这些小动作看似很小，但你千万不要不以为意，这些都会影响你的个人形象、人际交往等各个方面。

和同事和睦相处

同事同事，顾名思义就知道是一同共事的人。相对来说，在一天中，同事是和自己待的时间最长的人，可以用朝夕相处来形容。所以和同事和睦相处还是很有必要的。

同事是不能如你所愿、想和什么样的人相处就和什么样的人相处的，所以大部分时候我们还是要学会去包容、去融合。千万不能被动地去和同事相处，这样自己不自在，别人也会觉得你这人不好相处。在职场中取得成就的人，一般来说人际关系都不会太差，他们会主动去和同事交流，和睦相处。尊重同事的人也会受到同事的尊重，这样有助于营造和睦融洽的工作氛围，也有利于促进工作的进度。当然，如果你不懂得尊重别人，也不会得到别人的尊重，从此在公司成为独行侠，和别人形成隔阂。在职场上，失去人脉或者在为人处世上被人诟病，就会让上司不敢轻易任用你。

李波工作能力强，但是人缘很差，因为他脾气又直又偏，经常得罪人，有时候还有点偏激，不给人留余地。其实他大学毕业后找了个不错的工作，工资高福利好，要是能够处理好人际关系现在一定平步青云。有一次他和同事稍微产生了一点矛盾，两个人在办公室吵了起来，同事们赶忙过来劝架，对方也准备道歉，但是李波却完全不给对方留余地，还放出狠话："公司有他没我，有我没他！"搞得跟水火不容似的。谁知道没过几个月，那位同事居然升职了，他只好辞职去了另一家公司。

他却完全不长记性，臭毛病还是和以前一样，和新同事关系也处理不好，大家觉得"我惹不起还躲不起啊"，都对他敬而远之。他在新公司做了将近三年，都没有人愿意和他做朋友。

李波就是缺少一点包容心，心胸过于狭隘，在待人接物上也不懂给对方留有面子、留点余地。有时候为了一时心头之快把话说绝了，把事做狠了，未必就是显得自己很能耐，只不过是把自己的后路切断了。俗话说"得饶人处且饶人"，大家既然是同事，又没有什么深仇大恨，何必对人不依不饶的。

作为同事，大家低头不见抬头见，如果把关系搞得太僵了，见了面都尴尬。有时候还有不得不接触的工作交集，也会因为有隔阂而变得很难做，工作进度也会被拖延。

虽然说在职场上和同事相处大有学问，并不是一件简单的事情，但是如果掌握了要领，也不是一件难事。只要你懂得尊重同事，一定能获得别人的好感，那样就是一个好的开始。

下面的故事，希望能给你启发。

有一位新的经理空降到公司，大家都听说这位新上司是个人物，能干、负责，工作丝毫不马虎，做起事来有板有眼的。同事们猜想的时候还对他有点畏惧。但是这位新总经理到了公司，和传言有点出入，他低调谦虚，表现得跟新人无异，一言一行、一举一动都十分规矩，对同事也很有礼貌。

其实他空降过来，到底也是上司，只要不摆架子大家就觉得他很好了，现在这样谦虚有礼，更加获得了同事的好感。并且在工作上他也十分公正，从来不自作主张，会事先和下属商量，办事沉稳，很让人信服。

也许你觉得这位经理做事太过小心翼翼，有点畏手畏脚的感觉。其实不然，这正是他的高明之处。刚刚空降过来，别人对你还不了解，尊重同事不会被人诟病，还会在同事间留下好印象，方便之后的工作。

有些人喜欢戴着"有色眼镜"看人，虽然说谈不上不尊重同事，但是终究给人怪怪的感觉。在那种人的眼中，人可以分成三六九等。比如说总裁、董事之类的，这些具有生杀大权的人，能决定他升职加薪的人，他无比尊敬甚至拍马屁；那些优秀的人，很可能成为他上司的那种人，他也会格外客气；对普通同事就态度一般般，爱搭不理的；如果是比他差的，他就会不屑一顾。这样的人大家都不会喜欢，会觉得他很狗腿。

有些人觉得自己和同事应该有平等的地位，没必要把尊重表现得太明显，只要不看不起别人、不态度恶劣地去对待同事就好了，刻意去尊重别人也会让人觉得矫情，甚至拉开和别人的距离。其实，尊重是一种态度，心里尊重了表现得稍微随意一点别人也不会介意。但是尊重同事这一点一定要牢牢记住，并且要落实到行动上。

1. 主动打招呼

公司上上下下也就那么些人，大家彼此熟悉了，打招呼是一种礼貌。你可以想象一下，如果一个关系还过得去的同事见了你，面无表情地走过去，你心里肯定不舒服。一定会觉得对方太傲气，不好接近。所以遇见同事主动打招呼会拉近亲切感，比别人跟你打招呼你回应要好。

2. 学会关心同事

想要在工作中有好的人际关系，就要让别人时时刻刻都感觉到你的存在。比如说别人遇到困难了，你要及时伸出援助之手，就算帮不上忙也要宽慰对方。如果对方升职加薪了，要及时地表示祝贺，让他知道他在你心中还是有一定分量的。

3. 对待同事要热情

一般来说，热情有爱心的人更受人欢迎，在工作环境这种高强度有压力的环境下，其实大家都喜欢像太阳一样发着光的人，都喜欢正能量的人。如果你平常总是板着脸，一副生人勿近的模样，就算你内心并不是这样的，别人也会觉得你难以接近，甚至会认为你眼睛长在头顶上，看不起别人。相反，如果你热情地对待同事，就算平时工作上没有什么利益往来，别人也会觉得你是个温暖的人而愿意跟你结交。

在办公室吃饭的注意事项

办公室毕竟是公共场合，在里面吃饭其实是十分不礼貌的。其次，在办公室就餐对身体的伤害也很大。因为通常情况下，你需要吃得很快，长期如此会影响肠胃的消化吸收；而且在办公室吃饭很容易吃很多，又长时间久坐，很容易发胖；另一方面，在办公室就餐通常会选择快餐，热量超标，对身体不好。

但是有一点不得不承认，上班的时候会因为各种原因不得不吃外卖。有时候周围的东西吃腻了，或者赶时间之类的，针对这些情况，可以自己带盒饭到办公室，但是在办公室就餐时一定要注意礼仪。

很多人都会觉得在办公室吃饭是习以为常的事情，有什么礼仪好注意。其实不然，在办公室就餐更能够看出一个人的文明和修养。如果你有什么恶习，很可能引起众怒，破坏你在众人心中的形象。那么在办公室就餐有什么需要注意的呢？

1. 不占用上班时间吃饭。在办公室，要在该吃饭的时候吃饭，不在就餐时间吃饭的话，首先不符合公司规定，其次在工作时间办私事会被人诟病，还会影响同事的工作。

2. 不要在公众场合吃有刺激性气味的东西。办公室本来就是不怎么通风的，如果你吃了一个韭菜炒蛋，估计一整天办公室都会有韭菜的味道。这样不仅自己招人嫌，还会影响公司的形象，影响别人的工作效率。

3.不要边吃东西边讲话。边吃东西边讲话，口齿不清不说，开口时嘴里嚼过的食物会露出来，让人看了厌烦。

4.不要盯着别人吃东西，别人会不好意思，这样也很不礼貌。

5.吃东西时闭着嘴，不要吧唧嘴，很多人很讨厌这一点。如果食物掉到地上了，要立马捡起来丢掉。吃完饭要将桌面收拾整洁。

6.吃完饭要将一次性饭盒丢掉，不要摆在桌子上或茶几上。不要丢在办公桌旁边的纸篓里，散发出的味道会影响他人，应该丢到外面的公用垃圾箱。

7.饮料要及时喝掉，那种瓶装的还好，其他包装的开了口要及时处理掉，不然摆在那里影响美观，不小心打翻了也麻烦。如果一时喝不完又不想丢掉，也应该放在别人注意不到的地方。

8.控制在办公室吃饭的时间。如果别人已经进入工作状态，你还在吃饭，会影响别人的工作。如果有客人造访，你也会显得很尴尬。

9.吃完饭要擦嘴，要是不小心有污渍，那么你的形象就会大打折扣了。

工作时间不要做私事

老板付了工资请你来工作，你却在公工作时间办私事，说得官方一点就是公私不分，我们应在工作期间避免这种情况发生。很多上班族喜欢用办公室的电脑逛淘宝、刷网页、看娱乐新闻，这些都会造成极坏的影响，被领导看见了免不了会狠狠地批评一顿，自己面子上过不去不说，还会破坏自己在领导、同事心中的形象。

另外，在上班时间做私事很大程度上会影响到同事工作。如果你觉得办私事是自己的事情，那么就大错特错了。如果你在看娱乐新闻，就算没有扩音，戴着耳机在听，忍不住笑出声来就会影响在认真工作的同事。另外，大家拿一样的工资，凭什么你在玩别人却要辛辛苦苦地工作？这样会造成同事心理上的不平衡，这种不平衡十分可怕，多半会让人看你不顺眼，容易给自己树敌。再假如你天天开小差，十分幸运地从来不被领导抓住，同事心理上的不平衡就可能演变成嫉妒，还有的人也许会禁不住诱惑向你看齐，也在上班时间偷偷摸摸地做私事，这样整个办公室的氛围就变得很糟糕，风气也坏了。到最后事情败露，你就成了始作俑者，成为带头在上班时间做私事的人，到时候大家也是吃不了兜着走，不会有好结果。

李青就因为总是在上班时间办私事而付出了代价。她吃完午饭没事情做，就喜欢在办公室跟人煲电话粥。因为工作不是特别忙，一次两次倒也没什么。但是她长期如此，讲电话的声音又特别响，嘻嘻哈哈地跟别人有说有笑，不仅影响了同事的工作，还因为聊得开心了不愿意挂断，耽误了自己的工作。甚至她有一次占了公司的电话线，有一个大客户打了好几次都没有打进来，从而错过了一单大业务。犯下这样的错误，卷铺盖走人就是她最终的下场。

李青因为在工作时间做私事而闯了大祸，最后的下场也是她咎由自取。

有的老板觉得，如果一个员工在工作时间做私事，被他抓到时还不羞不臊，一副无动于衷的样子，说明上班时间开小差、做私事他经常做，是个老油条了，被抓住也不是一次两次，已经习以为常了。还有一位老板说，如果员工利用工作时间做私事，说明他根本不把公司放在眼里，也没有将自己的工作当回事，这样的员工不敬业，不会是好员工。

事实上，一个积极向上、工作努力的员工是公私分明的，这种低级错误不会轻易去犯。因为这不仅会影响你工作的质量，也会影响自己在老总心中的形象。而且在工作时间做私事，终究是偷偷摸摸的，做起来也不安心，还不如好好地完成工作。再说了，自己的工作其实就是那些，在工作时间认认真真完成，下班时间就可以轻轻松松、没有负担地好好休息，还能提高上班时间的效率，出色地完成工作。

切勿眼高手低

李华大学毕业后在建筑工地上当了一名监工，他对自己的工作不是很满意，决定进修改变自己的现状。后来他考入了北京的一所高校，进修的是计算机硕士。但是由于计算机和他大学时期的专业相差甚远，和别人比起来他的计算机基础又不好，所以在进修期间他也只能混日子，他觉得自己将来应该不会从事计算机方面的工作，所以连企业实践都不参加，导致计算机硬件和软件方面都不行。

毕业后，李华来到上海参加工作，前几次求职都不满意。毕竟在上海这样的大城市，海归遍地都是，一个普通大学的研究生根本没什么优势。后来，他在郊外的一家高职学校任职，教学生计算机。做了半年他又不干了，准备再换一个更好的工作。但是他计算机水平不高，英语也不好，进大企业也不可能，但是他又嫌弃小企业工资待遇不好，不愿意去。

李华觉得很挫败，自己奋斗了这么多年一事无成。他觉得自己步步都做错了选择，早知道就不去读硕士了。

其实李华有这样的结局都是他一手造成的。他犯了一个很严重的错误，那就是眼高手低。对于那种不踏踏实实做事、总是嫌弃这嫌弃那的人，总会觉得自己是个人才却不被人赏识，还标榜自己说"天生我材必有用"。说这种话时首先还是要有"才"，不然也不过是空口说白话，自我安慰罢了。

和李华不同，下面这个例子中的人正是因为踏踏实实做事，才最后收获了成功。

一个留美博士回到国内，四处找工作却失败了。因为他的学历太高，很多公司都不敢轻易任用，担心留不住人才。所以他辛辛苦苦读了好多年，反倒没有为自己谋个好的职位。没有工作，生活也没有办法继续下去，着实让他苦恼。后来他想出一个办法，不拿那些高文凭去应聘，只是用大学本科的文凭，很快就找到一个程序输入员的工作。虽然程序输入员对他来说有点大材小用，但是他还是一丝不苟地做事。

后来一次偶然的机会，老板发现这个新来的程序输入员居然能够看懂程序中的错误，这可是有多年工作经验的老员工都不一定办得到的事情，他立马受到了老板的赏识。他拿出自己的学士证书，这让老板刮目相看，立马委以重任。后来，他提出很多眼光独到的观点，让老板大为吃惊，觉得他不是普通的大学生，他又拿出留美的博士证。这时老板才恍然大悟，将他当作公司的重点培养对象。

其实生活中很多人都有眼高手低的毛病，大事情别人不敢让你干，小事情自己又不愿意干。像这样的人，一生都不可能出人头地。因为连你都不能证明自己做得好，别人怎么敢把大事情交给你做呢？很多事情看起来简单但是做起来难，你只有脚踏实地去做，学到的东西才能是你自己的。

不要不懂装懂

在工作中，人人都会遇到自己不懂的事情。但是有些人因为性格腼腆，不好意思或者不敢去问别人怎么做；有些人自尊心强，不好意思去问别人问题；更有甚者碍于面子，害怕问了别人会被看不起、被嘲笑，最后选择不懂装懂。其实大可不必这样，古言有云："知之为知之，不知为不知。"就连圣人孔子都有搞不明白的地方，提出了不耻下问的观点，更何况我们普通人。其实对于不明白的问题，我们首先要有正确的态度，不懂就要问，千万不能不懂装懂，其次，在解决疑问之后，做起事来也更加放心大胆有底气。勤学勤问才会有进步、有提高。

从前有个北方人到南方做官，刚去时有很多地方闹不明白，但是他毕竟是大人，又拉不下颜面向下人请教，就那么一直端着架子。他担心如果自己问了别人，会有损自己的威严，显得自己愚昧无知，所以他宁可不懂装懂，也不去向人请教，结果闹出了不少笑话。

有一次他到别人家里做客，下人端了一盘菱角上来，他其实没有见过，又不好意思问主人这个怎么吃，就一直没动。结果主人热情地邀请他，一而再再而三地请他吃，他无奈之下，拿起菱角就放到嘴里嚼，连皮带瓤全吃了。菱角的皮又硬又苦，他还硬生生地咽下去。主人看见诧异无比："大人，您怎么把皮也吃了？"他还一本正经地说："你有所不知，这菱角皮微苦，清热解毒，吃了对身体好。"主人从来没听过这样的说法，又问他："大人老家也有菱角吗？"他那时候已经意识到是自己弄错了，但还是硬撑着不愿意承认，结果又闹出了笑话："是啊，有很多啊，山前山后到处都是！"主人一听，不禁哑然失笑。

其实在很多时候，不懂就问是稀松平常的事情，别人告诉你之后很快就抛之脑后了，并不会很在意，如果你死命撑着，因为自己的无知闹出了笑话，反倒让人记忆深刻，这时候你无知的形象就深入人心了。这也是典型的死要面子活受罪，自作自受。

在生活中，我们不知道、不明白的知识很多，不懂就是不懂，要大胆说出来。只有不停地学习、不断地进取，不明白的地方问别人，才能增加自己的内涵，取得进步。那些原本就比较优秀的人，也要学会放下架子，不懂就问，不要做个让人诟病的井底之蛙。

一位企业家曾经说过："人不一定终身受雇，但一定要终身学习。"随着科技的发展，各种行业都在不断地发展变化。所谓学如逆水行舟，不进则退。如果你跟不上这些变化，很快就会被社会淘汰。所以做事情一定要脚踏实地，用学习的态度去工作，那样工作会做得更好，进步也会更快。

不在公司拉帮结派

其实在公司拉帮结派是十分不好的事情，有了"小帮派"之后，你就相当于和别人划了一条界线，别人很难进来，你也很难出去。有些人还会自我感觉良好，好像这样能显示自己人际关系很好，其实是舒服了你的交际圈。而且，拉帮结派还会引起老板的不悦。在古代，这样子可以被称为"结党营私"，因为人们只有在做亏心事的时候才会心虚，这样就会希望找点人来抱团，给自己增加底气。

也确实，如果是个小团体的话，做起事情会束手束脚，顾虑的事情比较多。所以老板往往对拉帮结派的团体感到不舒服，对他们也不信任。老板会认为，"小帮派"里的人应酬较多，私人事务也增多，很难抽时间加班或学习技能；如果在一个办公室，他们则可能在上班时间聚在一块聊天。

所以在公司里，千万不要加入任何小团体，这样会无形中成为你在职场上的阻碍。

一个五星级酒店为了提升业绩，经董事会决定高薪聘请一位资深的专家，担任酒店总经理，这位新上任的总经理还推荐了三名副手协助自己工作，董事会本来也想给总经理一个宽松有效的环境，可以让他大施拳脚，就答应了他这个请求。这位总经理不负众望，干得确实不错，酒店的业绩也有了很大的提升。但是问题出来了，董事长发现，这位总经理和他的三名副手拉帮结派牢牢地把持住了大权，有时候甚至对董事会的决定阳奉阴违，就连酒店的员工也对此议论纷纷，影响了整个公司的形象和稳定，所以董事长毅然决然地辞掉了这四个人。

如果你刚刚进入职场，就成为某个小帮派的一员，这是非常不明智的选择，如果这个小帮派已经引起了老板的反感，很可能连带着你一起遭殃，所以千万不要轻易加入任何帮派。那么我们又该如何避免这些东西，建立起和谐的人际关系呢？

有以下几点需要注意。

1. 公私分明

在职场上，千万不要给人一种公私不分的感觉。所以，即使几个好朋友同在一个办公室做事，上班时间也不能黏在一起聊天。在处理公事时，一定要公私分明，千万不能感情用事。

2. 以大局为重

当你被上司批评时，或者替人背了黑锅受了窝囊气时，千万不能联合关系较好的人煽风点火，搞集体分裂，联合起来对抗上司。应该把大局放在第一位，调整好自己的状态，和上司和睦相处。

3. 学会交际

在公司里，千万不要把自己的交往对象只限定于左邻右舍的几个人，其他的同事连名字都叫不出来，或者一年说过的话一只手也能数过来。应该拓展自己的交际范围，和同事建立起良好的关系，这样也能学到很多。

不在人后道人是非

办公室是个是非之地，这句话确实有道理，因为几个人坐在一起闲聊时，难免会东家长西家短地说三道四。其实在背后说人是非是一种损人不利己的行为，能避免就要尽量避免！

一般来说，你在背后道人是非，无论是有心还是无意，好心还是坏意，从别人的嘴中传到那位同事的耳里，他心里总是会往坏的方向想，心中多多少少还是会介意的。当你在背后说别人闲话时，也暴露了你的性格——喜欢搬弄是非。那么别人对你的印象就会大打折扣，信任感也会降低，也许不会再跟你讲真心话，也不会再把你当作真正的朋友。

还有一句话叫作"出来混总是要还的"，世界上没有不透风的墙，你在背后说人闲话，总有一天会被添油加醋地传到别人的耳朵里，无形之中你就得罪了人。如果对方心胸不够宽广，兴许还会对你打击报复。

所以有些事情，大家心里知道就可以了，不要揭穿。有些事情你可以和好朋友讲，但千万不要在公众场合讲，更不要参与到别人的是非争论中。在复杂的职场上，要学会独善其身。

孙杨当上了企划部的部长，和他一起工作多年的同事明面上都祝贺他，其实私底下都十分不服气。平时都不分高下，暗中竞争了很多年，最后他成了自己的顶头上司，大家心中总有那么一点点酸。

闲暇之余，大家就开始说三道四了："凭什么他当部长不是我当！哼！他有什么本事？"只要有了一个开头的，立马就吵开了，大家开始你一言我一语地附和，把孙杨说得一无是处。新来不久的大学生见大家说得激动，也毫不犹豫地加入他们的队伍，也开始说起了孙杨的坏话，什么办事拖拉、疑心重之类的。然而世界上没有不透风的墙，这些话传到了孙杨的耳朵里。

如果是老同事心中不服说三道四，还是可以理解的，但是他一个新人，哪里来的底气对老干部指指点点。无形之中，大学生就把孙杨给得罪了，时常被他穿小鞋，满腔的才华无处施展，最后只好卷铺盖走人。

其实，大学生最后的结果也是他咎由自取的，因为他不懂规矩，在背后乱嚼人舌根。

别人在你面前说三道四是很正常的事情，毕竟谁都有发牢骚的时候，但是一定要有自己的主心骨，端正自己的态度，千万不要被别人的话左右了思想。不要从别人的嘴里去认识一个人，而是要用心去认识，如果遇到别人发牢骚的时候，最好的办法就是，不插嘴，不表态，微笑示之，这样两方都不得罪。如果遇到谁发牢骚根本停不下来，你就可以用"我要上厕所"之类的借口溜开，如果没有办法溜开，你就可以顾左右而言他，不要正面回应。

君子之交，止于礼

俗话说："男女搭配，干活不累。"现在的职场中，大部分都是男同事和女同事一起共事的，所以，如何处理职场中和异性同事的关系，对每个人来说都是至关重要的。一旦处理不好，轻则会影响同事关系、影响工作，重则会毁掉自己的前程，甚至导致身败名裂。

那么，如何和异性同事相处呢？有以下几点需要注意。

1. 衣着不要太暴露

办公室是工作的场所，不是显示你魅力的地方。如果男同事穿着运动裤、人字拖，女同事穿着吊带裙、露背装，这不仅是对他人的不尊重，也是不自重，还会影响公司的形象和荣誉。

2. 动作一定要文雅

在公众场合，一定要注意自己的形象，那些不文雅的动作能避免就避免。像男同事把衬衣塞到裤子里，扣紧皮带之类的，女同事弄肩带什么的，都会引起误会，自掉身价。

对于女同事来说，一些比较挑逗的动作也不要做。什么搔首弄姿，给别人抛媚眼之类的，不仅让人觉得你风骚轻浮，还会被人诟病。

3. 讲话要有分寸

男人不爱听女人发嗲，女人不爱听男人爆粗口。所以请收起你的嗲声嗲气，放弃你的粗言粗语，这既是对同事的尊重，也能提升自己的修养。同时，在交流时尽量避免一些挑逗性或者容易让人产生误会的语言，免得给对方一种感情的错觉。另外，同事之间开玩笑也要有分寸，那些无伤大雅的倒也没什么，只要适可而止就好。

4. 保持适当的距离

人与人之间都要有一个比较舒适的距离。太远，会让人觉得很冷漠，太近也会被人诟病。所以在和异性同事相处时，距离一定要把握好。不要过于亲密，也不要过于疏远，这样才能保持工作的愉快。

5. 不要什么都讲

在和同事相处时，如果关系好，多交流是很正常的事情，但最好不要把自己的私生活带入工作当中去。尤其是婚姻上的不如意，如果过多地向异性倾诉，很可能会被对方误以为你对他有意思。

6. 友情把握好度

柏拉图曾经说过："若爱请深爱，若弃请彻底，不要暧昧，伤人伤己。"在工作中，你会和人有共同语言，会互相有好感，但是如果你没有意思将两个人的关系发展成为恋人，最好及时表态，将两人的感情限制到友情范围内，千万不要让对方误会。如果对方向你表明了心意，你应该理智地化解，千万不要模棱两可，给人希望又让人绝望。

办公场合不宜举止亲密

如果你谈的是办公室恋情，那么一定要在公众场合注意形象。首先，办公室不是谈情说爱的地方，其次，其他同事看见了也会觉得反感。

1. 不要在办公室和恋人卿卿我我

很多公司都对办公室恋情明令禁止，或者暗令不允许，那么为什么还有那么多办公室恋情出现呢？主要有以下几个原因：感情这个东西谁也说不准，喜欢上了也没办法，只好在办公室来一场地下恋情；因为工作时间比较长，工作又繁忙，交际圈和时间都受到限制，很难认识圈外的人，所以办公室恋情是最直截了当的方法。

无论你的办公室恋情是公开的还是偷偷摸摸的，在办公室都不能眉来眼去、卿卿我我。不然，很可能会收到"单身狗保护协会"的警告通知！

其实，在公众场合过于亲密既是对别人的不尊重，也有碍观瞻。大部分人都厌恶这种行为，你却要强迫别人看，既降低了自己的身价，也给人留下缺乏教养的印象。

2.不要和上司举止亲密

不管是女上司和男下属，还是男上司和女下属，或者是同性上下属，举止都不能过于亲密，千万不要越过普通同事的距离。

如果是异性上下属之间举止过于亲密，很容易让人怀疑你们之间有猫腻，以为你们在搞办公室恋情。如果其中一方已婚，还很有可能成为别人婚姻的插足者，从此身败名裂，被人在背后指指点点。如果是同性上下级之间举止亲密，别人就会怀疑你们关系不一般，有私底下的交情。

在职场上，大部分时候都牵扯到利益关系，所以，很多人都缺乏客观评价的能力，很容易先入为主地以为非此即彼，不是朋友就是敌人。所以你任何一个不经意的举动，都很有可能会被人视为眼中钉肉中刺。

一位女士讲过这样一件事情：那时候我并不懂得，和上司交往并不是越密切越好。当初我为了取得他的信任，每天对他言听计从，我放弃了无数个吃饭逛街看电影的时间，加班加点地工作，一个人做着三个人的工作。我以为这样上司至少会记得我的好，但是我每个月拿到的都是那点微薄的薪水。我还不死心，用"只有付出了才有收获，他总会看到我的好，如果有晋升的机会一定会优先考虑我"来安慰自己。直到后来晋升名单出来了，我才知道自己有多天真。这样的白眼狼我也不会傻乎乎地一直跟着，后来我就辞职了，另谋高就。

其实，和上司交往过于亲密，坏处可能会远远大于益处。有时候他可能会给你一点奖励，给你吃点甜头，让你继续给他卖命，但是更多的却是招来绯闻和别人的闲言碎语。而且，在倒霉的时候，你很有可能会成为替罪羊，或者成为他显示自己节操的工具，在某个时候来个大义灭亲，不是被调到其他部门就是被辞退，总之下场不会好到哪里去。

不要总是抱怨

很多人都是三分钟热度，刚刚开始工作时激情澎湃，立志要征服工作，等到过了一段时间发现和自己想象的不一样，或者激情已经燃烧得差不多了，就开始满腹牢骚。有时候遇到挫折或者不公平的待遇，就一直说个不停，让别人听着都烦。这是不成熟的表现，也是对别人的不尊重。有谁没事想要听你发牢骚，对不对？况且，发牢骚的时候往往会影响自己的情绪，工作中的激情也会有所下降，老板也不会重用这样的人。

在生活中，发牢骚是改变不了什么的，还不如埋头苦干，生活总不会亏待那些努力的人。丁伟就是这么一个喜欢发牢骚的人，他去了一家修理厂工作，刚刚一去就嫌弃工作又脏又累，工资又不高。在试用期时，要跟着师傅学手艺，他趁着师傅不注意就开始插科打诨、浑水摸鱼。后来试用期结束后，和他一起进厂的工友，一个升职了，一个被送到国外去进修了，只有丁伟一个人依旧是普普通通的修理工。

其实不只是他，还有很多生活中的例子告诉我们，一味抱怨、发牢骚什么都解决不了。有些人受过良好的教育，有一定的能力，但是常常还是在最基础的岗位上，没有得到升职的机会，最主要是他们喜欢抱怨，不知道自我反省。这一现象在刚刚走出校园、踏入工作岗位的大学生身上尤为突出。大学生辛辛苦苦读了十几年书，从小到大什么都没有学会，就学会了读书，好不容易从大学毕业出来，都希望找到一个好的工作岗位。但是往往理想很丰满，现实很骨感，工作岗位差强人意，他们因为经验不足，总是免不了要抱怨几句，发发牢骚，做起事来也不是很上心，结果很多没过试用期就被辞退了，搞得堂堂大学生连个养家糊口的工作都找不到。

在失业大军的茫茫人潮中，其实有很多人都是有满腹才华的。但是并不是有才华就能被人赏识，毕竟社会是复杂的，不是单一的。仔细和这些人聊天，你会发现，他们过高地觉得自己的才华大有用处，以至于造成了错误的判断。这些人具体表现为眼高手低，总是不满足现状，抱怨工资不高，待遇不好，工作环境没有想象中高雅，老板有眼无珠之类的。总而言之，满腹牢骚，一点都感觉不到他快乐。

其实一味抱怨，无形中就会失去很多东西，像你对工作的热情。没有了热情，怎么可能做得好事呢？慢慢就会变成一个负面感十足的人，对工作产生严重的抵触情绪，变得懒怠起来，结果也就可想而知。

在这个世界上，没有什么东西是十全十美的，工作也不例外。但是，没有谁会因为很会发牢骚而被老板看重，从而升职加薪。更没有人会因为无止无尽地抱怨而取得成功。一旦你有了自己的选择，就要尽量去克服那些困难，只要积极向前看，就完全可以正视它，然后克服它，取得优异的成绩！

面试的礼仪

在面试的时候，面试官对你一无所知，所以从他看到你的第一眼起，你的一举一动都是他了解你的过程。因此在面试的时候，礼仪十分重要，一言一行都可能会决定你的未来。

李女士是一家公司的负责人，她已经接连好几年面试新人了，她最大的感受就是，面试的时候一定要懂礼仪。一个懂礼仪的人不仅可以显示出他的修养，还能获得他人的好感，从而能更轻松地通过面试。那么有哪些细节值得人们注意呢？

服装。服装格外重要，至少要干净整洁，不能皱巴巴邋里邋遢的。其次，要合身，男士不能穿着背心就来面试，女士也不能化着大浓妆、披头散发就来了。

还有一些细节，像随手捡起你旁边的垃圾，或者带走你在面试过程中制造出来的垃圾。比如说你在面试时，别人递给你一杯水，不论面试完你喝完没喝完，最好把它带走，丢到垃圾箱里，这样说明你做事细心周到，有头有尾。

下面说说面试时的具体注意事项。

1. 得体的着装

实践证明，在应聘的时候，保守着装的人比穿得开放的人录取几率更大。在面试的时候，不论男士还是女士，服装都应该整洁大方。服装的颜色要以深色为主，这样显得你成熟稳重、专业可靠。如果穿得太有活力，在平时是活泼可爱，但是在面试中是不合时宜的。另外，面试时千万不要佩戴任何饰品，尤其是色彩艳丽、会叮当作响的，在那么严肃的场合发出声响本来就是一件不礼貌的事情，会给考官留下不好的印象。

一般来说，参加面试时，男士的穿着应该简洁大方、庄重得体。春夏两个季节，最好是深色的西裤搭配深色的皮鞋、浅色的衬衫，衣服颜色最好纯色，也可带些不太明显的暗条纹。秋、冬以西装或夹克、领带、衬衫、皮鞋为主，但不要过于休闲、运动，这样虽然能够显出你的品位，但也显出你对应聘不够重视。

女士的着装选择性比较大，最常用的就是西装、套裙，简单稳妥，比较保险。如果想要显出自己的优势，在选择西装套裙时，就应该选择比较适合自己的颜色，能够合身最好，能显出自己的优雅自信，给考官留下好印象。

女士在穿衣服时有几点注意事项：不能穿得太紧、太透和太露。不要穿热裤、超短裤、吊带，也不要穿深 V 的衣服。就算你身材很好，也不要太显露出来，会让人觉得你轻浮。在夏天时内衣内裤的选择也要格外注意，一定要选择无痕的、颜色浅的，不然透出颜色或者轮廓，多少有点煞风景，让人觉得不庄重、不雅致，好印象就毁于一旦了。

在秋冬季节的时候，很多地方比较寒冷，但是如果穿得太多，会显得臃肿不堪，衬得人很没有精神。这时，你可以在正装外面加个外套，轮到你面试时就把外套脱掉，面试完了再穿上。

2. 简单干净的妆容

男士一般来说都是不化妆的，但是一定要整洁干净。头发不能杂乱无章，千万不要过长，会显得人没有精神。面部一定要干净，像夏天出油的时候要多擦汗，不能给人大油田的感觉。还有眼屎、鼻毛、口气等方面也要格外注意。女士可以化个淡妆，以表示对面试官的尊重，也表示对面试的重视，这是一种基本的礼貌。但是在妆容的选择上，一定要干净清透，不能是那种去夜店的大浓妆。

3. 不要结伴面试

一般来说，不论是找朋友陪自己去面试，还是两人或者多人一起去面试，找人陪伴的行为就好像是没有断奶的孩子，都是一种不自信的表现。但无论是哪种形式，都对应聘者没有半点好处，没有哪个公司的老总想要招聘一个不自信的员工进来，同时也会因此而质疑他的能力。

4. 遵守时间

提前 10—15 分钟到达面试地点是最好的选择，如果去得太早了，别人会觉得你没有时间观念，也会觉得你不够自信。如果是迟到或者匆匆赶过去，这样的人可能直接就被 pass 掉了，因为会让人觉得你缺乏自我管理和自我约束能力。一般情况下，面试都是提前通知的，无论什么理由，你都应该按时到达才对。

5. 注意细节

很多时候我们都说细节决定成败，在面试的时候，细节就更重要了。像很多人都很习惯地粗鲁关门，进门也是横冲直撞，也不敲门，这样给人的第一印象就不好了。

进去面试时，手里除了简历，其他东西最好都放在外面，什么都不要带进来。如果是贵重物品，则需要用很短的时间将物品放在桌上，再微笑地和面试官打招呼。面试结束后，要将桌子上的东西收拾好，椅子轻轻地挪正，临走时要和面试官轻声道谢并道别。离开时关门一定要轻轻的，不要弄出声响。

6. 面试中的细节

握手。在面试中，一般是面试官先伸手，你应该立即去握他的手。不过，如果面试官没有要握手的意思，你主动去握就显得冒失了。在握手时，双目要直视对方，表示对别人的尊敬；手晃动的弧度不能过大；不要用双手去握手，虽然也有这样的握法，但是在面试的场合不合时宜。在夏天如果手心出汗，应该先用纸巾擦干净。

落座。在面试过程中，如果面试官没有示意你坐下，千万不要擅自坐下，这样显得太先入为主了，让人觉得不礼貌，也会给别人留下随性散漫、过于自我的印象。坐下后，不要轻易地挪动你的椅子，因为这样也许会和地面摩擦，发出很难听很刺耳的响动，那时你会显得尴尬，面试官对你的印象也会大打折扣。此外，桌面上的东西也不要乱动，这样会显得你没有修养，也让人觉得你缺乏紧张感，而说明你对面试不够重视。

坐着时千万不要晃腿，因为很有可能不小心碰到桌角而发出声响。另外，如果不注意，踢到面试官就尴尬了，还会给人留下傲慢轻浮的印象。如果是女士晃腿，则给人轻佻放肆的感觉。入座时应尽量从座椅的旁边入座，动作要轻，应避免碰撞桌椅。

坐姿也比较讲究。坐下时后背千万不要靠着椅背，让人一看就没精神。也不要一屁股坐在椅子上，把座位都坐满了，最好坐三分之二，这样既能腾出精力回答面试官的问题，也能保持一定的紧张感。在回答面试官问题时，身体应该微微向前倾，表示自己在认真听，也表示对他人的尊重。

在面试时一定要避免一些小动作，比如有些人一紧张就会抿唇、咬指甲等，那时候千万要忍住。还有一些小动作简直是让人深恶痛绝的，如果做了就是自寻死路，如挖鼻孔、抠指甲、乱摸头发、胡子、掏耳朵……会给人一种不讲卫生、缺乏教养的感觉。

7. 言简意赅

言简意赅能显示出你的自信、脑子灵活、组织能力强等很多优点。在面试的时候，应该避免使用口头语、方言和土语，一方面别人可能听不懂，另一方面也显得自己很不正式。在回答问题时脑子一定要反应快，组织好语言后，言简意赅地表达出来。很多感叹词，像"啊，啦"之类的还是少用为妙。此外，在讲话时一定要注意重点、逻辑等方面，千万不要前言不搭后语，自己想说什么都表达不清。

另外，讲话时语速不宜过快，太快别人听不清楚，也很容易让人看出你是急性子，做事毛毛躁躁的。当然也不能太慢，有气无力的，显得没精神。所以语速应以不急不缓为最好。

电梯中的注意事项

在写字楼里，电梯是随处可见的，但是很少有人注意到电梯间的礼仪。作为天天都要和电梯打交道的人，时常会碰到和领导、客户一起乘电梯的情况，如果不懂得电梯礼仪，那么很有可能会影响自己的仕途。

那么我们就来谈谈电梯间的礼仪，主要有以下几点：

1. 怎么进电梯

进电梯时，如果人比较多，谁先进谁后进就是困扰所有人的一个问题。不过还好，这里有一个比较标准的顺序可以供大家参考——先年长女士，年轻女士，后年长男士，年轻男士。这个次序也同样适用于出电梯。需要提醒大家的是，在国内的办公场合，在遵循以上标准时，千万不要忘记老板、领导才是老大，一定要让他们先进。

如果是和客人或者长辈一起乘电梯，那么你首先要按电梯按钮，电梯打开时邀请他们先进。若客人不止一人时，你可以先行进入电梯，一手按住"开门"按钮，另一手按住电梯侧门，礼貌地说"请进"，请客人或长辈进入。

在进出电梯时要注意，电梯要先下后上，无论怎么赶时间，都要让下来的人腾出空间，才方便进电梯。当电梯要关上时，千万不要用手去将门扒开，也不要强行挤进去，怎么也不差这一分钟，何必呢？这样还显得自己没有素质。如果电梯超载了，需要下来一个人，到时候既浪费了别人的时间，还丢了自己的脸。

2. 电梯中的礼节

电梯是个特殊的空间，不论认识不认识的人，都要拥挤在一起，有时候肢体接触是避免不了的。这种情况下，不论是在心理上还是在生理上，都会让人反感和不适。

这时，遵循以下几点可以减缓不适。

（1）进电梯后面朝着电梯门。大家都朝着同一个方向，这样就不会有面对面的尴尬。

（2）尽量不动。有些人会跨过很多人去按楼层，这样会挤到别人不说，自己伸长了胳膊也不方便。有一个简单又不冒失的做法，就是请站在电梯口的人帮忙，说："麻烦了，请帮我按 ××，谢谢！"

（3）一定要注意自己的目光。其实无论在什么场合，盯着别人看都是不礼貌的，尤其是在电梯里这种比较特殊的场合，更加容易引起别人的不满。哪怕对方貌美如花，你也不要两眼放光，不停地打量别人。这会很容易让别人觉得有压力，甚至让人觉得你在侵犯她。

（4）不要抽烟。电梯间本来就是一个狭小的空间，又不通风，如果你抽烟的话，恐怕会引起众怒。在电梯间最好也不要交谈，无论是公事还是私事。

（5）站在电梯门口，基本上就默认了开关门的任务落在了你的身上，不要有什么不满，举手之劳而已。

（6）如果电梯比较拥挤，也要尽量和别人保持距离，尽量避免和别人有肢体接触。如果不小心撞到了对方，应该及时道歉。

（7）如果你的楼层到了，但是出去的路被人挡住了，不要蛮横地将人推开，而是要礼貌地说声"对不起，请让一下，谢谢"，然后再出去。

3. 在电梯中和上司巧遇

遇到老板、上司这种大人物，千万不要一味地躲躲闪闪，一方面是对他人的不尊重，另一方面也显示出自己底气不足。其实，只要大大方方地打个招呼就好了，并没有你想象中那么难。

离职要注意的事项

一般来说，离职都不是一件很开心的事情。你离职，也许是你对现在的公司有诸多不满，准备去另栖高枝；也许是现在的公司为了发展，将不合适的你辞退。这些都是很正常的事情，但无论是哪一种，离职都要和和气气、体体面面的。做生意不是有句话，"买卖不成仁义在"。所以千万不要一件事情谈不成了就撕破脸，变成仇家。

体面地离职，不仅能体现你的良好素质，还能给人留下深刻的印象，这样对你去其他公司也很有好处。他日和现在公司的老总相见，兴许还能握手一笑。那么，应该怎么体面地离职，让大家都和和气气的呢？这里分两个情况来讲。

1. 你辞职的情况

当你决定辞职的时候，你的一举一动都受到别人的关注，公司里的同事会时刻关注你的动向，公司的上司对你的言谈举止也都会放在眼里。在这种关键时刻，千万要沉住气，做事情一定要一丝不苟，不能让人抓到把柄，落人口实。有些人想，反正都要辞职了，担心那些干吗。这种破罐子破摔的心态是要不得的，你越是要离开，越要走得风光，这不仅能看出你的职业素养，也能在你老总心中留下好印象。

所以，离职之前要按照公司的规定走流程，下面这些步骤千万不能省略。

首先，你要提前一个月交好辞职信。不论什么时候离职，你提前告知对方都是分内的事情，毕竟你走了公司还要运行，你的岗位空出来总要找人顶替，提前一个月是为了方便公司再招人。这种辞职并不是口头辞职，而是书面辞职。要不就是递交辞呈，要么就向上司邮箱里发辞职信。不论是哪一种，符合你公司的规定就好。

在劳动合同里也有规定，对于快速辞职的人，是可以适当地扣除一定工资的。曾经听到过一些民工讨要工钱的事情，其中就有一些是因为辞职太急被厂里扣除了大部分工钱，最后闹到了劳动局。这样的事情，其实还是可以巧妙地规避的，毕竟多一事不如少一事。

那么，辞职信应该怎么写呢？辞职信其实没有固定的写法，只要大体的内容走向没出现偏差就没什么问题。你要表达清楚这些东西：辞职原因、离职时间、工作交代、向公司表示感谢等。为了表示自己的态度诚恳，你也可以对公司现在的问题提出一些个人建议，自己离职后推荐一下适合的接替者。但是在这封信中，你一定要将自己的姿态放低，语气平和，不能强势蛮横，会闹得上司不开心，也显得你这个人缺乏素质。

在离开之前，最好和上司谈一谈，但是一般来说，你递交了辞呈，上司会主动来找你谈话，最主要还是问你辞职的原因。你可以提前想好一些比较好听的理由，让上司不至于丢了面子，自己也不必那么尴尬。

如果你只是一个普通的员工，上司也不会尽力挽留你，不会揪着你不让你走，最多也就客气地挽留你几句。但是如果你是公司的精英骨干，那么上司就会苦口婆心地劝你留下来，这个时候你一定要想方设法地表明自己的立场，千万不能模棱两可地说不清楚。在坚定自己初衷的同时，言辞一定要诚恳，不能给老总一种你眼睛长在头顶的感觉。另外，如果你是想用辞职这种方式来逼迫老总给你加工资，那么这是一个十分拙劣的方式，你把老总都得罪了，仕途怎么可能顺。

辞职的时候还要交接工作，就是在你已经递上辞呈、但是还没有人接替你的位置的这段过渡时期内，你一定要和从前一样、甚至比从前更加努力地做好手里的工作，不然就会给人一种虎头蛇尾的感觉。等接替者来了，你一定要态度谦和地和他交接手里的各项事务。

2.公司辞退你的情况

公司将你辞退和你自己辞职的程序大同小异。公司在将你辞退的时候会提前一个月通知，中间不用你再写辞职信，老板会直接找你详谈这件事情。然后也是交接工作，最后离职。在和老板谈话时，一定要注意态度，尤其是老板在说为什么辞退你的时候，千万不要和他争辩，最后可以说些感谢的话，比如感谢公司栽培之类的，并对公司送上祝福。

一般来说，被辞退的人都不会太开心，也许还会一肚子气。但是无论心情怎么样，以下几点一定要注意：

（1）言辞要得体

在这种比较敏感的时期，千万不要乱说话，这样不仅显得你没素质，也让整个公司的氛围变得很糟糕。如果你心中有气，千万不要为了泄愤，抱着唯恐天下不乱的心态，将公司的事情搞得乱糟糟，给接替者留下一个烂摊子。你这么做，别人总是会看在眼里的，会显得你没有素质，同事也会看不起你，就算你走了，还是会被人诟病。所以不要为了一时痛快失了人格，这是很不划算的做法。

（2）不要破罐子破摔

有些人觉得自己被公司炒了鱿鱼，既然如此那我就赶紧走人吧，如果走不了就在公司混日子，还可以蹭饭白拿工资。如果你执意将手里的工作弄得一团糟，最多就是让你的上司生气一下，让接替者忙活一阵子，但是你却要在别人的议论中待上一段时间。这种情况下，别人说出来的总不能是好听的。而且，在职场中小道消息是何其灵通，你以这样的情况再去找工作，估计一下子就被别人看扁了，又怎么能有好的职位呢。

（3）和你的接替者好好相处

说到底，你被辞退和你的接替者没什么关系，你也没必要将自己心中的怨气撒到别人身上。其实看着接替者，有点尴尬和不舒服是很正常的事情，如果你能做到以礼相待是你大度，如果做不到，你好歹要在态度上不卑不亢，最基本的礼仪不能失。在交接时，详细的工作一定要交接清楚，这些都是你分内的事情，要显出你的礼仪和教养。

（4）保守秘密

就算你离职了，公司的秘密千万不要带出来。否则不仅违背了职业道德，还有可能会触犯法律。不要试图用掌握的商业秘密从原公司寻求不正当的补偿，用商业秘密做交易谋取利益，这样是铤而走险的做法，一旦失败你将身败名裂。这样的例子不在少数，如果你这样做了，在行业内流传开来，你就再难出人头地了。

（5）不要说公司的坏话

大家都很讨厌通过贬低他人来提高自己的人。其实你自己几斤几两大家心里都清楚，在别人眼中，你采用这种方式抬高自己，无疑是跳梁小丑，别人也就看看笑话。况且，你说原公司的坏话，留给别人的印象也就是窝囊、缺乏能量。一个大公司，人来人往是很正常的事情，他们有足够的心理准备来接受一个新员工，也有足够的心理准备接受员工的辞职，所以你也只需要有平常心就好。

总而言之，无论是另谋高就还是被炒了鱿鱼，都要怀着感恩的心去对待原公司。毕竟它曾经是你挥洒汗水和热血的地方，千万不要轻易去否定过去的自己，哪怕那个自己没有现在的好，那也都是自己一步一步走过来的。只有有了从前的积累和沉淀，才能有现在的一切。

07

遵从会议的礼节——会议礼仪

工作中会经常遇到开会的情况，因为会议是沟通交流、解决问题的一种重要方式。比起电话交流、网络交流，面对面的会议更加直截了当，效率也更高。群策群力，很多复杂的问题都能在会议中得到解决。正因为如此，会议礼仪就显得尤为重要。

开会时要庄重严肃

参加各种会议，是商务人士在日常生活中必不可少的一项活动。大家都应该知道，但凡比较大的、正式的会议、洽谈，都十分注意礼仪礼节。作为商务人士，如果你不想在会议上出丑，就应该掌握会议的礼仪礼节，如果在这方面比较懈怠，很可能会影响你的前程。

老板安排杨辉和他一起参加业内的研讨会，这个研讨会邀请了许多业内知名人士和新闻界人士参加，十分重要，因此场面盛大。杨辉因为前一天晚上太紧张睡不着，后来睡着了又睡过头了，等他匆匆赶到会议室时，会议已经进行了 15 分钟。他冒冒失失地推开会议室的门，所有人的目光一下子都聚集到他的身上。他满脸涨红，尴尬地进去坐好，没过多久他的手机又唱起了响亮的歌声，打破了会议严肃的氛围，杨辉顿时又成了会议的焦点。这一次，他将老板的脸都丢尽了，没过多久老板就让他另谋高就去了。

参加公司会议或者比较正式的场合，首先要做的是关掉手机或者将手机调至振动、静音状态，这是最基本的礼仪。因为手机铃声响起，会打断别人的思路，也会影响别人的情绪，从而显得你很不懂礼貌，没有修养。

现在我们来仔细说明一下，开会前应该做些什么事情呢？

首先要弄明白为什么要开会。这次开会主要是说明什么情况，为了解决什么问题；或者是交换信息，为某件事情出谋划策。只有知道了这些，才能够预先做好准备，也不会显得突然，导致全程只听别人讲，自己只能被动接收信息。然后要知道这次会议的主题是什么，这样才能够快速地进入状态。接着还要弄清楚参加会议的人员，有没有人请假或者缺席等。最后还要知道会议的场所，不要出现走错地方这种低级错误。

另外，要按时参加会议，不要迟到，会议中要遵守纪律，不要和人交头接耳，还要做好相应的记录。参加会议时，尽量不要中途离场，这样是对组织者的不礼貌。如果真有急事必须中途离场，要事先和组织者打好招呼，说明原因，并表示歉意。

参加会议要签到

一般来说，比较大型正式的会议，参加会议者进入会场后都要签到。签到的目的最主要是统计参加会议的人数，便于安排之后的工作。会议达到一定人数后才能召开，也可以根据签到情况统计是否有人缺席、迟到。因此，签到是一项比较重要的程序。

下面是签到的几种形式，根据不同的会议，可以挑选最适合的方式。

1. 簿式签到。一般适用于小型会议，簿式签到就是参加会议者在预备好的本子上签字，表示出席了会议。像一些大型会议，由于参加会议的人数很多，采用簿式签到就不太方便。

2. 证卡签到。这种签到方式多适用于大中型会议。这需要工作人员将印好的签到卡事先发给每个参加会议的人，在参加会议时，与会者将签证卡交给工作人员，表示到会即可。

3. 会议工作人员代为签到。这种方式十分麻烦，适用于比较小的并且大家都相熟的会议。每来一个与会者，工作人在名单后面做个标记，可以表示到会、请假、迟到、缺席等。如果是比较大型的会议，在花名册上找人名比较麻烦，也会出现不认识人等情况。

4. 座次表签到方法。这种方法是由工作人员事先弄好座次表，等到参加会议的人到来时，就在座次表上销号，表示此人参加了会议。有了座次表，与会者坐在哪里就会一目了然，十分方便。

5. 电脑签到。电脑签到是比较先进的技术，一般来说小型会议没必要用这种方法，耗费较大。这种签到需要工作人员事先将特制的卡分发给与会者，参加会议时，与会者将卡片放到签到计算机里即可。

会议签到是绝对不能忽视的一项。如果迟到或者缺席的人数过多，可能需要延迟开会，签到能简明快捷地反映出这一点，这样就能准确地确定会议什么时候召开最合适。

会议的座位安排

在比较正式的会议中，座位通常都要事先安排好。一般像比较小型的会议是可以随便坐的。在正式的会议中，人员的位置安排是十分受人关注的，所以需要格外注意。

方桌会议。所谓的方桌会议就是会议中使用的桌子是长方形的，也有椭圆形的。会议一般以门为基点，在里侧是主宾位置。如果是由主客双方来参加的会议，一般分两侧来就座，主人坐在会议桌的左边，而客人坐在会议桌的右边。

如果不想要这种主次的安排，可以用圆形桌来布局，就是圆桌会议，这样就可以不拘泥于那些小节。当然，依旧是以门为基点，靠里面的位置由重要人士坐。

　　除此之外，还可以按照规模来排定位置，将会议分为小型会议和大型会议。

　　小型会议参加的人少，规模小，所以可以不设立专门的主席台。当然，会议的主席台还是要有的，只是不需要独立设立。可以用面门设座、依景设座这两种方式确定主席台。还有一种是随便坐，不用主席台，这种方式适用于开研讨会、交流会。

　　如果是通报会、座谈会，就可以选择面门设座，把面对会议室正门的位置作为主席台，其他人在左右两边依次就座。

　　如果根据会议室的景致，以字画、讲台等作为主席台，其他人在其两侧自左而右就座即可，这种形式很随意，适用于大多数小型会议。

　　大型会议。一般大型会议与会者众多，规模较大。它的会场上应该分别设主席台、群众席。主席台一般比较靠前，必须认真排座，而群众席比较随意，可排可不排。

　　大型会场的主席台要面对会场主入口。在主席台上的就座人应该和观众面对面，相当于他们在台上讲，观众在下面听。在主席台上的人员面前，都应该放有贴好姓名、职务的双向桌签。

　　主席台排座，有以下几个方面需要注意：

　　通常情况下，主席台座次的排定规则是前高于后，中央高于两侧，左高于右。可以用数字来形象地表达座次的高低，如果是奇数，座次由高到低排列为7531246。如果是偶数，则是642135。

　　主持人坐席：会议主持人的位置有三种选择，可以居于前排正中央，可以居于前排的任意一侧，也可以根据身份安排位置。但是最好不要把主持人安排在后排。

　　发言者席位：又叫作发言席。在正式会议上，发言者发言时最好不要从座位上站起来就讲，而是要到指定的席位发言，这样显得更加正式。发言席的位置，通常安排在主席台的正前方或者主席台的右前方。

如何成为一个优秀的会议主持人

不管是什么样的会议，都应该有一个会议主持人，这样显得庄重正式，也比较方便，让会议井然有序。主持人最主要是为了推动会议进程，在中场的时候起到承上启下的作用。主持人的礼仪对衡量他是否优秀格外重要，具体来说有下面几点需要注意：

1. 使会议按计划进行

很多人都喜欢卡点，稍不注意就会迟到，这些事情都不是主持人能够控制的，也是难免的，但是不能因为个别人迟到就延迟开会。所以会议按时召开十分重要。对于那些迟到的人也要给予谅解，毕竟谁都不愿意迟到，兴许是因为有急事或者堵车等情况。

然后，主持人要想好开场白。主持人的开场白是正式会议的开端，往往会影响整个会议的节奏和氛围。一般来说开场白不宜过长，否则会显得喧宾夺主，一分钟左右即可，要简明扼要地讲出会议的要点、重要性以及会产生的影响。

接着要直截了当地宣布会议的目的。一般来说，会议文件或通知在会前已经下发到了与会者手中，不过主持人还是要讲一下会议的目的，起到强调的作用，也使会议的目的更加明确，能够帮助参加会议的人理清头绪，集中大家的注意力。

2. 推动会议进程

开场白之后就是大家的发言时间，主持人要注意引导大家围绕会议主题发言，以免跑题；在发生争执或者将要发生争执时，一定要将争执扼杀在摇篮里。除此之外，还有以下几点需要注意：

（1）防止会议冷场

开会有时会遇到突然冷场的情况。比如说这个问题大家都不好回答，你看着我，我看着你，都在等待着别人讲话；或者会议比较枯燥，大家都没有听，结果突然抛出一个问题，大家都不知所措。如此难堪的情景，不利于会议的进行。这时就是主持人大显身手的时候了，应该尽量活跃会议的氛围，让沉默的人开口讲话，鼓励过分谦恭的人表态。当然，态度一定要拿捏得当，不能让别人尴尬。可以引导别人回答，像"小孙，对这一问题，你的态度是什么？"或者"小马，说说你的看法？"

（2）维持会议秩序

开会时总是会出现这种情况，台上的人说得口沫横飞，台下的人也说得唾沫星子乱溅。大家都知道这是不礼貌的行为，但是还是忍不住要这样做。对此，主持人就应该负担起责任，维持会议的秩序，让台上台下比较和谐地相处，保证一方在听，一方在讲。有些人实在过分了，你还可以换着法子提醒他一下，顺带着以儆效尤，就像"小王和小李好像谈出些'眉目'了，你们向大家说说好吗"。这样一来，他们一定不敢再开"小会"了。

（3）避免发生争执

开会时，如果大家意见不合，争得面红耳赤是常有的事情，这时就要有一个人出来缓和氛围，站在中立的态度安抚两方人员的情绪，那个充当消防员的就是主持人。况且，带着情绪去争执，讨论出来的结果必然是各执己见，并不能很好地解决问题，还很有可能因为这样，导致双方产生隔阂。主持人在调解的时候要尽量幽默，转移大家的注意力。紧张气氛解除后，再引导大家理智地对待有争论的问题。

（4）在会议中简短地概括内容

在一个人发言完毕时，要进行简短的概括。同时要注意，这是对发言内容的提炼、精简，或者说是小结，而不是让你去评价。评价会令人反感，并且对发言者不尊重。概括有利于澄清分歧点，引起在座各位的注意，还能够让会议有节奏感，高潮迭起，不会显得冗长拖沓。

3.给会议画上句点

主持人要保证会议按时结束，拖时间会让人觉得烦躁，产生抵触情绪，会议的效果也会降低。如果台上的人讲得过多，超时了，就要适当地提醒对方。在会议结束前要引导参加会议的人做出决议，不然这场会议就白开了，功亏一篑。在闭会阶段，主持人要向与会者报告已得出的结论、尚存的分歧和会后要采取的行动。

如何做好会议记录

一般来说，不论什么性质的会议都要做好会议记录。会议记录能够反映会议的真实情况，可以作为贯彻执行会议决议或会议精神的依据，作为分析研究、检查总结工作的重要参考，还可以作为文献资料存档。

因此会议记录十分重要。那么会议记录应该如何记呢？总的来说，可以分为以下两个部分。

第一部分：会议基本情况。包括会议名称，开会的年、月、日及会议开始时间，会议地点，出席、列席、缺席人员，主席或主持人的姓名及职务等。如果参会的人不多，就要写清与会人员的公司、姓名、职务；大中型会议的参会人多，就可以只写领导和总人数。如果有缺席人员，也应写清楚缺席原因，记录人签名，以示负责。上面的内容都要在会议开始前写好。

第二部分：会议内容。要按会议议题顺序，记录会议发言、报告、讨论和决议等事项。

记录会议内容有两种方法，只记录会议中的发言要点、结论、决议等，叫摘要记录；详细完整地记录会议上的发言、不同看法和争论，叫详细记录。在做记录时要字迹清楚，不然别人看不懂就功亏一篑了。记录时最好使用蓝色或者黑色的中性笔，不容易褪色，方便长久保存。

会议记录基本格式（示例）：

龙泰商贸有限公司年度会议记录

时间：2015 年 12 月 15 日

地点：公司会议室

出席人员：公司全体人员

列席人员：公司全体人员

缺席人员（及原因）：未有人员缺席

主持人：（含职务）王欣成，公司副总经理

记录人：（含职务）周燕，总经理办公室秘书

议题：上年度工作总结、下年度工作计划

记录内容

董事长李永生认为，上年度工作总体来说很好，但还存在几个问题：

1. 西部市场拓展得不好；

2. 售后服务有些跟不上，不少顾客反映服务质量差、不及时；

……

总经理王传，对下年度工作提了几点要求：

1. 加大中层管理干部的培训工作；

2. 扩大服务队伍，同时加强业务培训；

……

主持人（签名）：王欣成

记录人（签名）：周燕

洽谈会的礼仪是重中之重

在日常生活中，总能遇到很多洽谈会，尤其是商务洽谈会，其成功与否，礼仪起到了关键性的作用。洽谈会是沟通交流的一种形式，双方代表阐述自己的想法，再听取对方的意见，交流之后清除双方之间的罅隙、阻碍，求同存异，达成共识，最后签订协议。在这一系列过程中，首先你要愿意和对方交流。可以设想一下，如果对方邋里邋遢、行为粗鲁，谁还愿意和他说话？由此观之，洽谈会中的礼仪格外重要。

第一点，仪表。

如果你是一位年轻貌美、身材玲珑的女士，在洽谈会上为了显示与生俱来的优势，穿紧身装、透视装、低胸装、露背装、超短装，那就大错特错了，这样只会显得轻浮，不懂分寸；如果你是刚出校园的大学生，在洽谈会上穿着牛仔装、运动装，或者浑身上下戴满各式首饰，诸如耳坠、脚链、锁骨链之类的一件不落，只会显得你不伦不类，给人不重视洽谈会、不尊重对方之感。如果是男士，穿夹克衫、牛仔裤、短袖衬衫、T恤衫，配旅游鞋或凉鞋也十分不妥当，显得不庄重，不懂得尊重对方，也缺乏常识和职业素养。

要想有个成功的洽谈会，必须面面俱到，以此来增加成功概率，因此在仪容和服饰上必须注意。男士不能蓬头垢面，像及肩长发、络腮胡子之类的，如果搞艺术的倒是能够理解，却并不适合商业人士，最好是留清爽的平头或者板寸。男士在着装上可以选择深色三件套西装和白衬衫，领带可以搭配素色或带条纹的款式，配深色袜子和黑色皮鞋。

女士要注重端庄典雅，应该化点淡妆，在让自己更美丽的同时也表示对别人的尊重。一些摩登前卫的发型要尽量避免，就算染发也要选择令人舒适的亚麻色、棕色之类，五颜六色还是不要去尝试了，夜店妆、晚会妆都是雷区，千万不要去踩。适当地喷点香水令人舒心，但是太浓郁就会呛鼻了。在着装上可以选择套裙、深色西装，搭配白衬衫，配肉色长筒或连裤式丝袜和黑色皮鞋。只要衣服穿出来给人正式、简约、高雅的感觉就没问题。

第二点，座次。

一般来说，小规模的洽谈会是不那么讲究座次的，只有比较大型的会议才讲究座次，因为那样会显得更加庄重严肃。

洽谈会选择的桌子一般是长桌或者椭圆形的桌子，主人和客人分别坐在桌子两边。如果桌子是横放的，面对正门的一方为尊，由客人来坐，表示尊敬；如果桌子竖放的话，以进门的方向为准，右侧为尊，由客方来坐。在进行洽谈时，各方的主谈人员应该坐在自己那一方的中间，其他人员依照职位的高低，在主讲人两边自近而远就坐。值得一提的是，同样座次的两个人，以右为尊。如果有翻译人员，可以安排其坐在主谈人员的右边。

举行多边洽谈时，座次比较难安排，这时可以采用圆桌洽谈，能够巧妙地化解尴尬。说得直白一点就是用圆桌作为会议的桌子，这样一来，尊卑的界限就不那么明显，但是也不能什么都不管，像就座的先后顺序还是要讲究的，千万不能在客人还没来的时候，主人就已经占好位置坐好了。这样显得不尊重对方，还会给别人压迫感，最好双方一同入座。

第三点，方针。

尊重对手是洽谈的第一方针，也是人与人之间最基本的礼貌。在洽谈过程中应该始终保持基本的礼仪，礼貌地同对手交流。不论发生什么情况，哪怕是双方意见不合，矛盾还比较大，都要坚持尊重对手，一定要忍住情绪，体现自己的修养，拍桌子爆粗口的行为千万不能有，大打出手更是禁忌。就算合作不成，也要留下一个良好的印象，潜移默化地变成"你敬我一尺，我敬你一丈"，为将来的合作做铺垫。

在洽谈过程中，应该面带微笑，态度友好，彬彬有礼，这样既能拉近和对手的距离，也能消除彼此的心理障碍。在洽谈桌上，保持"绅士风度"和"淑女风范"是赢得对手赞赏的一大方法。如果在洽谈中表现得过分粗鲁，就会有损公司形象。像举止粗鲁、态度刁蛮、表情冷漠、语言失礼等，都是要避免的，否则会让对手有抵触心理，无形中增大了双方交流的阻碍，增强了对方的防御性，也变相地损害了自己的利益。

平等协商是洽谈的第二方针。召开洽谈会的目的就是消除双方的隔阂、分歧，达到双方共赢的目的，换句话说，在洽谈过程中主要交流的还是双方存在不同意见之处，那些达成共识的地方就一笔带过了。既然观点不同，交流起来遇到磕磕碰碰是在所难免的，所以平等协商、心平气和地认真听取别人的意见是对双方都有利的。

在采用平等协商这个方针时，应该注意以下两个方面：第一，洽谈各方在地位上要平等一致、相互尊重。如果你是大公司，千万不能仗势欺人，以大欺小。一方面地位不平等，双方很难达成一个共同的协议；另一方面也破坏了公司的形象。第二，在洽谈过程中一定要真诚，千万不要设下一些商业陷阱，靠欺骗等手段来达到自己的目的，一定要通过坦诚、协商、互相尊重来进行合作。

总而言之，洽谈最主要还是为了双方共同的利益，为了达到共赢的目的。洽谈不是"一次性买卖"，而要拉到"回头客"，所以在洽谈过程中更要给对方留下好印象。

商务赞助会礼仪须知

积极地、力所能及地参加赞助活动，对企业来说本来就是商务活动，一方面能够协调公司和政府、各界的关系，另一方面也能够增加曝光率，提高公司的社会地位。所以商务赞助一向很受重视。

同样，礼仪也是商务赞助能否成功的重要因素之一。

一般来说，能够参加商务赞助的人都是在公司举足轻重的人物，能够代表公司，具有代表性。当然，一个公司参加商务赞助的人数不必过多，参加商务赞助的除了赞助企业、受赞助公司双方的主要负责人及员工代表之外，还要有赞助会邀请的政府代表、社区代表、群众代表以及新闻界人士参加。邀请的新闻界人士最好是在全国或当地具有影响力的电视、报纸、广播等相关人员。

作为参加商务赞助会的人士，注意着装等礼仪是对他人的尊重，也能体现自己的修养。参加赞助会时应该服装得体，穿西装打领带，举手投足也要文明优雅。赞助会的整体风格是庄严神圣的，所以千万不要为了体现个性唱反调，那样会得不偿失。

通常来说，赞助会宜控制在一小时内，最好不要超过这个时间，整场会议要有节奏感，精密而紧凑。

具体来说，商务赞助会大致有以下六个流程。

1. 主持人宣布赞助会正式开始。主持人应该由受赞助公司的负责人或者指定人员担任。在宣布正式开始之前，应该恭请全体人员各就各位，保持肃静，然后再将邀请到的贵宾请到主席台就坐。

2. 奏国歌。全体人员应该起立，保持端正站姿，不能东倒西歪，吊儿郎当的。在奏完国歌后，还可以奏自己公司的标志性歌曲。当然，也可以唱。

3. 赞助企业正式实施赞助。首先是赞助公司的代表出场，然后在台上口头宣布赞助的具体方式或者赞助的具体金额。随后是受赞助公司的代表上场发言。双方碰面时要热情握手，受赞助公司的代表要说一番感谢的话，双方可以适当寒暄。接下来，由赞助公司的代表正式将巨型支票交给受赞助公司的代表，支票上要有具体数额，如果是实物清单，要双手捧送到受赞助代表手中。必要时，礼仪小姐要为双方提供帮助，若赞助的物资重量、体积不大时，双方可以在台上交接。坐在台下的观众应该热情鼓掌。

4. 赞助企业代表发言。发言稿件主要包括赞助目的与动机。同时，还可以简单地介绍自己的公司，注意不要太过，会喧宾夺主。

5. 受赞助公司代表发言。发言者一般可以选受赞助公司的主要负责人或主要受赞助者，主要表示感谢。

6. 来宾代表发言。通常情况下可以邀请政府有关部门的负责人发言，内容主要是肯定和赞美赞助企业的助人为乐的行为，同时呼吁社会公众积极参与，传承互助友爱的美德，当然，这些不做强制性要求。

到这里赞助会也就到了尾声，主持人再讲一段话就可以宣布结束。在正式结束后要合影留念，赞助企业、受赞助公司双方的主要代表以及会议的主要来宾合影，可以再寒暄几句，然后一一告别。

新闻发布会的礼仪知识

新闻发布会，顾名思义就是发布新闻的会议。新闻发布会主要是针对某一问题、某个新闻信息、某一活动、某个事件或者其他比较具有社会效应的问题，发表客观公正的看法，这种形式能够主动传播各类有关信息。对于企业而言，新闻发布会是连接社会、新闻媒体的主要桥梁，也是增进关系的手段之一。

新闻发布会的常规形式是由几个企业或者某一个企业召开，并且邀请相关的新闻媒体，在特定的时间、特定的地点举行一场发布会，宣布某条消息、某个活动或者解释某件事情。新闻发布会在娱乐圈最为常见，比如为某个即将要上映的电影或电视剧宣传造势，能够让大家预先有个印象。

通常情况下，新闻发布会上是可以提问的，当然要在指定的时间内，最好围绕主题，不要问一些八竿子打不着的问题，也不要太八卦，这是不礼貌的。相应地，主办公司也要安排专业人员来回答这些问题。

发布会也是有礼仪规范的，一般包括会议的筹备、媒体的邀请、现场的应酬、善后的事宜等方面内容。

1.筹备。在召开新闻发布会之前有很多筹备工作，就像古话说的，"台上一分钟，台下十年功"，筹备工作往往占大头。主要要考虑新闻发布会的时间，一个恰当的时间能够起到事半功倍的效果，还有人员的安排、材料的准备等。新闻发布会尽量不要在节假日召开，也要避开当地的重大活动，也不要和其他公司的发布会撞期，不然很多人像媒体方面还有其他与会者，就只好在两个公司之间做出选择，这就不是好时机。人员安排方面比较注重主持人和发言人，最后还要准备好材料，一是发言提纲，二是问答提纲，三是报道提纲，四是形象化视听资料。

2. 邀请媒体。邀请好的媒体能够帮助公司宣传造势，也能够取得更多的关注度，产生市场效应，所以选择媒体格外重要。当然首选是与公司密切交往的新闻媒体人，其次最好选择比较有影响力、形象较好的媒体公司，最好还要符合自己公司的形象。像娱乐媒体人，就要尽量避免选择。如果这一环节没有做好，就难以确保这次新闻发布会能够成功。一般情况下，参加会议的人员应是与特定事件相关的新闻人士和相关公众代表。

3. 发布会中的礼仪规范。在新闻发布会召开之后，首先是主持人介绍发布会的基本情况和目的，然后向记者介绍发布会的主要参会人士，接着请主要发言人公布重要新闻。在新闻发布完毕之后开始记者提问，指定的回答问题的人士应该及时、正确、言简意赅地回答问题，千万不能啰嗦，说一大通不着边际的话。在回答问题时一定要注意，千万不能透露过多的信息，也不要回答一些涉及机密的内容，要婉转地向记者解释。同时，一些比较敏感的、不方便回答的问题，可以跳过或者礼貌地拒绝，也可以打太极，一定要注意态度，千万不能把气氛搞僵了。

4. 发布会期间的注意事项。在和记者交流时首先要尊重对方，以礼相待，建立合作关系，不能随意打断记者的提问。在对方提问时还可以注视对方，表示自己在听，这是一种表示尊重的方式。在记者提问结束后，发言人应该表示感谢。发布会中应该尽量考虑周全，为了方便记者采访，可以通过各种便利条件提供帮助，像提供环境清静整洁的会议室，还可以提供齐全的设备如电话、传真机、打印机、扩音设备，以及桌椅等，这样有助于记者记录。准备好有关的材料，照片、实物、模型等，供记者参考和宣传。还要积极配合新闻发布会，组织记者进行现场参观，给记者实地采访、摄影、录音、录像的机会，这样才能给记者提供更多的第一手资料，让他们有东西可写，写出的报道也更有说服力。

5. 会议后的礼仪规范。会议结束后要核对新闻公司的报告情况，如果发现消息有误，要联系对方，及时更正。对于正确报道的媒体公司，可以通过电话或者书信的形式表示感谢。

总之，好的新闻发布会可以达到一种大范围宣传的效果，带来经济效益或者社会效应，还能塑造良好的公司形象，有效地提高公司的知名度。

商务茶话会的礼仪须知

在各种类型的会议中，商务茶话会是相对来说比较简单的一种，但是不管怎么简单随意，一些基本的礼仪还是不容忽视的。商务茶话会的礼仪，主要涉及会议的主题、来宾邀请、时间地点的选择、茶点的准备、座次的安排、会议的议程、发言等几个方面。

1. 确定茶话会的主题

一般来说，茶话会的主题可以分为三种类型：联谊、娱乐、专题。在这三种类型中，选择联谊的是最多的，因为联谊噱头多一些，比较符合大众口味。如果是以娱乐为主题的茶话会，一般会安排一些娱乐节目，像来个小品、唱首歌之类的，还可以在现场安排一些即兴表演，相对来说比较自由，所以受大家喜欢。还有一种专题茶话会，顾名思义，就是定了主题的茶话会。举个例子，像新项目合作茶话会，其目的主要就是商讨某个问题，也是为了大家多多交流，听取各方意见等。

2. 邀请茶话会的嘉宾

茶话会的嘉宾主要有公司的顾问、社会各界的知名人士、合作伙伴还有各公司的高层。一般来说，如果茶话会的邀请嘉宾确定之后，应该立即向他们发出邀请函。按照惯例，邀请函应该至少提前半个月发出，被邀请者答复与否，要看对方意愿。

3. 茶话会时间和地点的确定

茶话会能够成功举办，时间和地点的选择起到了决定性作用。一般来说，辞旧迎新、周年庆典、重大决策前后、遭遇危难挫折等时候，都是召开茶话会的绝佳时机。茶话会最好在下午 4 点钟左右举行，有时候也可以安排在上午 10 点钟左右。

茶话会是个比较随性的会议，没有必要墨守成规，时间长短也比较随意，最主要看宾客的热情，看情况而定。当然，茶话会的时间最好在一两个小时左右，如此效果最佳。

茶话会的场地，可以选择在主办公司的会客厅，也可以在宾馆的多功能厅，或者主办人的私人客厅，主办公司负责人的私家庭院或露天花园，以及包场高档的营业性茶楼或茶室等。

4. 茶话会的茶点

茶话会茶话会，怎么能少了茶点。一般来说，主食、酒等是不准备的，茶话会的重头戏是聊天，而不是吃东西。不过在茶水上还是要下点功夫的，茶叶、茶具都要精挑细选。由于不一样的人喝茶的口味不一样，所以要多备几种茶，比如绿茶、花茶还有红茶。

茶具可以选择陶瓷的，茶杯、茶碗、茶壶最好是一套。

除此之外，还可以准备一点小吃，如水果、风味小吃。这些东西最好放在方便拿的地方，种类、数量都可以多一点，旁边还要准备好纸巾，给人方便周到的感觉。

5. 茶话会的座位安排

茶话会一般都是随便坐的，就算安排，也不会有很复杂的规矩。

6. 茶话会的流程

先是主持人宣布茶话会开始，再对主办者进行简要地介绍。

接着是负责人讲话，主要内容包括这次茶话会的主题和中心内容，还要对宾客表示欢迎和感谢，请大家尽兴。

然后是参加茶话会的人讲话，主要表达自己的观点，要点都要以茶话会的主题为中心。

主持人总结：主持人要总结一下大家讨论的结果，然后宣布茶话会结束。

7. 茶话会上主持人的作用

茶话会上的发言十分重要，要是没有人愿意讲话，就会造成尴尬，主持人就要适当地活跃气氛。如果发言者的感言严重跑题，主持人就要将话题拉回来。如果因为意见不合争执起来，主持人就要缓和气氛。在别人发言时，主持人要做简要的介绍，还要带头鼓掌。

08

赢得更多商机——商务礼仪

在各种商务活动中，人们都希望能有所收获，给对方留下好印象，进而赢得合作的机会；也希望得到对方的认可和尊重，将其变成一种潜在的利益，在将来能够助自己一臂之力。要想将这些希望变成现实，首先就要学会商务礼仪。

小名片里的大学问

一张小小的名片中间其实有很大的学问，它不仅能显示你的身份，也能看出你的礼仪修养。如何正确地使用名片，是商务人士必须掌握的。下面就来给大家介绍一下关于名片的一些礼仪知识，主要介绍递接名片的礼仪细节，供大家参考。

1. 递名片不要"递"，而要"奉"

用"奉"这个字，就是要表现出谦诚、恭敬的态度。有这么一位推销员，他去拜访一个公司的总经理，递名片的时候，推销员用食指和中指夹着名片递给总经理。这样也就算了，推销员还将本来应该递到对方手中的名片放在了桌上。那位经理皱了皱眉头，结果可想而知。在双方都很陌生的情况下，人往往喜欢以小见大，所以这种小细节应该格外注意。

下面介绍三种正确的递名片的方法：

（1）手指并拢，将名片放在手掌上，用大拇指夹住名片的左端，恭敬地送到对方胸前。名片的名字反面对着自己，正面向着对方，使对方接到名片时就可以看，不用翻转过来。这样也方便了别人，显得周到。

（2）食指弯曲与大拇指夹住名片，然后递给对方。同样，名字要反向对着自己，正向对着对方。

（3）双手食指和大拇指分别夹住名片左右两端，弯腰毕恭毕敬地递给对方。这种方式显得格外尊敬，一般可以用在对长者或者地位高的人。

以上三种递名片的方法，一是表现出对对方的恭敬；二是避免了用尖锐的角指着对方。在生活中，用名片尖锐的角对着别人是非常不礼貌的，也是不安全的，会使人产生反感和警戒心。

如果你认为这是区区的小细节，不用重视，那么你就大错特错了。因为如果你对名片处理不恰当，很有可能让你在工作中处处碰壁。就像上文中的推销员，因为一个小小的细节可能失去客户。

2. 名片不要"接"，而要"恭"

"恭"的意思就是恭恭敬敬，表现出对别人的谦慕和尊重。接名片的方式是否恰当，也影响着你在他人心中的印象。在日常生活中，很多人习惯于单手去接名片，或者接过名片看都不看就直接放在包里等，这样的行为都是不恰当的。不仅说明你不懂礼貌，没有基本的常识，而且表现出对别人的不尊重。别人把东西递给你，你好歹要看一眼。

具体来说，接名片时应该注意些什么呢？有以下几点：

（1）空手的时候必须双手接受名片，这样表示对别人的尊重，是一种礼貌。试想一下，如果别人以这种方式接受你的名片，你一定会很高兴。

（2）接到名片后，要马上看一下，不可以随便瞟一眼，这样显得不够诚心，还有点不屑的意思，也是怠慢的表现。

（3）第一次见面的时候，如果同时接到了好几张名片，就会很容易搞不清楚谁是谁，所以在闲暇之余要拿出来看一看，把名片和人核对一下。这种举动不仅不会令人反感，反而会使对方认为受到了你的重视。

（4）别人将名片递给你之后，你不仅不收好，还随意地放在桌上，聊得高兴时，还把东西随便压在名片上，这样做的大有人在。这就相当于把对方的脸压在屁股下面一样，会使对方觉得你是故意侮辱他，对他态度散漫，一点都不重视他。千万不要出现这种举动。

（5）你很想要对方的名片，对方却没有给你，出现这种情况时，你该怎么办？如果就此畏缩，觉得"他是不愿给我名片的了"，就这样轻易放弃，不是一个有魄力的人应该有的想法。你可以直接向他请求，说："冒昧打扰一下，可以给我一张你的名片吗？"这样做，不仅不会掉你的价，还会提高对方的身份，让别人感受到你的重视，从而对你留下印象和好感。谁都更愿意和欣赏自己的人交流。

名片是一个人人格的象征，尊敬对方的名片就等于尊重对方的人格。当对方感受到你对他的尊重时，就会增加对你的好感。这有利于你事业的开展，还有接下来的交谈和合作。因此，递接名片时是否有礼貌，不仅影响到你的形象，还和你的事业、前途息息相关，所以千万不要掉以轻心啊！

商务交往，礼仪知识要牢记

在商务交往中，人与人之间的交谈是不可避免的，交谈可以让我们快速地了解对方，给对方以好感。但是在交谈中，我们要格外注意交谈的内容和话题，有些内容我们是不可轻易去碰的。如果不懂，可以事先学习一下商务交往方面的礼仪知识，在交谈中注意自己的言行举止。下面我们就来讲一讲商务交往中需要注意的礼仪知识。

1."六不能"

"六不能"就是在商务交谈中有六种话题不能涉及：一、不能对国家和政府进行非议；二、不能对对方的国家机密和行业机密进行追问；三、内容不能涉及对方内部事务；四、不能在领导、同事、同行的背后以小人之腹度君子之心；五、不能谈论低俗的问题；六、不经过他人同意，不可谈论他人的私人问题。

2."五不问"

"五不问"就是不问五种私人问题：一、不问他人收入；二、不问他人年龄；三、不问他人家庭婚姻；四、不问他人社会经历；五、不问个人健康状况。交谈中如果涉及这些问题，是很不礼貌的行为。

3."四忌"

一、忌打断对方。社会地位较高或比你年长的人可以打断你的谈话，但平等身份的人是不可以打断的，这是不礼貌、不尊重对方的行为，如果你打断了对方，你可以说"您请"，让对方先说。

二、忌纠正对方。不同地区有不同的文化和风土人情，当我们与他人对一件事有争执的时候，我们不该否定对方，不能将自己的想法强加到对方身上，而要懂得尊重对方的观点和选择。当然，这除外一些大是大非、对错很明显的问题，当遇到这类问题时，我们该礼貌地回答并说出正确的观点。其实，商务交往中的一般性问题都很难判断谁对谁错，我们最该做的事情不是去力证自己观点的正确性，而是礼让。

三、忌质疑对方。无论别人说的问题对还是不对，我们都不能质疑对方，即使质疑对方，也不能表现在脸上。因为质疑是对其尊严的挑衅，是一种不礼貌、不理智的行为。

四、忌补充对方。如果两人是彼此熟悉和身份平等的，我们可以适当补充对方的谈话，但在谈判桌上最好不要这样做。

拜访客户要有礼有节

为了广泛开展业务联系、发展同新客户的关系和巩固同老客户的合作，我们会适当地拜访客户，增进感情，多多交流。无论是我们有求于人还是别人有求于己，我们的态度都要谦和，千万不能蔑视和看低别人，这样做不仅可以避免一些麻烦，也可以给公司带来利益。下面就来学习一下拜访客户的礼仪礼节。

1. 提前预约

不管因为什么原因去拜访客户，我们都应该先向客户预约，至少让人家有个心理准备，如果有必要，别人还能事先准备点材料。不然唐突而至，不仅会让对方措手不及，造成尴尬场面，还会给对方留下不好的印象，双方的合作也会受到影响。

预约是极其有必要的，可以采取打电话或写信的方式预约，现在有QQ、微信等方式，也很方便。预约时，最好是提前一周。

电话预约也要注意礼仪礼节。首先要自报家门，说自己是某某公司的谁谁谁，不然人家会听得一头雾水。可以简要地提一下访问的内容和目的，这样对方就有时间做准备，不至于手足无措。在对方同意接受拜访的情况下，再同别人预约时间，问对方什么时候有空，然后再确定地点，约在比较适合交谈的地方，像咖啡厅或者公司会议厅等地方。当然拜访的时候要尽量避开吃饭、休息的时间，特别是午休时间，这样会耽误别人的正常生活和工作，从而引起对方的不满。最后要向客户表示感谢。

2. 守时

守时是人际交往中最基本、也是很重要的礼貌。如果你和别人约好了却无缘无故放人鸽子，这是严重的失礼行为，如果迟到也会破坏你在别人心中的形象。现在人都很重视时间观念，所以宁可早到一点，也千万不能让别人等你。当然，也不能去得太早，不然会让别人尴尬，还会让别人觉得你没有时间观念。

为了能节约时间，在路途中避免意外，要提早确定好自己的交通路线，以及出发时间、出行工具等。如果真的遇到了紧急情况，比如堵车等，应该提早给对方打个电话，告诉对方自己会晚到一点，以免对方担心。如果有事情不能按时赴约，也要提早告知，并且说明原因，还要表示深切的歉意。

3. 到客户公司拜访的注意事项

在到达客户公司之后，首先要去前台找接待员，告诉他们你的名字和预约好的时间，同时递上自己的名片，这样接待员能更加方便和客户取得联系。

如果到了预约的时间，客户有事不能马上接待你，接待员会安排你到会客厅或者会议厅等候，当然也有可能是在前台的大厅坐坐，那时候一定要少安毋躁，不要打扰别人的工作，这样显得你沉稳大气。在等候的时候，不要把公文包或者皮包放在会客室的桌子上，这不符礼仪。如果是比较大的包，可以放在自己脚边。取资料的时候也要注意，千万不要将所有东西都拿出来，而是取出需要的，不需要的应该放在不起眼的角落里。

如果等了很久客户也没有接待你，千万不要不停地看手表，表现得极其不耐烦，你可以去问问接待员，对方什么时候有空，如果还要很久，你又赶时间，可以解释一下，下次再约。不管那时候你是多么焦躁或者不满，表面上都要不动声色，不要失去风度。

在和客户交谈的过程中，要注意观察客户的言谈举止、面部表情，当然要做得隐蔽一点，不能太过明显，不然会引起别人的不满。如果对方已经不耐烦或者很为难，那你就要巧妙地转移话题；如果对方已经有了结束话题的意思，你也应该识趣地起身告辞，千万不要死缠滥打，自讨没趣。

4. 到客户家拜访的细节

到客户家拜访，一定要注重细节问题。首先，敲门和按门铃就可以表现出你的礼貌。

敲门时，一般轻敲两三下即可，如果没有人回应，可以适当加大力度；如有人回应，就要侧身站在右门框的一侧，等门开了，再上前和开门的人面对面。千万不要招呼都不打就自顾自地进了别人家的门，就算门开着，也要得到主人的许可或招待员允许才能进去。

细节决定成败，相信每个人都明白，只要你做到了这几点，让客户看到了你的诚意以及行事的细节，那么后面再交流起来，就会变得游刃有余了。

接待来访客户，"热情三到"

在商务接待中，礼仪永远是一张王牌，礼仪做得到位，就可以给客户留下良好的第一印象，为接下来的深入接触打下基础，方便以后的合作。

当来访客人进入公司时，不论你在忙什么事，都必须马上停止，以热情的态度对待客户，并安排好休息区，为他端上茶水，用电话联系好客户要找的部门。在此过程中，时间一定要短，动作一定要迅速，让客户感受到你的优质服务。

一旦洽谈完成，要做到"出迎三步，身送七步"，这是迎送客人最基本的礼仪。要上前将客户送到门口，然后等客户远去之后再回去工作，这样，可以给客户留下非常好的印象。

内地有位企业家在接受电视台采访时，谈到了他去李嘉诚办公室拜访李嘉诚的经历。那天，李嘉诚和儿子一起接待了他，会谈结束之后，李嘉诚起身从办公室陪他出来，送他到电梯口。让人惊叹的是，李嘉诚不是送到即走，而是一直等到电梯上来，这位企业家进入电梯，再举手告别，直到门合上。身为亚洲首富的李嘉诚肯定是日理万机，可他依旧注重礼节，亲自送人，没有丝毫的怠慢。这位企业家面对着电视机前的亿万观众动情地说："李嘉诚这么大年纪了，还对我们晚辈如此尊重，他不成功都难。"

接待来访客人时，单单讲文明懂礼貌是不够的，容易令人产生冷淡疏远的感觉。所以，适当地表现出热情，是彼此之间很好的调试剂。那么怎样才算热情呢？其实，热情待客，必须做到眼到、口到、意到，即"热情三到"。

眼到，就是客人来访时，要直视对方，但眼神不能太过炙热，注意与对方的眼神交流。与客户交流，必须满怀真诚，坦然地直视对方，如果随意乱瞟、不用正确的方法看对方，便是失礼。直视对方的时间不宜过长，目光要柔和。此外，直视对方的角度也要表示出你的善意和真诚，因为如果斜着眼看对方，或者来一个随意的全身"扫描"，从头看到脚，那都是非常失礼的。总之，当客户来访进行洽谈时，一定要注意眼神的交流，让对方感受到被尊重。

口到，说通俗点就是普通话一定要标准。讲普通话是在接待国内客人时必须注意的，普通话讲得好，不仅可以充分展现个人气场，而且可以充分展现一个公司的服务意识和对外开放的心态。如果你的普通话不够标准，在进行合作洽谈时，用一口闽南话和客户交流，相信连你自己都会感觉失礼。在接待外国客户时，必须有精通外语的人在场，不然沟通障碍就会成为你们合作最大的困难。此外，沟通脱节是我们都需要避免的问题。沟通脱节，通俗点说就是你说的意思跟别人说的意思对不上，牛头不对马嘴。举个例子，你去医院看病，打完针感觉好了许多，护士突然跟你来一句"欢迎下次再来"，那么你会做何感想？所以，在合作洽谈过程中，讲任何礼貌用语，都需要因人而异、因时而异，在合适的场合说合适的话，这样才能发挥口才的真正作用。

意到，就是表情、神态要表现出热情、真诚而专注。要做到意到，首先需要做到以下几点：

表情、神态自然。表情自然，一方面，可以向客户展现你的气场，不犀利也不怯场；另一方面，也不会使气氛冷淡僵硬，搞得双方都不自然。

多和客户互动。这就是说，你要与客户的情绪体验合拍，就像看电视剧，人物高兴的时候你就不会哭，人物哭的时候你就不会笑。对待客户，感觉也是一样，对方高兴的时候，自己一定要表现出开心，对方不高兴的时候，自己就不能高兴。而且一定要学会巧妙面对，绝对不能只以一种表情，比如微笑，来面对客户。这样会让客户觉得你没有真心融入这次洽谈，从而对合作产生不利影响。

对待客户应落落大方、不卑不亢，这样不仅可以展现出你的个人魅力，还可以展现公司的良好形象和管理水平，使客人对公司留下美好的印象，为合作打下好的基础。

"热情三到"有助于让礼仪成为合作的助力，加强我们与客户之间的沟通。要记住，良好的礼仪，不一定是形式上的礼貌，适当的热情也可以成为促进合作的调试剂。没有热情，礼仪就会变成我们与客户之间的一面墙，很难与客户进行很好的沟通。

树立良好的电话形象

现代商务交往中最便捷的通信工具就是电话通信，电话礼仪在商务礼仪中的地位也越来越重要。即使隔着电话，来电者看不到你和他们洽谈时的样子，但他们还是可以通过听筒，从你讲话的口吻和语调中感受你的状态。

在进行商务交往中，为了给客户留下良好的形象，就必须做到学会正确地使用电话，在接听电话或者打电话的过程中，必须遵守电话应对的三原则——礼貌、清晰、简洁，将电话礼仪做到位。

1. 接听电话的礼仪

（1）接电话的时间

给客户留下良好第一印象的方法就是及时地接通电话，让对方觉得自己得到了尊重。但我们也要注意接通的时间长短，不可在铃声才响过一次时，就拿起听筒，这样很容易令对方没有时间做准备，而且容易掉线。一般情况，在电话铃响后的第三声接起听筒，这是最佳的接通时间。

如果长时间没接电话，待接通电话后，首先应该礼貌道歉："对不起，让你久等了。"如果你因为工作或者某些原因没有接通电话，一定要及时对客户进行解释。对待客户的电话，没有接通，又不表示歉意，甚至态度恶劣，这样对接下来的谈话都会造成很不好的影响，并让客户对公司留下极不好的印象。

（2）接听电话的声音

接听电话时，要注意语调以及声音的大小，如果你的声音听起来无精打采、语调懒散，那么客户一定会有意见，所以，这也是在电话铃响的第三声接电话的原因之一。

在第一声响起后，即使打断了你正在做的事情，你也要马上将思维理清，打起精神来，在接通电话的那一刻，一定要面带笑容。当然，客户在通电话的时候是看不到你的笑容的，所以，为了让他们感受到你的优质服务，必须使用方法让客户单纯从声音中就可以感受到你的笑容和亲切。

（3）讲究语言艺术

在接听电话的过程中，出于惯性和生活中不好的习惯，有些人可能不能在第一时间内使用礼貌用语，比如，一接通电话就是一句："喂，哪位？"在客户听来，是一点都不专业和礼貌的。在接通客户电话后，第一句话应该是"您好""上午好"或者"下午好"，然后自我介绍："你好！我是某某。"如果对方要找人，并且那个人和你距离并不远，你应该说："请稍等。"然后用手掩住话筒，轻声招呼同事接电话。如果对方要找的人不在，或者距离你较远，你应该快速地告诉对方，并且说明原因，再问："需要留言吗？我一定转告！"

（4）认真倾听对方的电话内容

在洽谈的过程中，你要仔细倾听对方的讲话，最好将听筒放在距离耳朵不到2厘米的位置。在此同时，不要忘了和客户进行交流，但交流不要过于死板。在交流过程中，不要默不做声，也不要突然打断客户的讲话，适当地"嗯""哦"一两声，或说"是""对""好"之类的话语，带着亲切感，音量稍微低一点，这样可以让对方感到你在认真倾听，从而增加好感度，也能侧面体现你的优雅和气质。

（5）电话要让对方先挂

在和客户通电话时一定要等对方先挂断，然后把话筒轻轻放好。顾客就是你的上帝，对待自己的上帝一定要温柔懂礼貌，要是你"啪"的一声挂断电话，手机还在对方耳朵旁边，话音刚刚落下就听见话筒那边传来的忙音，那样谁都会不开心的。有时候你会说我的工作实在是比较多，很忙，这些都是借口，毕竟一个小细节就可以决定你在别人心中的印象。这就跟过马路似的，"宁等一分，不抢一秒"。如果你还没有等对方说"再见"就重重地将电话挂断，会让对方觉得你很粗鲁，给人留下素质低下的印象。

张强就曾因为这种小小的细节受到了上司的严厉批评。张强是一家物流公司的经理助理，工作琐碎繁忙。这天，正巧在他忙得焦头烂额的时候，有一个客户打来电话，询问了一连串的问题。张强简单地回答了一下就将电话挂断了。电话那头的客户听见嘟嘟嘟的忙音，愣了几秒。他其实都还没有问完，就被张强挂了电话。后来一次机缘巧合下，这位客户和张强的上司聊天，就把这件事情说了一下，上司觉得自己被狠狠地抽了一记耳光，尴尬得要死。回去之后就将张强狠狠地训斥了一番。

2.打电话的细节

（1）整理好要讲的事情

语无伦次会给人不自信或者能力低下的感觉，因为人一般只有在心虚、紧张等情况下才会语无伦次。所以在打电话之前，一定要在脑子里将要讲的事情好好梳理一下，或者事先准备好资料，将要讲的要点记录在本子上，以免有所遗漏。如果有时候你不小心遗漏了什么，再次打电话给客户，别人会觉得你不靠谱，和你合作的过程中也会担心你处理不好细节，从而对你的能力也会产生怀疑。

（2）打电话的时间有讲究

本来大家平时的工作就很忙了，所以不要在别人的私人时间谈公事，这样不仅会引起客户的不满，兴许还会影响合作的进程。再说了，都已经是休息时间了，你自己也可以消停会，好好地放松一下工作压力啊！宜打电话的时间一般为：白天宜在 8 点半以后，晚间应在 22 点之前打电话。如无特殊情况，不宜在中午休息时和一日三餐的常规时间打电话。

打电话时，可以尽量避开通电话的高峰时段。一般公司的高峰时段是：上班后的一两个小时内、午间休息后的一两个小时内、即将下班的时间。无论如何，在打通的时候别忘了说一句："对不起，在您工作忙碌的时候打扰了您……"

（3）用语要规范

拨通电话后，你首先要告诉对方你是哪里的谁谁谁，不然别人听你说了一通云里雾里的，根本不知道你在讲什么。你讲得口干舌燥，对方再来一句"你谁啊？"那不是自己给自己添堵嘛！所以规范用语很重要，要说"你好"，接着问"您是某某公司"或"您是某某吗"，得到明确答复后，再说"我是 XX 的某某某"，如果对方不在，可以请人转接电话或者一会儿再打过去。

（4）掌握通话时长

在和客户交流的过程中千万不要啰里啰唆像个老太婆，一来引人厌烦，二来会让人觉得你办事情不够干脆利落、不干练。如果没有特殊情况，通话不要超过三分钟。除非有重要的事情需要双方讨论，不然通话在不影响内容的情况下要简明扼要，遵从"打电话的三分钟原则"。

（5）礼貌的结束语

讲完重要的事情后可以适当地寒暄两句，这样会让你和客户之间的关系也变得有人情味起来。比较礼貌的结束语是"再见""谢谢""祝您成功"等。

3. 常规用语

接听电话：

您好！这里是×××公司，请问您找谁？

我就是，请问您是哪一位？

请问您有什么事？

×××不在，我可以替您转告吗？或者请您稍后再来电话好吗？

打电话：

您好！请问您是×××公司吗？

我是×××公司×××，请问怎样称呼您？

请帮我找×××同志。

对不起，我打错电话了。

使用电话的礼仪

手机在生活中占的比重越来越大，意义也越来越大。那么，商务人士使用手机时应当注意哪些礼仪呢？大体上有如下几个方面。

1. 保持手机畅通

如果你的客户有要紧的事情找你，你的手机却打不通，这是一件多糟心的事情。现在除了用手机联系，虽然还有 QQ、微信等软件，但是这些都是依附在手机上的小软件而已，所以保持手机畅通是必要的，千万不要给自己找借口。虽然也不用保持一天二十四小时全部畅通，但至少要保证上班时间内别人能联络到你。像关机、停机、不接听电话这些事情，如果你做多了，就是缺根弦了。

另外，在告诉别人手机号码时，应该确保准确无误。在报号时要缓慢，口齿要清楚，别人记好后应该核对一下。如果换手机号码了，应该立马告知关系重要的对象，以免联络不到。如果可以，还可以除了手机号码外再告诉对方一个应急用的联系方式，以备不时之需。

2. 手机位置要放好

在家里时，手机要放在比较容易拿的位置，千万不要出现手机铃声不停地响，你却只闻其声而不见手机的情况。

在公众场合，手机在不用的时候可以放在公文包里，或者装在口袋里。这样拿的时候也方便，不会显得手忙脚乱或者姿势不雅。当然，这也符合礼仪。千万不要将手机挂在里面衣服的口袋里或者腰带上，这种是七八十年代的造型了，那时候因为手机刚刚出现，比较宝贝，也比较稀奇，现在手机是烂大街的东西，平常心对待就好。更何况你放在那种地方，拿的时候也不方便，不小心把衣服撩起来走光了怎么办？别人尴尬你也尴尬。一般来说，不推荐把手机放在裤兜里，因为工作时都穿西裤，放在裤兜里就会鼓起来一个小包，会影响整体的美感，而且你坐下时掏手机也不方便。另外，把手机握在手里、放在桌子上或者挂在上衣口袋外面，也都不是很恰当的做法。将手机握在手里就会给人一种谈话不专心的感觉，而将手机放在桌子上或者挂在上衣口袋的外面，就会有点炫耀和奇怪的感觉。

3. 打电话需要注意的礼仪

首先，在能打座机的时候不要打手机，这个是一种默认的常识。另外，给人打电话的第一句应该是"现在通话方便吗",因为对方很有可能有事情,不方便接听电话。你也可以通过电话那头传来的声音判断,如果那边很嘈杂,很有可能对方在和朋友聚会,接听电话就不是很方便,也听不清楚,你可以过会儿再打过去或者让对方空闲时给你回电话。当然,对方也有可能找个安静的地方跟你通电话。如果那头很安静,可能是在开会,那么你就应该问清楚了然后表示过会儿再打过去。有了初步的鉴别,通话起来就更加方便。不然对方因为不方便接电话,可能说话急促了些,你兴许还会误会。

4. 公众场合使用手机的注意事项

在公众场合使用手机还是有很多地方需要注意的。比如说在会议中或者在和别人洽谈的时候,应该将手机关掉或者调到静音或震动状态。因为在开会的时候大家精神都比较集中,内容也是比较重要的,手机铃声响起会打断别人的思路,破坏整体的氛围,也显得自己不懂礼貌,没有修养。

在餐桌上也有关机或者将手机调至静音、震动状态的必要,当然倒也没有会议洽谈那么严苛,在熟悉的人面前可以不拘泥这些小节。但是如果在客户或者比较重要的人面前,为了不影响大家的兴致,还是将手机关掉为妙。

在楼梯、电梯、路口、人行道等地方打电话的时候,要尽可能地把自己的声音压低一点,一来可以保护自己的隐私,免得你说什么别人总是向你行注目礼,多少有些尴尬;二来,在公众场合大声讲话很容易遭人嫌弃,像个没见过世面的乡野村民。

另外,在开车途中、剧场里、图书馆和医院里接打手机,都是不礼貌的;尤其是开车的时候接电话,可是生命攸关的大事情,必须禁止。

5. 短信

不要一边说话一边看短信,三心二意是不好的做法,两边都做不好不说，还很有可能引来别人的不满，觉得你不尊重人。在给别人发短信的时候，要像面对面交谈一样，重视、文明。别人看到你发来的短信，就很可能通过这些东西判断你这个人，同时也反映了你的品位和水准。另外，那种充满色情、内容不健康的东西千万不要转发，特别是带有讽刺意味的东西，很有可能造成误会。

随着时代的飞速发展，手机、电话已经成为了电子商务中不可缺少的通信工具，然而实际上，这些通信工具和面对面谈话的区别不是很大。俗话说"只闻其声，不见其人"，这正是这些通信工具的特点，也正是因为这些特点，大家在接听和拨打电话时，就应该更加注意，不能触犯拨打电话时的禁忌，以免对方觉得自己没素质。

下面我们来说一下打电话时应该注意的问题：

不管是接听电话还是接听手机，千万别开口就是"喂"或者"你找谁"之类的话。尤其是不要张口就问对方的"底细"，一直追问对方"你是谁""要找谁""有什么事"之类的问题。

假如有人拨错号打电话到你头上，打扰了你几分钟，你也不能乱发脾气，态度不好。首先，你在确定了对方确实是打错电话之后，要先介绍一下自己，再接着告诉对方电话打错了。如果对方向你道歉，你也要礼貌地回一句"没关系"，不能劈头盖脸地指责对方"看仔细了""下次要注意"。

有时候，你也可能会遇到一些不认识的人打进电话来，而且一说起来就没完没了，非得让你主动制止的情况，你应该说得委婉一些，不要给对方一种难堪的感觉。比如不要说"你有完没完？我还有其他事呢"，而是要说"好的，我不能再继续占用你宝贵的时间了"。

在打电话的过程中，要杜绝对着话筒打哈欠、吃口香糖或者吸烟，也要杜绝在打电话的同时与身边人聊天。否则，对方会觉得你没礼貌，不尊重别人。

另外，不能妄自说上司有没有空、在没在场，也不能轻易让上司接电话。你要先弄清对方是什么身份，打电话有什么意图，尽量避免让没有意义的电话打扰上司。若上司不在场，要有礼貌地留言给对方，不要三言两语就回绝。若上司不想接电话，你要想方设法地去打圆场，尽量不要让对方感到难堪和不安。

如果自己在开会、会客时接电话，要记住不能长谈，或者有其他电话打过来需要中止通话时，千万要向对方说明理由，并且告诉对方有时间会立马回电话。

不说竞争对手莫须有的坏话

黄先生是某国产品牌汽车 4S 店的经理，他常对销售人员说，无论什么情况下，都要对客户真诚、厚道，不要恶意诋毁竞争品牌。黄先生为什么这样做呢？这是因为他的一段经历。有一次，一名客户到 4S 店看车，当时还是销售员的黄先生，很详细地给他介绍了汽车的特点，给他分析买该品牌汽车有哪些好处，最后打动了客户，他当即就交了现金订购了一台车。然后他对黄先生说："可以试驾一下吗？"黄先生说当然可以啊。于是他们坐上车，启动了，没料到客户居然开出不远停在了另外一家品牌汽车4S 店门口，走下车，对那家店的人说："我就买这部车了！"

接着，黄先生才得知，这位客户刚才也到这家店看车，顺便问他们"你们觉得 ×× 车（黄先生店里卖的车）怎么样？"对方说："那车你千万不要买，今天买，明天就来修！"这种恶意诋毁让客户觉得太不厚道，而到了黄先生店里，黄先生没有说一句竞争对手的坏话，全部都是客观分析汽车的优缺点，让客户觉得在他这里买车很放心。客户说："为了竞争，他们可以那么夸张地诋毁对手，我很担心，他们对客户也不会太友好！"

诋毁竞争对手，你会给客户留下恶意竞争的印象；而且，这样做容易使人产生"王婆卖瓜，自卖自夸"的怀疑。贬低、诋毁竞争对手，更多的时候起到的是相反的作用。

笔者曾经历过这样的事。前段时间，笔者想买台笔记本电脑，就到中关村"扫价"。我心里预想的是，几个品牌中，同样配置的笔记本，哪个便宜就买哪个。结果连续问了几个铺点，价格都差不多，最终笔者确定了某品牌一个型号的笔记本，在展示时，那位销售员展开巧舌，大夸自己品牌的好，说得"神乎其神"的，什么经过哪些试验，在哪些极端环境下使用等。同时，他还不忘贬低其他品牌，在他看来，那些笔记本简直就不算笔记本。

这让笔者有些犹豫了，你说得那么"邪乎"，为什么就我一个买主呢？而你诋毁的品牌那里为什么却有不少人在询问呢？再说，我的很多朋友也在使用你诋毁的笔记本电脑，但并没有你说得那么烂呀？考虑再三，笔者决定不在他那里买了。

向客户推荐产品时，把竞争对手的产品贬得一文不值，如果恰恰客户就是竞争对手的忠实用户，你的做法只能让客户对你产生严重的不信任。真正会销售的人，从不把自己当销售人员，而是只给顾客推荐合适的产品，更不会去诋毁竞争对手。

这一点，娄先生夫妇就做得很好。娄先生夫妇经营着一家家纺店，虽然店面不大，但生意却是当地最好的。这与他们的经营理念是分不开的。他们的经营理念就是"从不把自己当销售人员，而是只给顾客推荐合适的产品，更不会去诋毁竞争对手"。他们会根据顾客的喜好和经济实力，推荐适合他们的产品。比方说，店里卖的蚕丝被，娄先生夫妇一般都会推荐客人选择三四斤重的，而不是五六斤重的，虽然后者的利润会多一点。娄先生说："三四斤重的被子可以盖三个季节，春、秋季直接盖一条，冬天再在这条蚕丝被上加一条被子就可以了。而五六斤重的被子不是最实用的，只能在冬天盖。"

当顾客问："某某牌子的家纺怎么样？"娄先生夫妇的回答是："是个老牌子了，挺好的！"当然，不是任何一家竞争对手的东西都是好东西啊，遇到这样的情况怎么办呢？娄先生夫妇的原则是，教给顾客识别产品好坏的方法，培养顾客一双明亮的眼睛。他们每次都会耐心细致地给顾客上课，什么样的面料不会褪色，什么样的羽绒被不会脱毛等。判别知识教给了顾客后，他们也不急着推荐自己的产品，倒是很乐意让顾客们到各家去转转。"不买我们的东西不要紧，但是一定要买到货真价实的好东西。"娄先生是这样说的。而他的这一做法，正是值得我们学习的。

谈判者要讲究风度

谈判中的礼仪向来都很被重视，因为在谈判中以礼相待，不仅能体现自己的素质和教养，还能从另一方面对你的对手产生一定的影响。如果你是一个很有风度的谈判者，对手至少会尊重你，不会对你有轻视的感觉。那么一个有素质的谈判者应该具备哪些素质呢？一般认为，注重仪表风度、讲究语言艺术、礼待谈判对手的谈判者，就可以被称为有素质的谈判者。下面我们来分点说一下。

1. 注重仪容仪表

不论在什么时候，注重自己的仪容仪表都是表示自己对对方的一种尊重，也是一种重视。在参加谈判时，男士应该将胡子刮干净，不要胡子拉碴的就过去，还要将头发梳理整齐，打理好自己，让别人看着赏心悦目。

女士应该化淡妆，发型不能太标新立异，令人舒服最重要。此外，香水不要喷太多，否则会让人反感，还会让别人觉得你庸俗。总而言之，在谈判时，不论男女都应该着装正式、庄重。

除此之外，还要注意自己的言谈举止。在谈判过程中要保持微笑。微笑会让别人觉得舒适，不管谈判是和谐还是有意见分歧，微笑都是最好的面部表情，至少不会将矛盾激化。在有些正式的谈判中，就算有时候意见不同甚至截然相反，如果你微笑地和对方交流，就算最后没有达成合作，也算是交了个朋友，将来见面还能友好地打个招呼。"微笑谈判"甚至已经成为许多谈判老手为人称道的风格。当然，也只有发自内心的微笑才能让对方真正开心。

除了微笑，举止方面也要更加注意。举止主要是指"坐、立、行"三个方面。坐是指坐姿要端正、大方、自然，上身挺直，既显得精神十足，也表示对谈判对手的尊重。立是指身体直立时应正对对方，挺胸抬头，目光平视，面带微笑，表现出自信和对谈判有进取的劲头。行是指行进时要缓步而行，表现出自己的修养、稳重和信心。

2. 语言要讲究艺术

在谈判时，语言风格对谈判的走向也起到关键作用。如果你是一个急性子，说话很僵很直，事情很有可能就被你谈崩了。所以在谈判中讲究一个"谈"字，要你来我往，互相交流。如果将语言运用得很恰当，不仅可以让谈判的氛围变得缓和、融洽，还能促进两人的交流，促进谈判双方的相互理解、相互信任和相互支持。

说话上的艺术不是一朝一夕能够领悟精髓的，需要长期注意，多加思考和反思。谈判者在平时要多看书，多向前辈请教，并且吸取谈判中的经验和教训，掌握各种语言表达方式的基本知识和特点，提高谈判语言的运用能力。目前市面上也有很多讲谈判方面知识的书籍，可以买来学习。

3. 尊重对手

尊重对手其实就相当于尊重了自己。在谈判期间一定要和对手以礼相待，要尊重对方，不管情况是好是坏都不要意气用事、举止粗鲁、语言粗俗、侮辱对方或者放狠话，这样不仅有失风度，还让自己在谈崩了一单案子的同时树了一个敌人。在谈判时，要正确处理和对手的关系，做人和做事要分开，事业归事业，私底下还是要和和气气的。如果你的谈判对手是朋友，那就更应该如此。大家各事其主，本就应该互相理解。其实，在谈判中对手也可以成为朋友，那还会有种高手相逢、惺惺相惜的感觉，就看你怎么对待和处理了。

如果你能做到有大家风范、大将胸怀、举止得体、格调高雅这几点，就一定能成为一个很好的谈判者。

谈判中座次的讲究

在正式的谈判中，座次是极其讲究的，这也是谈判的一项重要内容，要严格按照礼仪要求来安排。

下面我们就来一一介绍谈判时的座次礼仪。

以右为上：按照国际惯例，"以右为尊"是普遍适用的。

居中为上：中间的位置为上，两边为下。相比两边的位置，位于中间的人讲话更能使两边的人都清楚地听到，也更便于与两边的人进行交流，在我们的潜意识里也觉得中间的人讲话更有说服力。

前排为上：前排为上，后排为下。"前"总是与"领先"相关。因此在谈判中，越是重要的人士应该排在越靠前的位置。

面门为上：面门为上，背对门为下。面对门的位置视野开阔，比背对门的位置更加优越。

谈判时一般使用方桌或者圆桌。方桌就是长方形的会议桌，是最常用的桌子。在谈判时双方应该分别坐在桌子两侧。双方的尊者都要坐在自己那一队居中的位置，以显示尊贵。坐法是以居中的尊者为中心，按照尊卑顺序左右散开，其中以右边为尊，左边略微次一点。如果谈判的是圆桌，这种情况下座次概念并不那么明确，一般是本着"人人平等"的原则在谈判，特意淡化了尊卑观念。

下面就从双边、多边谈判的角度具体说一说座次的礼仪。

双方谈判就是由两个方面的人士所举行的谈判。这种谈判运用广泛，一般性的谈判都会选择这种形式。双方谈判座次的安排，有两种形式可以考虑。

横桌式：谈判桌在谈判室内横放，客方谈判者面对着门坐，主方谈判者背对着门坐，这就是横桌式谈判。除双方主谈者坐在最中间外，各方的其他人员则应依其具体身份，各自按先右后左、自高而低的顺序，分别在己方一侧就座。双方主谈者的右侧之位，在国内谈判中可坐副手，而在涉外谈判中则应由译员就座。

竖桌式：谈判桌竖放在谈判室内就称为竖桌式谈判。具体排位以进门时的方向为准，右侧由客方人士坐，左侧由主方人士坐。在其他方面，则与横桌式排座相仿。

由三方或三方以上人士举行的谈判称为多边谈判。多边谈判的座次排列，主要分为以下两种形式。

自由式：自由式就是在谈判时随便坐，想坐哪里就坐哪里，没有拘泥，当然，也就没有必要事先正式安排座次。

主席式：主席式座次排列就是在谈判室内，面对着正门设置一个主席位，各方代表发言时都用主席位，相当于主席台公用。其他各方人士都一律背对着正门、面对主席位分别就座。各方代表发言后再下台，在原来的位置坐好。

商务谈判语言上的注意事项

商务谈判时你代表的毕竟是公司的利益，不是你自己的，所以必须要做到客观性、针对性、逻辑性。客观性意思就是要将问题讲得清楚明白，实事求是地表达公司的思想，传递信息。针对性则是根据谈判中的不同内容、不同目的、不同阶段的不同要求，说不一样的话，提出不一样的要求，使用不同语言，有不一样的策略。逻辑性就是语言概念明确、推理符合逻辑、遣词造句恰当、证据确凿有说服力，千万不能颠三倒四，最后把自己都套进去。让别人抓住你的把柄，那你这场谈判基本上就玩儿完了。

在商务谈判时我们应该在语言方面注意技巧和礼仪，这样可以提高成功率。

1. 学会倾听

在谈判学中有句名言："最廉价的让步就是让对手清楚，你在全神贯注地倾听他的发言。"在谈判中，最忌讳说得多听得少。耐心地听别人讲话既是对别人的尊重，也有助于了解对方的需求，在倾听中洞察对方的思想，从而更加准确地把握事情的关键，然后制定出准确的应对策略。在倾听别人说话的时候眼睛要注视对方，这样显得有礼貌，表示你在听，同时要观察对方的表情、神态、举止等细节，通过身体语言来透视对方的真实想法。全面的观察再加上整体的判断有利于更好地知道对方的真实想法，从而帮助自己朝着有利的方向发展，也会大大地提高成功率。这里的"听"，不仅指用耳朵听，而且是用心为对手的话语做设身处地的设想，然后帮助自己判断对方语言背后的动机。总而言之，在谈判上的"听"是一个综合的说法，包括了"耳到、眼到、心到、脑到"等各方面。

小杰是一个喜欢玩游戏的游戏迷，他在业余时间还会自己设计小游戏。有一次他的小游戏被一家网站看中了，网站总经理亲自来和他谈判。其实小杰觉得自己无意设计出来的小游戏能卖个一两万就已经很好了。但是他没有一下子就表现出来。网站总经理问他比较理想的价格是多少时，他一时也摸不清楚，就将皮球踢了回去，问总经理："我这个小游戏对你们网站有什么作用？你先说说看吧。"小杰这么一说，总经理就有褒有贬地将这款小游戏评价了一番。小杰仔细观察总经理的神态，从他的言谈举止的细节中得出判断，最后以十万的价格谈了下来。

在谈判的过程中，谈判者的精力应该时刻保持高度集中，还要保持冷静和清醒，尽可能地排除外界的干扰，通过观察对方的一举一动做出正确判断。大到举手投足，小到一个眼神一个微笑，尤其是对方点头、目光赞许等方面，千万要留心。如果对方说了一些模棱两可、难以理解的话，一定要耐心听完，千万不要避而不听。如果对方做出一些冒失的举动，甚至可能触怒你的时候，你也要耐心听完，千万不要打断别人说话。

2. 如何提问

谈判是一项斗智斗勇的活动，为了了解对方的真实想法和真正企图，谈判者必须十分警惕地利用各种方式和技巧探知对方的需求。当然，提问题就能很好地达到探知对方想法的目的。提问时的注意事项有以下几点：

（1）注意提问时机和技巧

不要在别人还在讲话的时候提问，这样就会打断别人讲话，容易引起别人的不悦。可以在对方发言的间隙，或者在自己发言的时候提出问题。

提问的方式一定要委婉，语气要亲切平和，用字要斟酌，千万不能太强硬，更不能审问或者责问。咄咄逼人的提问会引起别人的不满，给人一种居高临下的感觉，还会将矛盾激化，这种提问方式只是你的一种手段，除非对局面已经十分有把握，其他任何情况下都不要用这种方式。

（2）注意提问内容

提问的内容应该紧紧围绕谈判的中心和主旨，为了很好地做到这一点，提问前要做好精心的准备，问题与问题之间一定要有内在联系，不能牛头不对马嘴、跳跃性太强，以致完全没有逻辑性。在问问题时一定要循序渐进。

此外，在谈判的过程中，一定要避开关于隐私的问题，还有对对方含有敌意以及暴露自己弱点的内容。如果你提出的问题让对方面露难色或者双眉紧蹙时，一定要赶紧转移话题，给对方一个台阶下，千万不能穷追不舍、步步紧逼。提问时也一定要留有余地，要考虑到如果对方将这个话题再抛给你，你该怎么接招。不要到最后搞成搬起石头砸自己的脚，得不偿失。

3.说服别人需要注意的礼仪

想要说服对方听取你的建议，首先要说服对方动摇、改变、放弃己见，信服、同意、采纳你的主张。这其实就是一场从精神上征服人心的战斗，一般厉害的人是不会让对方有被迫接受的感觉，而是有种心服口服、甘拜下风的感觉。

说服对手有很多步骤，首先要做的就是消除对方的防范心理。如何消除对方的防范心理呢？从心理学角度来说，防范心理就是在人把对方当作假想敌时，自然而然产生的一种自卫心理。想要消除这种心理，只要让对方不把你当作假想敌就好了，那么又该如何让对方把你当作朋友呢？首先要安抚、控制好对方的情绪，然后抓住这个缺口，动摇对方的意志。一般来说，在对方思维极度坚定的时候，说服基本上是不成功的，你讲的话他一定会当作耳旁风。倒不是说你说的话他觉得一点道理都没有，有时候只是觉得那些话不适合他自己而已。这种时候，如果还不想放弃，可以再次诚挚地向对方抛出橄榄枝，表达你们会双赢的前景，客观地向他讲述利弊得失之类的话，既要讲明接受意见后对方将得到什么样的益处，已方将得到什么样的益处，也要欣然地讲明接受意见后对方的损失是什么，已方的损失有哪些。也许你这样客观公正、合情合理、真诚的方式会打动对方。

谈判中不可忽视的细节——手势

手势是谈判中不可忽视的细节，在日常生活中很多人都会有自己习惯性的动作，谈判时很可能会习惯性地带过去，有时候自己都没有注意到，但是对手很可能已经察觉了你的意思。有一次看"天天向上"时，说到汪涵在看台词的时候会不自觉地不停搓大拇指和食指，就是表示让导演把词放得快一点。

当然，在谈判中有些比较高雅帅气的手势还可以辅助声音，让你说出的话更有信服力，也更有魅力，谈判人员要重视起来。

1.表达情绪的手势

顾名思义，情绪性手势最主要就是为了表达自己内心的想法。比如，悲痛时捶打胸脯，高兴时拍手称快，悔恨时敲打前额，愤怒时紧握拳头，急躁时双手相搓，犹豫时抚摸鼻子。尴尬、为难或不好意思时用手摸后脑勺，想表示挑战或者示威时将双手叉腰，扬起巴掌用力往下砍或往外推常常表示心意已决，不会再听别人的劝告了。

一般来说，情绪性的手势就是为表达人的内心想法，在不自觉的时候表露出来的一种载体，往往更加真实，是更加贴合对方内心的真实情绪。

2. 表意性的手势

表意性手势一般是经过思考的，有着明确的目的，往往是人的一种自觉动作。多数是约定俗成的一些手势，不用说明大家也都懂。像招手，意思是让对方过来；摆手，意思是不要或禁止；挥手，意思是再见或致意；竖大拇指，意思是第一或称赞；伸小指，意思是最小或蔑视；用手指指自己的胸口，意思是谈论的是自己或跟自己有关的事情或者表示一种真心；伸出一只手指向某个座位，意思是让对方在那里坐下。

3. 象形性的手势

象形性的手势就是用来临摹状物的，大概就是为了让自己表达的内容更加形象、更加生动。比如说你要表达一样东西很大，就会挥舞双手比画一个很大的圆圈，来表达"很大"的意思。

4. 象征性的手势

象征性手势就是用手表达一种比较抽象的事物或者概念。就像想要表达"把革命进行到底"这句话的意思是，捏紧拳头用力从肩头冲出去，可以表达出一种冲劲；想要表达"迎接美好的明天"这句话的意思时，张开双臂，然后再缓慢地向前摊开；想要表达"我们胜利了"的意思时，双手握拳，向上挥动或者手指做出"V"的手势；想要表达"坚决制止这种行为"的意思时，做一个用手下砍的动作。诸如此类的手势就是象征性手势。

一般在谈判中，我们为了做出针对性的反应要了解其"心理变化过程"，我们应善于从对方的动作来猜测和判断。比如说，当人们用来表示对某一事情结局的一种急切期待的心理时往往会搓手掌，也可以说，当人们对某事的结果有一定把握能够成功，或是期待结果可以成功，又或者是当人们不知如何是好而又急于知道结果时，手掌所表现放射出来的一种信号。再或者，有一种塔尖式手势，即两手伸直，两手的五个指尖并拢，放在胸前。这个手势常被一些自信者采用，用以显示他们的高傲情绪。与此相反，如果一个人缺乏自信或者很紧张，就会双手相握，或是不断玩弄手指。

还有，当一个人不由自主地摸嘴巴、碰耳朵或者扶眼镜时，则是他说谎的标志。而用手搓后脖或拍前额，则是后悔的标志。总而言之，在谈判的过程中，为了明确对方的特定含义，掌握主动权，一定要善于观察对方的这些手势。

签字仪式的礼仪常识

订立合同、协议的各方在合同或协议正式签署时所正式举行的仪式一般称为签字仪式。签字仪式的举行，是对有关各方对自己履行合同、协议所做出的一种正式承诺，也是对谈判成果的一种公开化、固定化。举行签字仪式，从礼仪上来说，规范比较严格。

第一，在参加签字仪式时，宾主双方或多方的人数应大致相同。为了显示对签订的协议、协定的重视，一般都是由更高级或更多的领导人和有关人员一同参加签字仪式，此时双方参加的人数和出席者的身份应通过协商，大致相仿。

第二，讲究座次。举行签字仪式，一般来说在座次的排列上，为了适用于不用的具体情况，有三种基本的形式。

并列式排座：签字仪式举行时最常见的形式。基本做法是将签字桌横放于室内面门，出席仪式的双方在签字桌之后并排排列，客方居右，主方居左，双方签字人员居中面门而坐。

相对式排座：与并列式签字仪式的排座基本相同。二者之间的差别，只是相对式排座要将双边参加签字仪式的随员席移至签字人的对面。

主席式排座：适用于一般多边签字仪式。它的特点是签字桌横放于室内，签字席则只设一个，设在桌后面对门，而且不固定就座者。在举行仪式时，各方人员，包括签字人在内的所有人，都应背对正门，面向签字席就坐。在签字时，各方签字人依次走上签字席就坐，签字应以规定的先后顺序进行，而后应即回原处就座。

在具体操作签字仪式，可以依据下述基本程序运作：

宣布开始。在这个时候，有关的各方面人员应先后步入签字厅，在各自既定的位置上正式就位。

签署文件。一般的做法是先签署由乙方保存的文本，然后再签署应由他方保存的文本。

交换文本。各方签字人在这个时候应热烈握手，相互道贺，并互相交换使用过的签字笔，用来纪念。全场人员热烈鼓掌，表达祝贺。

饮酒庆贺。在有关各方人员交换文本后，可于当场饮香槟酒，并和其他方面的人一一干杯。这是在国际上所通行的、增加签字仪式喜庆色彩的一种常规性做法。

乘车时找对你的位置

在商务活动中，乘坐轿车是经常的事。但是你怎样才能找对自己的位置？你懂得商务乘车的礼仪吗？如果你还有疑问，那你就要立刻看看本文了。在乘车时，应当牢记的礼仪问题主要涉及三个方面，分别是座次、举止、上下车顺序。

1. 座次

在单独乘坐别人的私家车时，如果坐在后排，会给人感觉是你把他当成出租车司机；在和人一起结伴出行坐出租车时，让别人坐在副驾驶座，这样等于说是你比他地位高。而在陪领导接待公司的客户时，坐在司机后面的座位，是抢领导的威风。以上几种行为，都属于不懂座次的表现。

在商务活动中，乘坐轿车时一定要分清座次尊卑。当由主人驾驶时，一般而言，前排座为上，后排座为下；以右为尊，以左为卑。当由司机驾驶的时候，以后排右侧为首位，左侧次之，中间座位再次之，前排右侧殿后，前排中间为末席。

或许有人说：副驾驶座在主人驾车时为什么是上座，但当专职司机驾车时又变成了下座呢？第一，在主人驾驶的时候，客人坐在副驾驶座上，一是表示和主人平起平坐，二是表现了与主人风雨同舟。在车上没有别人的时候，如果客人坐在后排座上，会让人觉得不是把主人当成司机，就是显得过分惜命了。第二，副驾驶座被公认为轿车最为危险的座位。一般驾驶者在遇到危险时，他一般会将自己闪躲开，所以坐在副驾驶座的人伤亡概率最高。也是因为这样，副驾驶不适宜女士、儿童、尊者就座。在商务活动中，该座一般是由秘书、翻译、助手、陪同的随员坐。

2. 乘车举止

动作文雅：在车上时，一定要注意举止行为，一定不要和异性出演"爱情故事"，或者是东倒西歪、脱鞋等。

讲究卫生：不要在车上连吃带喝、随手乱扔或是在车上吸烟。

不自作聪明地指出他人坐错位置：当陪同他人一起乘车时，你自作聪明地告诉坐在"下座"的人说："您坐错了位置。"这个行为一方面对他人自由选择座位是一种干扰，另一方面也等于在当众宣布他不尊重对方，不懂得乘车的礼仪。乘车时，虽然应该将他人让到上座，但同时更要尊重对方的自由选择。

3. 上下车顺序

上车时自己先上，下车时不管自己坐在哪边都抢着下车，在这种情况下，如果你的身份地位高，别人会觉得你在仗势欺人；如果你的身份一般，会让人觉得你妄自尊大。上下车的举止随便的话，既容易造成误解和不便，也不利于你良好形象的树立。

上下轿车都是有理可循的，都有先后顺序。它的要求是，如果条件许可，一定要请尊长、女士、来宾先上车后下车。当主人亲自驾车时，如果有可能的话，都应该后上车先下车，以便照顾客人上下车。当由专职司机驾驶车时，坐于前排者，大都应后上车先下车，以便照顾坐于后排者。

4. 女性上下车

女性上下车姿势必须十分讲究，具体来说是，上车的时候仪态一定要优雅，姿势应该为"背入式"，也就是把身体背向车厢入座。坐定了以后再将双脚同时缩进车里（如果穿长裙，应该在上车门前将裙子弄好）。在下车的时候，再将身体尽可能靠近车门，把身体的重心移动到另一个脚，把整个身体移到车外，最后再将另一个脚踏出去（如果是穿了短裙，则应该将两只脚同时踏出去后，再把身体移出去，两只脚不能一前一后）。

国际礼仪篇——外事礼仪

　　现在有一句调侃人的话——"丢人都丢到国外去了"，这句话说明两个问题，一是现在出国的人越来越多，二是人们对国外的礼仪知道得太少，经常闹笑话。因此，本章着重介绍在某些国家应注意的礼仪，例如付小费、住宿等。

礼仪之新加坡篇

新加坡的华人数量超过了总人口的 75%，它是除中国外世界上唯一一个以华人为主体民族的国家。在新加坡，我们完全可以用到国内的一些礼节。但是，新加坡法律制度的严格在全世界都是很有名的，而且，它在风俗礼仪上也使用法律。

一些在我们看来很小的、不文明的做法，在新加坡都会受到比较严厉的处罚。下面我们列举了一些常见的法律条例，会对大家在新加坡旅游有很大的帮助。

乱扔垃圾：有可能在劳动法令下受罚或被处以最高 1000 新元的罚款，或者两者都有。

随地吐痰：有可能在劳动法令下受罚或被处以最高 500 新元的罚款，或者两者都有。要吐在纸上用纸包好再扔，不能直接吐在垃圾桶里。

上完厕所不冲水：有可能在劳动法令下受罚或被处以最高 500 新元的罚款，或者两者都有。

横穿马路：有可能被处以最低 50 新元的罚款。

公共汽车逃票：这个处罚是最轻的，只是补齐差额并罚一倍的车费。

乱按地铁的警示铃或紧急制动闸：有可能被处以最高 5000 新元的罚款。

乱按防火警报：有可能在劳动法令下受罚或是被处以最高 1000 新元的罚款，或者两者都有。

新加坡一年四季温度都很高，但是如果你在大街上把上衣脱掉，光膀子走路的话就惨了。因为这在新加坡是触犯法律的，会受到很严重的惩罚。

新加坡还是一个各民族宗教信仰分明的国家，华裔大都信仰佛教或道教；马来裔基本信仰伊斯兰教；巴基斯坦裔也大都信伊斯兰教；印度裔信印度教；西方人一般信基督教。

虽然新加坡是一个宗教自由的国家，但是他们对宗教言论和反宗教言论是极其敏感的，在公众场合谈论宗教可能会引起争端，所以在公众场合最好不要提起宗教话题。男子在新加坡也不要留长发，他们对这一点很反感，甚至认为是可耻的行为。他们还十分忌讳说脏话，连"恭喜发财"都很敏感，觉得这是在教唆他人发不义之财。

你如果在公众场合遇到了新加坡人，一般都是行握手礼。在新加坡，男女之间都可以握手。对于男士来说，最好等女士先伸出手，表示愿意握手之后，再伸出手回握女士。

新加坡人在生活中处处都体现着对别人的尊重，举止十分文明。他们在坐着时十分规矩端正，从来不将双脚分开，或者两只脚交叉，只是有时候会将一只脚的膝盖叠在另一只脚的膝盖上，就是我们常说的跷二郎腿。他们在站着时也十分端正，体态正直，从来不把手放在屁股上，在他们那里，这个动作的意思是发怒。

在新加坡有敬老准则：对父母和其他长辈，要用亲切的称呼；当父母或其他长辈讲话时，不能插嘴；父母或其他长辈呼唤时，要随叫随到。他们几乎是人人都能做到这一点的，所以新加坡人举世闻名的一点就是极其尊重长辈。

新加坡人十分讲礼貌，其中礼貌的口号就是真诚微笑。他们十分重视"礼貌之道重于行"的准则。平时在接人待物时都会露出真诚的微笑。比如说在打扰别人时会真诚地说一句"对不起，打扰您了"。在打电话排队时，打好电话的人会向排队的人说一句"对不起，让您久等了"。这些其实在很多地方都是难以做到的。就连交警给开了罚单，都要笑容可掬地接过来。

新加坡的店员都要严格遵循礼貌的守则，在顾客临门时要笑脸相迎，顾客购物的时候，不用等开口，店员立马就上前去介绍了；顾客如果提出问题，店员就要细心聆听，然后认真解答。新加坡人邻里之间大多数都自觉遵守《邻里礼貌守则》——见到邻居要互相问候，逢年过节要请邻居来访，见了面要寒暄几句；如果邻居有事外出，有段时间不在家，还要帮助邻居照管屋子。

新加坡人不喜欢吃馒头，最喜欢吃米饭。新加坡人喜欢花草树木，还喜欢鸟类，最喜欢的颜色是红色。他们对吉祥字样的东西都非常喜欢，比如说"福""喜""吉""鱼"等，这些比较吉利。新加坡人还对荷花、苹果和蝙蝠等图案感兴趣，因为它们象征着和平。

礼仪之日本篇

日本作为一个重要的经济大国，在亚洲乃至世界都占据举足轻重的地位。从日货在中国的受欢迎程度就可以看出一斑，市面上常见的日系品牌有索尼、丰田、本田、三菱、东芝、松下、夏普、NEC、佳能、尼康、奥林巴斯、富士通、爱普生、理光，等等。

日本是个传统的男性社会，男人的地位很高，尽管随着社会的发展，日本女人的地位也有所提高，但是还是有很多文化习俗和生活习惯受到影响，并不是一朝一夕能够改变得了的。日本的主体民族是大和民族，如果想要在日本待一段时间，最好还是了解一下大和民族的习俗和文化，免得惹上麻烦。

如果你是第一次和日本人见面，一般情况下还是要交换一下名片的，不然就会被对方认为你不喜欢他，不愿意和他交往。从电视上也可以看出，日本人见面是行鞠躬礼的，在鞠躬时手里不能拿东西，头上不能戴帽子，手也不可以插在口袋里。如果对方是比较熟识的朋友，鞠躬只需要两三秒；如果对方是你的知心好友，关系很亲近，鞠躬的时间就可以再长一些；如果遇见的是长者或者地位比较高的人，就要等对方把头抬起来之后你再把头抬起来。意思就是，你一定要比长者、尊者多鞠躬一会儿。当然，有时候日本人也是会握手的，不过女士除外，他们一般情况下是只鞠躬不握手。

日本人的名字一般前两个字是家族的名字，后两个字是自己的名字。叫日本人时最好使用"先生""小姐""夫人"，也可以在姓氏后加一个"君"字。日本人的全名，一般只有在正式场合才可以叫。在交际场合中，日本人通常都是笑脸迎人，无论自己开心与否，这一点都不会改变，他们的信条是"不给别人添麻烦"，所以笑脸相迎也是他们做人的一种礼貌。

如果你衣着不整齐就去见日本人，他们会觉得你没有教养或是不尊重他，所以在与日本人打交道时衣着上必须注意。在准备和他们见面时最好将自己好好收拾一番，不宜穿得过分随便，不要光脚或穿背心；去日本人家里做客时，进门第一件事就是要脱下大衣、风衣和鞋子。

日本人自古以来喜欢吃大米，也把大米当作主食，同时他们还爱吃鱼，尤其爱吃生鱼片。他们不吃肥肉和猪内脏，有的人也不吃羊肉和鸭肉，这个就是看个人喜好了。日本人的座位比较讲究等级，不论是在家中还是在餐馆里，他们都会安排好，到时候你听主人安排即可。在请别人吃饭时，不要将饭盛得太满，并且不允许一勺盛一碗饭。如果你是客人，不能只吃一碗饭，哪怕你已经有点撑到了，也要象征性地再添一次，不然主人就会认为你和他没有缘分。

在日本用筷子吃饭时，有八忌：不准用舌头舔筷子；不准拿着筷子在饭菜上晃来晃去，举棋不定；不准夹了一种菜又夹另一种菜，而不去吃饭；

不准将筷子头反过去，吞在口里；不准将筷子插在饭菜里；不准用筷子在饭菜里扒来扒去，挑东西吃；不准把筷子跨放在盘、碗之上；不准用筷子当牙签用。

日本人还有喝茶的习惯，尤其喜欢喝温茶。倒茶的时候习惯是倒八成满，他们认为这样是对客人的尊敬。他们在喝酒的时候喜欢客人和主人互相倒酒，不喜欢自己倒酒自己喝，可能觉得这样不能活跃气氛。他们一般会在自己给对方倒了酒之后，立马接过对方给自己倒的酒，你来我往，如此寒暄一番。在他们心中，这种相互倒酒可以表达出主人和客人的平等和友谊。

日本最美的就是樱花，这是众所周知的，他们很讨厌荷花。因为樱花是日本的国花，但是荷花是丧葬活动用的花，就相当于用在中国的葬礼上的菊花一样。但是菊花在日本是皇室的标志，不能作为礼物随便送给日本人，不然容易造成误会。日本人很喜欢猕猴和绿雉，它们分别是日本的国宝和国鸟。此外，日本人对鹤和龟也十分喜欢，觉得它们是长寿和吉祥的象征。但是，日本人对金色的猫以及狐狸和獾极为讨厌，认为它们代表着"晦气""贪婪"和"狡诈"。

日本人喜欢送人实惠的小礼物，在送礼物的时候讲究颜色，因为日本人对颜色十分敏感，每种颜色在他们眼中都代表着不同的意思。大部分日本人大都喜欢白色和黄色，讨厌绿色和紫色，还敬重7这一数字，认为数字4与9不吉利。

礼仪之法国篇

罗曼蒂克是法国的标准代名词，大家都知道法国人喜欢浪漫。法国是一个历史悠久、具有丰富文化内涵的国家，他们的名胜古迹、乡村风光等令无数人向往。法国还有闻名全球的建筑物，埃菲尔铁塔、卢浮宫博物馆和巴黎圣母院誉满全球；香榭丽舍大街被誉为世界上最美丽的大街；"波尔多红葡萄酒"被誉为世界葡萄酒"皇后"……

法国还是个十分懂礼貌的国家，男士十分绅士，女士十分淑女。谦恭礼貌一直是法国人引以为荣的传统。在法国十分流行"女士第一"这个说法，无论是走路、进屋、入座，都是女士优先；拜访、告别时也不例外，都要先向女主人示意和说感谢的话。

法国人喜欢结交朋友，他们还擅长交际。在和人会面时一般都习惯握手为礼，如果是少女和女士，就施屈膝礼。同性之间或者异性之间见面还常以亲面颊或者贴面颊代替相互握手。

在法国，有些阶层比较流行"吻手礼"。不过在去亲吻别人的手时，嘴不应接触到女士的手，也不能吻戴手套的手，而是只有一个虚动作，或者亲吻在捏着女士手的自己的手上；千万不要在公共场合用吻手礼，尤其是不能吻少女的手。

耸肩膀在法国人的眼中表示的是高兴，这和通常的礼仪有点出入。法国人喜欢比手势，当然，法国人的手势和中国的手势表达的意思有点不一样，像我们用姆指和食指分开表示"八"，他们则表示"二"；我们用手指指自己的鼻子，意思是"是我"，但他们要指着自己的胸膛才表示"是我"；

他们还把拇指朝下表示"坏"和"差"的意思，这个和中国倒没什么特别大的差别。

法国人是极其注重饮食的。在众多西餐中，最讲究的应该数法国菜了。在法国最有名最珍贵的菜是鹅肝，他们还喜欢吃蜗牛和青蛙腿。法国人爱吃面食，在肉方面，比较中意牛肉、猪肉、鸡肉。此外，肝脏是他们唯一吃的动物内脏，他们不吃无鳞的鱼和带刺骨的鱼。

法国人都极其爱酒，几乎餐餐必喝酒。法国人对酒十分重视，在餐桌上，不一样的菜往往要搭配不一样的酒。喝酒就离不开敬酒，法国人在餐桌上敬酒，一般按照先敬女后敬男的顺序，哪怕女宾的地位比男宾低，也要按照这个顺序。

礼物在法国人的人际交往之中十分重要，这些礼物都特别讲究。最好选择具有艺术品位和纪念意义的礼物，千万不要把刀、剑、剪、餐具或是物品上面广告标识十分明显的东西作为礼物。

此外，第一次见面的时候千万不要送礼物，法国人会觉得你不善交际，甚至会觉得你粗俗。这个和中国的"见面礼"就有点差别了需要。而且法国人比较不喜欢男人送女人香水，觉得送香水显得过分亲热，反倒让人觉得你有图谋不轨之心。送花时也要注意，花的枝数不能是双数，男人也不能将红玫瑰送给已经结了婚的女子。像菊花、玫瑰、牡丹、水仙、杜鹃、金盏花和纸花，也不要随意送给法国人。在收到法国人的礼物时，不要当着别人的面将礼物打开，应该回到家中再拆开，不然会让人觉得你不礼貌。

礼仪之韩国篇

韩国是一个自然风光十分美丽、历史悠久、文化独特的国家，它新旧并存并且融合得十分和谐、迷人。韩国向来是四季分明，春天山花烂漫，夏天绿树成荫，秋天枫叶红火，冬天白雪皑皑，风景优美动人，让人赏心悦目、流连忘返。众所周知，韩国的娱乐业十分发达，韩国花美男天团、偶像明星、影视歌手在中国吸引了大批韩粉。还有当初红遍大江南北的《来自星星的你》《城市猎人》，当时都教授金秀贤完全承包了中国各大电视台的各种广告，在任何地方都能看到都教授的身影……这样的例子数之不尽，由此可见韩国人的娱乐做得多好了！

韩国人在交际中对礼仪也十分重视，他们是一个很懂得尊重长辈的国家，讲究长幼有序。韩国人的名字基本上都是韩文发音的汉字组成的。第一个字是姓，后面的两个字是名字，名字中有一个字通常代表辈分，比如金三顺。"三"就是辈分了。韩国人不兴直呼别人的名字，直呼显得很生疏，也不礼貌。韩国人见了面都要鞠躬，这是一种传统的礼节。一般来说，男人和男人见了面喜欢握手并且鞠躬，握手的时候是用双手握，或者用右手握手的同时以左手托右臂，并且只需要点头一次就好。一般女人和女人之间是不时兴握手的，鞠躬就好。

在社交场合中，一般是男的和女的分开进行活动的，甚至在家里和参观中都是这样的。如果要去拜访别人，一定要先预约好。韩国人对交往中的接待问题也十分重视，所以在请别人吃饭的时候一般会选择在酒店中或者在酒吧中举行，这种场合，主人家的夫人通常情况下是不在场的。

　　韩国人十分崇尚儒教和儒家文化，对尊老爱幼、长幼有序看得十分重要，一般长辈进屋的时候，在屋里的人都要站起来迎接，表示对长辈的尊敬。在长辈讲话的时候态度一定要谦和有礼，要去帮长者摘墨镜或者帽子。在坐车的时候，一定要给老年人让位。吃饭的时候要给长辈或者尊者盛饭、上菜。如果老人还没有动筷子，晚辈是不能开吃的，一定要让老人先吃饭。

　　韩国的饮食文化也是十分讲究的。他们的主食是米饭，最常见的菜肴有肉、鱼、豆腐、蔬菜等炖熟的火锅，还有耳熟能详的韩国泡菜。在韩国，如果有人邀请你到他家里吃饭，你一定要带上小礼物，这是对别人的一种尊重。礼物的选择也是多种多样的，可以送酒，因为韩国男人比较喜欢酒，这也是很实际的一个礼物。还可以选择领带、打火机、电动剃须刀等。如果要送女士礼物，就可以选择比较常用的小礼物，像化妆品、提包、手套、围巾类物品或厨房里用的调料，都很实惠。如果送孩子礼物，食品比较适合。如果你是被送礼物的人，在接过礼物的时候一定要用双手，千万不能当着客人的面拆礼物，这样很不礼貌。

　　韩国人的禁忌也是比较多的。下面来说几个你可能会遇到的小事情。

　　当韩国公民对着国旗、国歌、国花的时候必须敬重，千万不要出现亵渎的情绪。韩国人不但在电台中会定期播国歌，在电影院放映演出前也会播放国歌，观众必须起立，表示尊敬。如果你是外国来的游客，在这种场合有怠慢的表现，就会被认为是对韩国和韩国人的不尊敬。

　　韩国对照相的规定也相当严格，像军事设施、机场、水库、地铁、国立博物馆以及娱乐场所都是禁止照相的，在空中和高层建筑上也都不允许拍照。

　　和年长者一起坐时，身体一定要保持端正，如果没有得到同意千万不要在长者面前抽烟，更不要向长者借火。吃饭的时候不要发出声响，更不能说话，正所谓"食不言，寝不语"。如果到别人家里去，到了住宅区要脱鞋，一般来说，韩式的饭店也要脱鞋。不要在别人面前擤鼻涕，也不要在大街上吃东西，这样子会被认为很粗鲁。

在韩国，渔民在吃鱼时是不允许把鱼翻面的，因为这样就好像要翻船似的。不要在别人家里剪指甲，这样就预示着死后两家会结为仇家。吃饭的时候不要戴帽子，这样子就好像说终生都会很穷。睡觉的时候不要枕着书，不然在读书方面就会一事无成。

因为韩国的桌子都很矮，是矮腿小桌，放在地炕上。所以用餐的时候，不管主人还是客人都要盘腿坐在地上，如果是在长辈面前用餐，那么，晚辈就应该坐在自己的脚底板上。不管是谁，都不要把双腿伸直或者叉开，这样子会被认为不礼貌或者侮辱人。

礼仪之加拿大篇

"枫叶之国""万湖之国"都是加拿大的美称，它是国土占地面积仅次于俄罗斯的国家，在全球排名第二。加拿大国土的占地面积比中国大，但是人口只有中国的四分之一，加上加拿大经济发达，有着丰富的资源，还有宽松的政策，以至于加拿大成为了众多移民的首选国家。

加拿大的风景也是令人着迷的，有着不计其数的世界奇观。秋天枫叶鲜红似火，飘飘扬扬地从枝丫上落下来，美不胜收。加拿大广阔无垠的土地上，还有着多姿多彩的地形地貌，有高大巍峨的高山，还有广袤无垠的高原、丰美富饶的谷地、众多的湖泊和纵横交错的河流，加上星罗棋布的岛屿，一起构成了一幅神奇、独特而别具魅力的美丽画卷。

加拿大人性格十分开朗，他们很重实惠，自由观念比较强，所以在行动上也比较随意。加拿大人在日常生活中喜欢穿欧式的衣服。在上班的时候，他们比较喜欢穿西装、套裙。参加社交活动时，他们往往会选择礼服。在平时的休闲场合穿着就比较随意，自己舒服就好。

加拿大在社交场合十分注重自己的言行举止，交谈的时候，他们一定会面带微笑地看着对方，以示礼貌。在介绍别人的时候也要讲究次序，一般遵循先长后少、先高后低、先宾后主的次序。在朋友比较多的场合下，他们喜欢顺着次序介绍。在比较隆重的场合，加拿大人习惯连名带姓地做介绍，介绍时，双方都要站起来示意，面带微笑。加拿大人在做自我介绍的时候声音适中，一边跟人握手一边说出自己的姓名。他们对那种扯开嗓子介绍自己的方式十分反感。

在向别人介绍朋友的时候，要胳膊往外微微伸开，手掌向上，手指并拢，不能用手指指人。他们喜欢用手比出一个 "V" 的手势或者 "OK" 的手势，前者表示胜利、成功，后者表示好、对、行之类的意思，这个手势还是比较通用的，在中国也是这个意思。

加拿大人经常用耸肩、两手手指交叉置于桌上等姿态来缓和紧张气氛或掩饰自己的窘迫。在别人遇到不幸的事情或者情绪比较低落的时候，他们一般喜欢采用上面那种姿态来表示自己的理解和同情。不过，有时候耸肩也表示自己爱莫能助、无能为力。

在遇到别人时，加拿大人一般喜欢握手、亲吻和拥抱。握手是大部分人都适用的，亲吻和拥抱就是熟识的人，像亲人、朋友之间才用的礼仪。在握住别人的手后，还要说 "见到你很高兴""幸会" 等。他们不喜欢插嘴的人，觉得这样很不礼貌，不尊重人。也不喜欢边说话边用手顶人的人，这是一个坏习惯。别人在说话的时候千万不要老盯着别人看，会让人不自在。在公众场合，加拿大人从来不在人前挠头皮，也不清理指甲里的污垢。如果有人在公众场合做这种事情，就会被认为没有教养，缺乏素质。

加拿大的气候是比较寒冷的，所以他们喜欢吃烤制的食物，喜欢吃烤牛排，尤其是八分熟的嫩牛排。加拿大人喜欢吃甜食，主要以面食、大米为主食，牛肉、鸡肉、鸡蛋、沙丁鱼以及西红柿、洋葱、土豆、黄瓜为辅。他们喜欢喝酒，像白兰地、香槟酒。不吃虾酱、鱼露、腐乳以及怪味、腥味的食物和动物内脏。

在加拿大，参加别人的宴席时，最好到花店里买一束花送给主人，以表示自己的谢意。但是不要送百合，因为百合在加拿大是葬礼上用的花。另外，加拿大人在餐桌上的座位也很讲究，一般是客人分别坐在男女主人的右首边。吃饭前要用餐巾纸抿一下嘴唇，免得把杯子口弄脏，尤其是女士，嘴唇上涂了口红或者唇彩。在用餐的时候，不要把自己的餐具摆到别人的位置上，也不要吃相粗鲁，加拿大人觉得正确优雅的吃相是绅士风度的体现。

在加拿大，很多地方是禁止抽烟的，像建筑物、电梯、飞机上，银行、商店、餐厅以及其他一些公众场合，抽烟都是违法的。加拿大人觉得抽烟是极其不礼貌的行为，如果非要抽，在指定的区域或者在自己的家里抽烟没问题，如在别人家里做客，抽烟也要得到主人的允许。在抽烟之前还要问问周围的人是不是介意，如果介意，你也要尊重他们，不要抽烟。

礼仪之美国篇

美国是全球的经济、政治、军事等众多领域里影响力最大的国家，美国的地位在世界上是其他国家所不能匹敌的。比如说 2008 年爆发的金融危机，就是由美国的次贷危机引起的。这只是美国强大的一个方面，但是也足已证明美国经济对世界的影响力。

美国是一个典型的移民国家，它容纳了来自世界各地的人。美国人的性格十分开朗、性情直爽、不拘小节。如果你和美国人初次见面，美国人一般是对你笑一笑，或者说一声"嗨""哈喽"等。虽然很简单地打招呼，但是并不能说明他们对你有所怠慢、粗鲁，这只是习惯使然，他们平时总是匆匆忙忙，久而久之就习惯这样打招呼了。美国是一个崇尚自由的国家，在打招呼上面随意一些并不能说明什么问题。大多数美国人都不愿意因为自己年纪比较大或者地位比较高而受人尊重，这样反倒会让他们觉得不自在。还有一些美国人甚至觉得"先生""太太""小姐"的称呼太客套，显得很见外。如果不去管年龄，大家都喜欢直接称呼名字，所以在喊美国人的时候没有那么多讲究，只要直呼其名就可以了。

美国人有时候有点惜字如金，不喜欢说多余的话，更不喜欢啰唆。在回答问题的时候通常都是简单的"是""不是""当然"，或极普通的一个"对"字。他们在讲话的时候还喜欢运用一些手势、姿态语言来表达自己的情绪。在谈话的时候，他们可能会拍一拍对方的肩膀或者拉着对方的手，表示亲近友好。如果是和小孩子讲话，就可能轻轻地摸摸小孩的脑袋，表示对他们的喜爱。

一般来说"右尊左卑"，在很多国家使用左手都表示不受欢迎，但是在美国人那里却恰恰相反。美国人就喜欢用左手，在他们眼中左右都是差不多的，没有什么尊卑之分。

在美国也是有比较忌讳的动作的，比如盯视他人，冲着别人吐舌头，用食指指点对方，用食指横在喉头的前面。在美国人看来，这些动作语都有侮辱的意思。

美国人喜欢自然，从他们喜欢的服装风格上就能看出来。美国人喜欢穿宽松的衣服，喜欢追求个人魅力，服装都比较能体现个性。当然，穿衣服比较随性不是说不讲究，他们也有一些禁忌，一定要注意避开——不要在室内戴墨镜，进屋就要摘掉，不然会被美国人视作"见不得阳光的人"；在美国，女士千万不要穿黑皮裙，不然会被误认为不是"良家女人"；外出的时候不要穿睡衣、拖鞋，也不要以这身打扮接待客人，在美国人看来这都是失礼的行为；美国人认为在公共场合化艳妆，或者在大庭广众下化妆、补妆，都是缺乏教养的行为，还有可能让别人觉得你"身份可疑"，从而浮想联翩。

美国人喜欢吃生、冷、淡的食物，吃饭的时候不讲形式和排场，强调营养搭配。一般情况下，美国人的主食是肉类，牛肉是他们的最爱，鸡肉、鱼肉、火鸡肉也非常受欢迎。美国人不吃狗肉、动物的头、猫肉、鸽肉、蛇肉、生蒜、韭菜、皮蛋，等等。通常，热狗、炸鸡、比萨饼等十分受欢迎。美国人的主要饮料是冰水、红茶、咖啡等，牛奶、果汁等也是每天必须喝的东西。

美国人大多喜欢狗，也喜欢驴，觉得驴代表坚强，象代表稳重，这两种动物还分别是共和党和民主党的标志。白头雕是美国人最珍爱的鸟，白头雕还在美国国徽上露了脸，是国徽的主要图案。不过美国人不喜欢蝙蝠，觉得它是吸血鬼与凶神，十分反感。

此外，美国人将孩子保护得很好，不允许随意打骂孩子，如果你做了这些是会吃官司的，哪怕你是游客也不例外。

礼仪之瑞士篇

瑞士是钟表王国，其钟表制造业几乎可以称为行业元老。而且，瑞士是典型的中立国，"二战"时期，它都能在战火连绵的欧洲独善其身，能做到这点，瑞士一定有过人之处。

众所周知，瑞士在国际上的地位不容小觑，而且很多国际性的组织都把总部建在瑞士，这促进了瑞士经济的快速发展，时至今日，它已然是全球最富裕的国家之一，也是经济发展强国之一。现在，瑞士人均国民生产总值居世界前列，瑞士银行也同样享誉全球。

瑞士的风景美不胜收，吸引了世界各地的游客前来观赏。风光优美的日内瓦湖，壮阔连绵的阿尔卑斯山，都让瑞士成为著名的旅游胜地。

作为一个经济迅猛发展的国家，瑞士人的道德修养也十分出色，值得我们学习。瑞士人言谈文明、举止端庄、讲究礼仪，他们从来不喜欢炫耀，在他们看来，炫耀是很不礼貌的。平时走在路上遇到陌生人，只要你表示出友善，他们都会礼貌地回应你，并向你问好，平时走路时也同样谦让有加，从不横冲直撞，冒冒失失地撞到他人，就算走路时不小心触碰到对方，也会马上向他人道歉。如果你去瑞士旅游时不小心迷路了，随便问路上的陌生人，他们都会微笑着为你指路，态度十分友好。在瑞士，千万不要乱扔杂物，因为瑞士人十分注意卫生，爱整洁，这是他们的生活风尚，通常在瑞士的大街上，每隔一段距离就会有垃圾桶，各大旅游景区亦是如此。

通常情况下，握手是瑞士人向别人表示友好的方式。见到朋友会握手，如果是亲人或者关系特别亲密的人时，也会行拥抱礼，如果是女士也会吻脸颊，叫作吻面礼。瑞士人对女士极为尊重，所以他们崇尚绅士风度，事事女士优先。

瑞士人在社交场合通常喜欢穿正装，男士穿西装打领带，女士穿套裙。在日常生活中喜欢穿朴素大方、沉稳大气的衣服。在瑞士人看来，青春本身就是一种独特的美，没有必要用外在的那些东西修饰自己，那样反倒将这种最自然的美掩饰住了，所以她们不穿红戴绿，也不喜欢化妆。

瑞士作为西方国度，在饮食方面自然是以西餐为主，他们的菜肴讲究色香味俱全。但瑞士人的宴会通常很简单，一道主菜，一道清汤，一碟冷食拼盘和餐后甜品就可以了，他们主张节俭。瑞士人喜欢饮酒，饭前开胃酒必不可少，如果是吃鱼会喝一点白葡萄酒，吃肉则会喝红葡萄酒，十分讲究。当有瑞士人邀请你到他家里做客时，见面礼可以送鲜花，但不要送玫瑰花，因为它象征着爱情和浪漫，稍不注意会让人误会的。在瑞士，收到礼物要当面拆开，这才是礼貌的表现，如果能够适当地赞美几句，表示自己很喜欢就更好了。

瑞士人最喜欢的植物是火绒草，他们认为火绒草代表着至高无上的荣誉。人们还常常将它作为最珍贵的礼物，赠送给尊贵的客人，像外宾等，表示友好、诚恳、崇敬、重视之意。瑞士人对13和星期五是很忌讳的，他们不喜欢有猫头鹰图案的任何物品，也不喜欢黑色。他们的阳台从不用来晾衣服，因为这样从外面看就乱糟糟的，会影响市容。

总体来看，瑞士人闲散舒缓，老实本分，十分懂得享受生活。但是他们在做事时又十分牢靠，办事认真，从不惹是生非。他们还相当守时，这大概也是瑞士手表闻名全球的原因吧。瑞士人的素养与民风，很值得我们借鉴与学习！

礼仪之泰国篇

泰国，被称为"黄袍佛国"，泰国信奉佛教的人数几乎达到本土居民的百分之九十。无论是在风俗、文化风尚还是在艺术和建筑等方面，几乎都和佛教紧密相连。行至泰国，随处可见披着袈裟的僧侣以及庄严富丽的寺院。

泰国人民热情而礼貌，如果你去泰国，你一定会领略到泰国人的友好热情以及好客有礼。尽管泰国人看起来很腼腆，但实际上他们很和善，很容易交往，与其融洽相处并不难，并且他们总是面带微笑，这个特点令泰国口碑极好，故被称为"微笑国度"。

佛教在泰国的地位是神圣而不可侵犯的，寺院是泰国最神圣的地方，进入寺院是一件很庄严的事，身着短裙、短裤或袒胸露乳的服装会被认为是对神明的亵渎，至于衬衣没塞进裤子以及袖管翻卷在胳膊上这些细节，也是很重要的。并且进入佛殿必须脱鞋，否则，就是对佛堂的玷污。

泰国的佛像都是神圣的，不论大小都要尊敬。不可触摸佛像和用手指僧侣和触摸僧侣的身体，特别是女性，不允许与僧侣握手。如果女士想传递东西给僧侣，应交付男士转交。如果遇到女尼，男性也要注意不要触碰其身体。

泰国人非常尊重皇室，身为游客亦应入乡随俗，见到他们的国王、公主以及皇室宗亲，应该表示敬意，如果在电影院的银屏上出现国王的肖像，也应该全体起立。

如果遇到盛大的集会和宴会，乃至影剧院的演出之前，都要事先演奏或播放赞颂国王的"颂圣歌"，并且不能随意走动以及说话，路上的行人也要就地站立，以示对国王的敬意。如果违反了以上这些，不仅是失礼的行为，还可能遭到拘禁惩罚。

在泰国还要注意以下几点文明礼仪：在平时，泰国人会随时随地与别人打招呼并点头问好。在正式的场合见面，不施握手礼，而是双手合十，类似祷告。在泰国称呼对方时应把称呼与名字连用。受佛教的影响，泰国人非常注重头部，他们认为头是神圣而不可侵犯的，因此，千万不要抚摸他们的头部。即便是见到喜欢的小孩子，也不能摸头，否则会被视为对此小孩所属的神明不敬。

一般情况下，泰国的女性都是比较保守的，所以在没有征得她们同意的情况下，万不可触摸她们的身体。在公共场合，不要做出失礼的行为，如拥抱、亲吻等过于亲密的动作，这被认为是不礼貌的，不合风俗。男女之间讲究授受不亲，即便是公开的舞会场合，也不可与其身体接触。

泰国人普遍认为左手不洁而右手清洁，所以左手只能拿一些不干净的东西，因此，如果用左手拿比较重要的东西，会招致别人的嫌弃。所以泰国人吃饭和递东西都用右手，以示对别人的尊重。如果实在要用左手的话，要先向人致歉。

在泰国，人们的主食是大米，最具泰国风味的美食就是"咖喱饭"了。泰国人喜食辣椒，并且越辣越好，"辣椒酱"是餐桌上必不可少的东西。泰国人的调味剂主要是味精和鱼露。因为天气干燥的缘故，他们在喝饮料和吃水果的时候，不仅爱放冰块，而且喜欢在饮料里或是水果上撒些盐或者辣椒末。

对于色彩的喜爱，泰国和中国一样，比较喜欢红色，因为红色代表着吉祥。不过，泰国人不用红笔签名，这是因为泰国人死后，在棺材上写其姓氏要用红笔。

礼仪之意大利篇

有一个华美的国度，它被称为"欧洲花园""旅游之国"，这个国家就是意大利。提起意大利的历史，人们都会不自觉地想起当年纵横欧亚的罗马帝国，1900 年前毁于一旦而今只余残垣断壁的庞贝古城，艺术奇迹比萨斜塔，文艺复兴的发源地佛罗伦萨，风光旖旎的水城威尼斯，还有那备受争议却又令人惊叹的世界八大奇迹之一——古罗马竞技场……到了意大利，其丰富的古罗马文化和其留存的历史遗迹会令你流连忘返。

因为某种原因，意大利虽有"旅游之国"的美称，但每年八月份全国休假。其间，大量的商店、酒吧、影院都会暂停营业，甚至连政府机关也不例外，这会给旅行者带来诸多不便。所以在此建议，八月份去意大利并不是一个很好的选择。

在意大利的社交场合，他们习惯施握手礼，遇见久别的亲友会热情拥抱，平时路遇熟人，则会招手示意。他们喜欢用"您"来称呼对方，并且很注重职务、军衔、学历等。意大利人说话时喜欢靠得近一些，一般的间隔会保持在三十至四十厘米之内，有的时候几乎靠在一起。不过他们不喜欢交谈时别人盯着他们看，因为他们认为这种目光是不礼貌的。

意大利人表达意愿习惯使用手语，以下列举一些常用手势，以供参考。如果在谈话中用手托住并轻捏下巴表示不感兴趣，示意你离开。用大拇指和食指圈成圆形，其余三个手指竖起，也就是我们常用的手势，同样代表"OK"或者一切顺利；竖起食指来回摆动则示意这样不行；伸出手掌，同时撇嘴，做无奈状，这是不清楚或无可奉告的意思；用食指顶住脸颊来回转动，表示很好吃；五指并拢，手心向下，抚摸胃部，表示很饥饿；五指并拢，并用食指敲击额头，这是在骂别人傻瓜的意思。

在意大利，女士可谓处处优先。举行宴会时，只有女士先用刀叉进餐后，男士才会开始用餐；进出电梯的时候，也要让女士先行；在马路上如果男女同行，男士也要走在外侧，使女士更有安全感，并且行走时女士先行；上车给女士让座并帮女士关门；出入商店等公共场所，男士也应该为女士开门；乘车或坐船，男士也应该主动为女士让座。

如果你受邀去意大利人家做客，进门时应先脱帽，并且将帽子放在衣帽架上。雨天走访出门，雨具要放在室外，并且不可穿雨衣入室，如果是夫妻同去做客，则应该由妻子起身告别；也不能把钱包放在桌子上，更不能把钱随手放在桌子上，这样会被认为没有教养。

在饮食方面，意大利的菜看讲究原汁原味，做鸡或鱼并不放什么作料，只在锅里煎炸或是烤制，然后浇上柠檬汁，放一点盐和胡椒面。如果吃虾则用开水白煮。每顿饭一般有三道菜肴，第一道绝大多数是面食，例如披萨饼；第二道菜肴一般是肉类，例如牛排、烤鱼等，当然，还会恰当地佐以蔬菜；第三道菜则是生菜沙拉。餐后有甜品或是水果。

在意大利，不管男女都喜欢喝酒。常喝的有啤酒、白兰地等，葡萄酒是他们的最爱。在正式宴会上，每上一道菜便有一种不同的酒，在请客的时候，通常都是茶少酒多。在饭桌上，如果将酒瓶碰倒，要将倒出来的酒抹在耳朵根后，表示吉利。

绿、蓝、黄这三种颜色是意大利人最喜欢的颜色。他们把绿色当作春天的色彩，蓝色是吉祥的象征，而黄色通常在婚宴上使用。他们认为雏菊象征着意大利人民的君子风度和天真烂漫，所以偏爱雏菊。意大利人把狗当作家庭成员，因为他们觉得狗是人类最忠实的朋友。另外，猫曾为当地消除鼠疫立下功劳，所以他们对猫的感情极深。

在意大利，在别人面前打喷嚏或咳嗽，是不礼貌和讨人嫌的事。此外，意大利人非常忌讳 13 和星期五，特别在用餐的时候，更不允许有 13 个人。

礼仪之英国篇

英国被称为绅士之国。英国人讲究绅士风度、淑女风范，讲究文明礼貌，注重修养，同时也要求别人对自己有礼貌。如果不注重礼仪，就会被看成"乡巴佬"。

在饮食上，英国人不喜欢吃带黏汁的菜肴，不用味精调味，也不吃狗肉。不喜欢太咸，爱甜、酸、微辣味，偏爱烧、煮、蒸、烙、焗和烘烤等烹调方法制作的菜肴。他们基本都喜爱喝茶，尤其是女士，嗜茶成癖。在英国人的生活中，"下午茶"是必不可少的生活习惯，即使遇上开会，也要暂时休会喝"下午茶"。他们不喝清茶，要在杯里倒上冷牛奶或鲜柠檬，加点糖，再倒茶制成奶茶或柠檬茶。如果先倒茶后倒牛奶会被认为缺乏教养。他们还喜欢喝威士忌、苏打水，喝葡萄酒和香槟酒，有时还喝啤酒和烈性酒，彼此间不会劝酒。

进餐时，抽烟是非常不礼貌的行为。用餐的时候，手不能放在桌子下面，不要用手取装在裤兜里的手帕，也不要去捡掉在地上的东西。有些英国人认为，在吃饭时如果用刀叉碰响了水杯，而任其发响不止，便会有不幸的事情发生。因此，在与英国人一起用餐时，一定要尽量避免刀叉器皿的撞击声。

英国人对初次见面的人用敬语，会在对方姓名前面加上职称、衔称或"先生""女士""夫人""小姐"等称呼。初次相识的人，互相握手，微笑说："您好！"平常闲聊的时候，英国人会从天气聊起，而且每天都会聊天气。所以，在英国的时候，你最好时刻留意天气情况。还有，他们也喜欢讨论新闻。英国人在交往的时候常用词有"请""对不起""谢谢"等，家庭成员间也不例外。因此，你在说话时应尽量委婉客气一些。

英国人对生活中的一些隐私非常介意，除了熟识和关系密切的朋友之外，一般人不能询问生活中的事，比如有多少钱，每月工资多少。要是看见朋友戴了一块很漂亮的表，也不能问这表值多少钱。其他如房子多少钱的问题，最好别提，否则，对方会认为你很粗鲁。女士的年龄更是不能问的。

聊天的时候，不要以王室的事情作为谈笑的资料，也别谈带有讽刺英国皇家的话题。因为英国法律规定，不允许非议英国国王及王室人员。

英国人很在意对幽默感的评价，如果当面对一个英国人说他没有幽默感，就是对他最大的侮辱。所以，在与英国人谈话的时候，要十分注意这一点。

　　和英国人约会、握手时不能穿过对方的手。英国人认为这样交叉握手会带来不幸。英国忌讳送人百合花，英国人觉得百合花意味着死亡。和英国人坐着谈话不能两腿张得过宽，更不能跷起二郎腿，在他们眼中这是极其不文明的。如果是站着谈话，千万不能把手插入衣袋，这样也会显得吊儿郎当。在他们面前千万不要窃窃私语或者拍打肩背，这是他们比较忌讳的事情。他们还比较忌讳有人用手捂着嘴看着他们笑，他们会认为这是嘲笑的举动。

　　英国人还忌讳用人像、大象、孔雀作服饰图案或者商品的装潢，因为他们认为大象很愚笨，孔雀是淫鸟、祸鸟。英国人忌讳"3"，忌讳用同一根火柴给第三个人点烟，这种忌讳就像中国人忌讳"4"一样，认为和"死"是谐音。英国人认为 13 是一个不吉祥的数字，如果遇上星期五恰好又是 13 日，还会被认为是双倍的不吉利。因此，英国的旅馆、饭店一律没有 13 号房间。在剧院里也找不到 13 排、13 号坐席。多数英国人认为 7 这个数字可带来好运，并把星期六看作黄道吉日。

　　英国人不喜欢讨价还价，认为这是很没面子的事情。如果你购买的是一件贵重的艺术品或数量很大的商品时，你需要小心地与卖方商定一个价钱。英国人很少讨价还价，如果他们认为一件商品的价钱合适就买下，不合适就会走开，讨价还价就显得掉了身价，面子上过不去。另外，英国人还有排队的习惯。这是一个极其文明有素质的好习惯，哪怕再拥挤的街上，你也会看到他们一个挨一个地排队上公共汽车、火车或买报纸。插队是一种让人看不起的行为，会遭到别人的白眼。

礼仪之南非篇

南非闻名世界最主要是因为它在非洲南部，是非洲经济最发达的国家。

南非是世界上最大的黄金生产国和出口国，黄金出口额占全部对外出口额的三分之一，因此南非有"黄金之国"的美称。

南非是世界上唯一同时存在三个首都的国家，南非中央政府在行政首都比勒陀利亚，南非国会在立法首都开普敦，全国的司法机构在司法首都布隆方丹。南非还是世界著名的旅游胜地，拥有浑然天成的自然景观，还有美丽富饶的动植物资源，巨浪滔天的好望角，雄伟的桌山，以及星罗棋布的国家公园，都是闻名于世的盛世美景。

南非的社交礼仪主要可以概括为"黑白分明""英式为主"。之所以说黑白分明，是因为受到种族、宗教、习俗的制约，南非的黑人和白人都有一套自己遵从的礼仪，并且互不相干。当然，整体还是以英式为主，因为在很长的一段历史时期内，是由白人掌握南非政权，白人的社交礼仪，特别是英国式社交礼仪广泛地流行于南非社会。

南非流行的打招呼方式多种多样，最早是举起右手，手掌向着对方，以表示"我的手并没有握石头"，很显然它是"没有武器"的意思，表示你很安全。之后便在样式上稍微变化了一下，用来表示友好。而在目前的社交场合，南非人普遍采用握手礼，称呼别人为"先生""小姐"或"夫人。"

在广大农村的黑人部族中，往往会出现与社会主流不同的风格。举例而言，他们为贵宾献上鸵鸟毛或孔雀翎，这时客人应将这些珍贵的羽毛插在自己的帽子或头发上。

在城市之中，南非人的穿着打扮和西方类似。在正式场合，力求着装端庄、严谨。因此在正式交往时，为防止失礼，最好穿样式保守、色彩偏深的套装或裙装。另外，南非黑人仍保留着穿本民族服装的传统。在着装特色上，也会因部族而异。

与南非白人吃牛肉、鸡肉、鸡蛋和面包，喝咖啡与红茶等西餐不同，南非黑人喜欢吃牛肉、羊肉，把玉米、薯类、豆类作为主食，偏爱熟食。饮品以如宝茶最为著名。在待客方面，主人会送上刚挤好的羊奶或牛奶，有时也会有自制的啤酒。客人一定要多喝才被视为礼貌。

在南非，与人交谈时最忌讳目不转睛地瞪着对方，会使对方感到十分不悦。因为在南非有个迷信，认为有人瞪着你看时，被瞪的人不是发生灾祸就是要被死神找上门。此外，在南非，对人、房屋、牲畜一律不准拍照，因为非洲人认为被相机拍下的物体会被吸干"精气"。所以如想拍摄，最好先向对方打个招呼，获得同意之后再行动，否则便会有被投石的可能。

此外，有四个话题在与南非人交谈时不宜涉及——为白人评功摆好，评论不同黑人部族或派别之间的关系及矛盾，非议黑人的古老习惯，为对方生了男孩表示祝贺。

礼仪之德国篇

地处欧洲中部的德国是欧洲西部邻国最多的国家，它东临波兰、捷克，南接奥地利、瑞士，西接荷兰、比利时、卢森堡、法国，北与丹麦相连，并邻北海和波罗的海，与北欧国家隔海相望。旅游时从德国转道其他国家很方便。

在许多方面，德国人都是欧洲最具科技才能的人民，在汽车方面，奔驰、宝马、奥迪、大众享誉全球；在建筑方面，慕尼黑、法兰克福、不莱梅和柏林的建筑都值得去观赏；而德国的乡村，则以其无法描述的神秘感和与世无争的宁静而令人着迷，尤以青山绿水环抱下的新天鹅堡最为著名。

严谨的德国人对礼节的重视近乎严苛。不管认识与否，也不管是在路上还是在办公室、宾馆电梯等地方，人们都会相互打招呼，问声"您好"，甚至在餐馆吃饭也要向已就座的顾客点头问候。朋友之间见面或告别时也要握手为礼。同时需要注意的是，与德国人握手时必须注意两点，要坦然注视对方，握手时间宜稍长一些，晃动次数宜偏多，力量宜稍大。

德国人在人际交往中十分注重称呼。对其称呼不当则会令对方大为不快。一般情况下，德国人不喜欢被直呼其名，而称其全称或姓均可。在交往过程中，在"您"和姓氏前加"先生""女士"被大多数人视为尊敬。无论婚否或长幼，对女性的通称是"女士"，而对已婚女士应以其夫姓称之。

同时，德国人也很重视服装穿戴。在工作时就穿工作服，即使在家，如果有客来访或外出活动，也会穿戴整洁。在看戏、听歌剧等社会活动或晚宴上，女士要穿长裙，男士要穿礼服，至少要穿深色的服装。就发型而言，在德国，男士不宜剃光头免得被人当作"新纳粹"分子。少女偏好短发或披肩发，而烫发则受到已婚女士的青睐。

在饮食方面，德国人偏好猪肉和啤酒，其次才是牛肉。猪肉制成的香肠是德国人的最爱。慕尼黑啤酒节是世界闻名的节日。德国人胃口极大，喜食油腻之物，所以德国的胖子极多。

德国人纪律性极强，做事认真。凡是有明文规定和明确禁止的，德国人都会严格遵守。因此，他们的时间观念也很强，他们恪守"准时就是帝王的礼貌"这一信条。甚至普通人都有一本记事本，用来记录生活日程。

相对于其他国家人而言，德国人一般不常邀请人去家中，不速之客甚至会被拒于门外。为让主人有些准备，好朋友之间也得事先打个电话问问是否方便接待。在得到邀请后，一般会带上一些经过包装的小礼品。

在餐桌上，德国人也有其特有的礼节，比如：吃鱼的刀叉不得用来吃肉或奶酪；饮酒时应先饮啤酒再饮葡萄酒才被认为对健康有益；食盘中不应堆积过多的食物；不得用餐巾扇风。

在所有花卉中矢车菊独受德国人青睐和推崇，被选定为国花。在德国，代表求爱的玫瑰和用于悼亡的蔷薇是不能随便送人的。

受基督教教义的影响，德国人极度厌恶 13 和星期五，而且对于四个人交叉握手或交际场合交叉谈话也比较反感，视其为不礼貌的行为。在与德国人交谈的过程中，也不应提起纳粹、宗教和党派之争的内容。在公共场合窃窃私语也被德国人认为是十分无理的行为。

礼仪之澳大利亚篇

Australia 的原意是"南方大陆"，因为它东临太平洋，西临印度洋，海岸线长达 37000 公里，是世界上唯一一个独占一个大陆的国家，后来被音译为澳大利亚。澳大利亚是一个典型的移民国家，最近五十年来，有将近 200 多个国家的移民到澳大利亚居住，大约有 500 万人，其中来自亚洲的人民占了百分之四十。

澳大利亚是社会发展方面最成功的国家之一，它是建立在容忍互让、兼容并收、文化多样的基础上的一个社会体系，囊括了土著人的文化传统、不列颠的殖民历史以及来自世界各地移民的价值观。所以要想在澳大利亚和平相处，一定要有种族间的忍让和文化多样性的包容。当然，这是在澳大利亚最基本的价值观。

　　在澳大利亚人人都重视平等，他们觉得任何人都没有三六九等之分，只是工种的不同而已，每个人都是在互相服务，不应该有高低贵贱的区别。所以澳大利亚人都是互相尊重，强调礼仪的。他们很喜欢和陌生人聊天，言谈举止都很讲礼貌，文明用语往往也是挂在嘴边的。在他们眼中，高声呼喊就是一种不文明的行为。

　　在澳大利亚这块广袤无垠的土地上，到处都充斥着自由平等、无拘无束的气氛。人们在日常生活中都是互相称呼名字的，去掉姓氏，这样显得亲切。见了面打招呼的方式就是握手，当然，女性之间是不握手的，习惯上亲吻对方的脸颊。大多数男人不喜欢拥抱或者按住双肩这样的动作，所以不要轻易这样做。

　　澳大利亚人十分讲礼貌，也很热心，热衷于帮助别人。如果你在熙来攘往的街道上行走，就算遇到陌生人，他们也有可能向你打招呼或者问候。如果你手里拿了一袋水果在街上行走，不小心袋子破了，水果洒了一地，立马就会有人跑过来帮你捡水果，送还到你手上，还有人会将自己的袋子腾出来，让给你救急用。这是一个到处都充满了温情、充满了友爱的社会。

　　澳大利亚人在乘坐出租车的时候总是喜欢和司机并肩坐，就算上车的乘客是一对夫妇，丈夫也要坐到前面，和司机并肩坐，妻子一个人坐在后面。这是澳大利亚的一个特殊习俗，觉得这样做是对司机的尊重，不然就会被人诟病，觉得你不懂规矩、很失礼。千万不要在澳大利亚给别人小费，因为那里不流行这个东西。如果服务员为你提供了额外的服务，你为了表示感谢可以适当给他们一点小费，但是不要给很多，他们会不喜欢的。在商店里买东西的时候千万不要讨价还价，这也是失礼的行为。

　　澳大利亚的男子大多穿西服、打领带，在正式场合还会打黑色领结。澳大利亚的女士只有在社交场合才会穿上西装上衣，日常生活中基本上穿裙子。他们无论是男还是女，都喜欢穿牛仔裤，他们觉得牛仔裤很方便，穿起来也很合身。在澳大利亚的土著人民都喜欢赤裸身体，或者只在腰间扎一条围巾遮羞。也有些地方的土著人讲究一些,在身上披点东西,但他们的装饰品却非常丰富多彩。

在饮食上澳大利亚人以吃英式西菜为主,他们的口味很清淡,不喜吃油腻的食物。澳大利亚的饮食十分丰盛,这在世界都是闻名的,尤其对动物的蛋白质需求量大。他们喜欢喝牛奶,喜欢吃牛肉、猪肉等。他们还喜欢喝啤酒,对咖啡也是青睐有加。

澳大利亚人最喜欢的动物是袋鼠。他们觉得袋鼠是澳洲古大陆最早的主人,所以对它有一种崇敬的心理,为了表达内心对袋鼠的喜爱,他们还喜欢用各种金属做成袋鼠的纪念章等物品。但是澳大利亚人特别忌讳兔子,觉得兔子是一种不吉利的动物,人们看到它就会倒霉。

礼仪之新西兰篇

新西兰以农牧业为主,农牧产品出口量占其出口总量的50%,是经济发达国家。新西兰的牛奶制品、羊肉居全世界出口量第一位,羊毛出口量居全世界第二位。新西兰70%的居民信仰基督新教和天主教,欧洲移民后裔占其总人口的78%左右。

新西兰的自然风光令人流连忘返,旅游胜地遍布全国各地。其中,北岛的鲁阿佩胡火山和周围的14座火山形成了世界罕见的火山地热异常带。在这片土地上,分布着1000多处高温地热喷泉。四周都是姿态各异的沸泉、喷气孔和间歇泉,形成那片地域独有的一大奇景,吸引世界各地的游客前来观光。

新西兰人十分热情,喜欢结交朋友。在公众场合,新西兰人和人第一次见面都习惯握手，也有些人会鞠躬，不过新西兰人鞠躬的方式很独特，是抬头挺胸的鞠躬。如果对方是和自己一样身份的人，他们喜欢在称呼姓氏后面跟上"先生""小姐"，但往往在见面一两次后就会叫对方名字，不然显得生分了。毛利人的"碰鼻礼"是面见客人最高的礼节，并且碰鼻子的次数越多，时间越长，礼就越重。

新西兰的毛利人都能歌善舞，才华卓绝。他们欢迎客人的方式也是不同寻常的。如果有远道而来的客人拜访，他们会举行盛大的欢迎聚会，这个聚会也很有特色。聚会开始时，四周都是一片肃静，气氛很严肃。突然，队伍中会走出一位赤着胳膊光着脚的男子，大喝一声，接着引吭高歌，在歌声刚刚落下的时候，姑娘们就开始在男子优美婉转的低声伴唱中翩翩起舞，舞姿优美，令人赏心悦目。与此同时，客人走到拿着刀剑站着的武士面前，捡起事先放好的木块交给头人，用来表达真挚的友情。

新西兰是一个对烟比较敏感的国家，所有的公共娱乐场所都不允许抽烟，像酒吧、餐厅、咖啡厅和赌场等，无一例外。另外，在新西兰是不流行给小费的，就算你给了，通常也是被拒绝的。新西兰的旅馆和餐馆的账单不会另外收取服务费。新西兰的毛利人喜欢用地热蒸制食物，像蒸制牛肉、羊肉、马铃薯等是他们最好的选择，用地热蒸制出来的食物通常称作"夯吉"。如果你去新西兰人家里做客，别人用"夯吉"招待你，那么你就是格外受尊重的，因为这在他们眼里是最高的礼仪。

新西兰人喜欢和客人谈一些高大上的东西，像国内外的政治、天气或者和体育有关的话题。

绝大多数新西兰人信仰天主教和基督教，他们最忌讳的数字是13。在公众场合剔牙或者嚼口香糖，会遭到新西兰人的嫌弃，因为这种行为在新西兰人的眼中是不文明的。他们还把当众闲聊、吃东西、喝水、抓头皮、紧裤带当作失礼的举止。毛利人对照相极其反感，尤其是对在他们不知道的情况下给他们照相，他们更加深恶痛绝。另外，新西兰人认为狗是"牧羊的卫士",所以对狗有种特殊的情怀。

礼仪之埃及篇

埃及是闻名全球的四大文明古国之一,向来有"世界名胜古迹博物馆"的美称。那些神秘莫测的古老文化遗址,谜团一样的名胜古迹,引得全世界的人去旅游、参观,想要一探究竟。像金字塔、狮身人面像、奔腾不息的尼罗河……散发着无穷无尽的魅力,吸引人们去走一遭。

阿拉伯人是埃及的主体民族,绝大多数阿拉伯人都信奉伊斯兰教。因此,在埃及你时刻都要记住,自己是在一个信仰伊斯兰的国家游玩,千万不要做出冒失的行为。

根据伊斯兰教的教义,女性的"迷人之处"是不能被别人窥见的,短、薄、透、露的服装是不允许穿戴的。在埃及,你是看不见当地人穿袒胸露乳的深 V 装的,也看不见女人穿超短裙,男人也穿得相当保守,什么背心热裤向来都是敬而远之。但是,埃及人对国外的游客十分宽容,不会去约束他们怎么穿,不过像清真寺等地方,还是不允许穿背心、短裤和超短裙的。

在通常情况下,握手是埃及人见到陌生人常用的方式。如果是久别重逢的老朋友,他们也会拥抱或者贴面。异性之间见面通常是握手,在握手的时候,男士必须从座位上站起来,以示尊重;女士通常都是继续坐着。在埃及人眼中也是"以右为尊"的,所以握手、递东西、吃饭等必须用右手,就算是穿衣服也应该先穿右边的袖子,穿裤子鞋子亦是如此。在进家门或者迈腿进清真寺的时候,也是右脚优先。

埃及人热情好客，如果有贵客到家里做客，他们是非常开心的。但是去埃及人家里做客要有几个注意事项，首先要预约，尽量约在主人比较方便的时候。一般情况下，在晚上六点后以及斋月期间不宜进行拜访；按习俗，穆斯林家里的女性，尤其是女主人是不招待客人的，所以千万不要大惊小怪地去打听别人的事情；坐定之后，不要将脚板心朝外，更不要朝向对方。在接待客人的时候，埃及人通常在客人一进门就送上茶水。对于主人送上的茶水，客人必须喝得底朝天。如果杯子里遗留了一些茶水的话，就会不小心触犯埃及人的禁忌。同样，客人在主人家中吃饭时，一定要尽量多吃一点，不然就会被主人认为你瞧不起他，因此会十分不高兴。

正所谓"食不言，寝不语"，埃及人在吃饭时不喜欢和别人讲话，在他们看来，边讲话边吃饭会浪费粮食，这样的做法是对神的不敬。他们不吃海参、蟹等长得奇形怪状的海产品；除了肝脏外，动物的其余内脏全都不吃。埃及人还不吃红烩带汁和没熟透的菜，他们也不喜欢吃一整条鱼和带骨刺的鱼。

"针"在埃及人的心目中是比较特别的。他们非常忌讳在生活中提到"针"这个字眼，对借针使用也是十分敏感的。尤其是每日下午 3—5 点这段时间，无论提到"针"这个字还是借针使用，都会遭到别人的白眼。

另外，不要在埃及人面前打哈欠。打哈欠在埃及人看来是魔鬼在作怪，所以他们十分讨厌哈欠，千万不要去触人霉头。他们还十分忌讳当众吐唾沫，因为在埃及人看来，吐唾沫是对仇人才会做的动作，含有诅咒的意思。

埃及人把猫视为神圣的精灵，所以他们爱猫，敬猫如神。在埃及人心中，猫是女神在人间的象征，是幸运的吉祥物。埃及人十分喜欢绿色和白色，在他们看来，绿色是吉祥的颜色，白色是快乐的颜色。一般的埃及人都比较喜欢5和7。他们觉得5会给人们带来吉祥，认为7是个完整的数字，所以7受人崇敬，但是比较忌讳13这个数字。

礼仪之瑞典篇

北欧五国有丹麦、芬兰、冰岛、挪威和瑞典，其中，瑞典是占地面积最大的国家，有 44.9 万平方公里。瑞典的居民中，百分之九十都是瑞典人。很多国际品牌都是瑞典的，像沃尔沃汽车、萨博汽车和爱立信通信、伊莱克斯电器、宜家家具等。

瑞典人过得相当滋润闲逸，因为他们生活在福利很好的国家，衣食无忧。瑞典人有虔诚的宗教信仰，所以极其有修养，不急不躁，彬彬有礼。他们见到熟人都会主动打招呼，互相问候。在和外国客人碰面时会握手，有时候也行接吻礼。如果是初次见面，要互相介绍一下，一般是把男子介绍给女子，把年幼者介绍给年长者。

瑞典人不习惯靠得太近，一米二的距离是他们觉得最舒适的距离。他们在交流的时候喜欢直视对方的眼睛，觉得这样便是尊重。他们不喜欢陌生人询问比较私人的问题，像政治、家庭经济、年龄、宗教、信仰、去向等。

瑞典人在饮食上比较偏好生冷的食物，喜欢清淡、鲜美，不喜欢油腻，整体还是倾向于欧式的食物。面是主食，如烧卖、面包等，他们将香肠、牛肉作为副食。瑞典人每天都有固定的菜式要吃，像星期四要吃"艾他鲁、米德、佛拉斯克"，这种菜的主要原料是豆类和猪肉。"西鲁布拉"是星期一的菜，以牛肉和鲱鱼为主。他们还有自己独特的吃法，在一张大桌上摆上几十种菜，自己喜欢多少拿多少，菜也不是特别好，中等质量，这叫"海盗席"。

如果你在瑞典收到了请帖，那么一定要准时赴约，还要按照主人安排好的位置入座，在这期间，一定要热心地帮助旁边的女同胞。在吃饭中千万不能贸然敬酒，一定要等到主人、年长者或者尊者向你敬酒之后，你才能向他们敬酒。在吃好饭准备离开时，要先握手，再穿外衣，次序不能颠倒。

因为瑞典是个半禁酒的国家，所以不能把酒当作礼物送人。千万不要酒驾，惩罚相当严厉！瑞典人忌讳 13 这个数字，忌讳的颜色是黄色和蓝色。另外，在瑞典千万不要当众擤鼻涕和抠鼻孔，在他们看来这样做很不体面、不道德。他们对动物相当爱护，千万不要伤害小动物。另外，像那种有碍观瞻的事情不要在大庭广众下做，例如拥抱和亲吻。

礼仪之俄罗斯篇

俄罗斯是世界上面积最大的国家，有 100 多个民族，其中俄罗斯族人占 79.8%。众所周知，俄罗斯是个具有宗教品格的民族，不论在实际生活还是在文学作品中，他们对东正教中的爱和宽恕十分信奉。像在陀思妥耶夫斯基、果戈理、列夫·托尔斯泰等著名俄罗斯作家笔下，这种精神也抒发得淋漓尽致。

俄罗斯人十分热情、豪放、勇敢、耿直。他们见面时一般会握手，如果是熟人，尤其是久别重逢时，会热情地拥抱对方。他们讲究"女士优先"，所以男士都乐于充当护花使者，尤其是在公众场合。如果不尊重女性，会被人鄙视。

在古俄罗斯，盐十分珍贵，只有在款待贵宾的时候才会用，所以俄罗

斯人在待客的时候，往往会向宾客献盐，还会献面包，因为面包象征着富裕和地位。主人要捧着面包敬给客人，客人要弯腰接过，然后亲吻面包，接着掰下一块，撒上盐品尝，表示对主人的感谢。这个习俗从古至今，已经成了俄罗斯人招待客人必不可少的环节。

俄罗斯人将社会地位看得很重，所以如果对方是有职务、学衔、军衔的人，那么就要带着他们的头衔称呼。如果是正式场合，就叫"先生""小姐""夫人"等。俄罗斯人的姓名通常由本名、父名、姓氏三节构成，尽管很长，但初次见面也要称呼全名。

俄罗斯人十分注重服装，对仪表很讲究。大多数城市里的人都穿西装或者套裙，女士常常会穿连衣裙。民间的已婚女士必须戴头巾，大多数是白色；未婚的女士可以不戴头巾，但是要戴帽子。

如果是去俄罗斯人家里做客，记住要脱下外套、手套、帽子，如果有墨镜也要摘掉。这是基本礼貌。

俄罗斯人在饮食上口味比较重，喜欢吃酸、辣、咸味，偏爱炸、煎、烤、炒制的食物，对冷菜也十分热衷。他们讲究实惠，主食是面食，喜欢黑麦烤制的黑面包。除此之外，他们还喜欢吃鱼子酱、酸黄瓜、酸牛奶等。对于水果，他们不喜欢削皮。对于饮品，他们喜欢冷饮和酒，格瓦斯是他们喜欢的饮料，伏特加是他们最爱的酒。

俄罗斯人喜欢用刀叉吃饭，吃饭时一定要保持安静，不要发出声音，也不要用勺子去舀茶水，也不能将勺子插在杯子里。一般来说，他们不用碗吃饭，而是用盘子。如果有人邀请你去参加宴会，最好赞美饭菜可口，还要尽可能地多吃一点，如果吃饱了，可以将手放在喉咙的位置。

向日葵是俄罗斯的国花，备受人们欢迎，被视为"光明象征"，也叫作"太阳花"。拜访俄罗斯人的时候，如果准备送鲜花，单数最好，如果是7就最美妙了，因为俄罗斯人很喜欢7，觉得它代表着成功、圆满。他们十分忌讳数字13和星期五。

在俄罗斯人眼里，"左主凶，右主吉"，所以千万不要用左手去触碰别人、送礼物、递东西。还有一些话题在俄罗斯也是比较忌讳的，千万不要提及政治矛盾、经济难题、宗教矛盾、民族纠纷、苏联解体、阿富汗战争以及大国地位之类的内容。